ON INFORMATION
LITERACY EDUCATION

信息素养教育论

韩 冬 傅 兵 著

北京理工大学出版社
BEIJING INSTITUTE OF TECHNOLOGY PRESS

图书在版编目（CIP）数据

信息素养教育论 / 韩冬，傅兵著. —北京：北京理工大学出版社，2017.3
ISBN 978-7-5682-3729-1

Ⅰ. ①信… Ⅱ. ①韩… ②傅… Ⅲ. ①信息素养–信息教育 Ⅳ. ①G254.97

中国版本图书馆 CIP 数据核字（2017）第 035580 号

出版发行 / 北京理工大学出版社有限责任公司
社　　址 / 北京市海淀区中关村南大街 5 号
邮　　编 / 100081
电　　话 /（010）68914775（总编室）
（010）82562903（教材售后服务热线）
（010）68948351（其他图书服务热线）
网　　址 / http://www.bitpress.com.cn
经　　销 / 全国各地新华书店
印　　刷 / 三河市华骏印务包装有限公司
开　　本 / 710 毫米×1000 毫米　1/16
印　　张 / 12.75
字　　数 / 220 千字
版　　次 / 2017 年 3 月第 1 版　2017 年 3 月第 1 次印刷
定　　价 / 45.00 元

责任编辑 / 王俊洁
文案编辑 / 王俊洁
责任校对 / 周瑞红
责任印制 / 王美丽

前言

伴随着信息化、网络化的迅猛发展，信息素养作为21世纪个人重要的能力素质，为个人终身学习，为在信息社会更好地生存和发展，为建设学习型社会，为培养创新人才，提供了重要的基础。只有具备信息素养的人，才能在未来的竞争世界中占有一席之地，才能掌握世界话语权。

美国教育技术CEO论坛在2001年第4季度报告中提出，21世纪的能力素养包括五个方面：基本学习技能（指读、写、算）、信息素养、创新思维能力、人际交往与合作精神、实践能力。信息素养被列为一个重要的要素，成为衡量人才素质的重要标准之一。

新世纪文盲的定义：不再是不会写、不会说、看不懂书本的人，而是缺乏主动学习、自主学习、持续学习的能力，不会掌握信息的人。目前世界的格局是：谁掌握了信息，谁就掌握了世界的话语权。

随着我国教育体制改革的进一步深化，尤其在高等教育领域，更应该注重培养具有批判性思维和创新能力的人才，特别需要将信息素养的培养纳入教育体系中。信息素养教育在世界各国如火如荼地开展起来，并取得了丰硕的成果，信息素养标准的制定和实践活动为我们提供了行动指南。我国在信息素养教育方面起步比较晚，最近几年取得了长足的发展，但距发达国家的普及程度还有一定的距离。20世纪80年代，我国信息素养教育也在大、中小学陆续开展起来，但总体上还是侧重于信息技术层面的培养，在各个教育层次的培养上还没有出台相应的信息素养培养标准和评价体系，目前我国大学的信息素养教育也主要是通过文献信息检索课进行的，专业课教师则缺乏对学生进行信息素养教育的意识。国外专家早在10年前就提出，信息素养教育必须与专业课密切结合，应该融汇到每门功课的内容之中、每门课程的结构和结论之中。只有经历了一系列的主题学习，才能培养出具有信息素养的人。

这说明在今天，在信息化和全球化背景下，我国的信息素养教育任重而道远。

当今社会，唯有终身学习，才能培养完善的人，只有具备信息素养的人，才能实现终身学习。高等院校肩负着培养高素质创新性人才的历史使命，必须在大学生中开展信息素养教育，帮助大学生进一步强化信息意识、提高信息能力、培育信息道德，使其成为适应信息社会发展需要的“信息素养人”。这既是信息社会对教育特别是高等教育提出的新要求，又是现代社会信息素养人的精神诉求。

本书在吸取借鉴众多专家学者研究精华的基础上，试图构建一个信息素养的理论框架、一个开放式的鲜活有机体、一个具有中国特色的信息素养理论体系。

本书分为八章，对信息本体、信息素养和信息素养教育分别进行了阐述，并指出：信息素养包含了技术和人文两个层面的意义；信息素养的能力素养包含信息技能、信息意识和信息创造三个要素，在信息素养理论体系中处于中心地位；信息文化素养包括信息网络、信息伦理和信息教育等内容，在信息素养理论体系中处于高层次地位，信息本体处于基础地位。笔者在对信息素养的研究过程中进行了大量调研工作，取得了第一手资料，提出了信息素养教育对策，尝试构建适合中国国情的信息素养评价体系，并介绍了信息素养教学设计的相关案例。同时也阐述了信息素养教育应从人的全面发展角度出发，体现“促进人的全面发展，适应社会需要”这一要求。按照学生的发展规律，学生在经历了一定的教育后，必须拥有基本的信息素养和能力，这实际上是对教育目标的另一种诠释，解决的是“培养什么样的人”的教育问题。基于这样的目的，大学生的信息素养应该涉及知识、技能、情感、态度和价值观等多方面，使学生能够适应未来社会，成为全面发展的创新型人才。这样，信息素养教育不仅能促进个体发展，而且有助于形成运作良好的社会。

本书在系统、全面地研究信息素养的既有成果的基础上，有所创新，提出了自己独到的见解。

囿于本人才疏学浅，本书有些观点还有待完善，书中难免有疏漏和不足之处，敬请同行专家和读者批评指正。本书既可作为高校信息素养教学的参考用书，也可作为信息素养研究爱好者的自学用书。

作　者

2016 年 12 月

目 录

第 1 章

信息理论

在人类历史发展的长河中，人类的信息活动迄今为止从未间断过，信息始终在发挥着至关重要的作用。即使人类没有意识到或者没有发觉到信息所起的作用，但它的的确确存在于我们的物质世界中。信息是十分广泛的概念，它在自然界、人类社会、宇宙间乃至人类的思维活动中普遍存在，万事万物都具有各自不同的特征，这些特征通过不同的形式表现出来，如图像、声音、电波等给人类带来各种各样的信息内容。例如，人的大脑就是通过不同的感觉器官接收来自有关外界及其变化的征候，这就是一种信息。

1.1 信息本体

信息是用语言、文字、声音、图像、符号、数据或信号等形式，通过一定的载体或技术传递和处理，以表现各种相互关联的客观事物在运动中所具有的特征的总称。信息是物质存在的方式、形态和运动规律的反映形式和表现特征，是事物具有的普遍属性，它与物质同在，存在于整个自然界、人类社会和宇宙空间。

1.1.1 信息概述

信息是通过一定介质传递，表达特定内容的符号和属性，是客观世界一切事物的存在和变化状况与人的认识能力的交换物。这里特别强调信息的“属性”概念。

信息是脱离了载体的属性，它用数学或一般符号来表征，是经过提升而形成的一个新的事物。[①]1922年，卡松首次提出了信息的概念，具体体现在他的边带理论中，他指出了信号在编码与传送过程中与频谱宽度的关系；同年，哈特莱在他的文章《信息传输》中首次提出了消息是代码、符号，而不是信息内容本身，使信息与消息区分开来，并提出用消息可能数目的对数来度量消息中所含的信息量，为信息论的创立提供了量化思路。

1928年，哈特莱强调了“信息是脱离了载体的属性”，或者说“信息是脱离了载体的一个新的事物”。此学说使得信息与其相关属性有了本质区别，从而也为管理者开辟了一个活跃的信息思维空间；同时也为后来的信息技术开创了一个基本前提[②]。

一旦人们意识到信息脱离了原属性的“岗位”，而成为新事物这一理念之后，就为信息论打开了一扇大门，进一步的工作，就只待赋予它数理基础了。这项工作正是申农于1948年完成的[③]。信息具有独立性，它也有近似性，可以用来表述它，记载它，比如用符号、代码、语言、文字、图像和声音等表述它，这种表述就是信息的转换，也可以转换成便于存储、传递、再转换、再提取、再应用的内容，甚至可以作进一步的加工、处理，这就是信息技术的问题。

信息广泛存在于社会生活的各个领域，它的特征区别于其他事物所具有的特性，这是信息的基本属性。主要体现为：

1. 客观性

客观、真实是信息最重要的本质特征。信息是确实存在的事物，它的存在可以被人们感知、获取、传递和利用。信息是现实世界中各种事物运动与状态的反映，其存在是不以人的意志为转移的。

2. 载体性

信息必须依附于一定的载体（如声波、电磁波、纸张、磁性材料、化学材料等）才能流通和传递，否则，信息的价值就不能体现。信息可以存储在不同的载体上，但其内容并不因记录手段或物质载体的改变而发生变化。例

① ［美］Ralph M Stair, George W Reynolds. 信息系统原理［M］. 张靖，等，译. 北京：机械工业出版社，2000.

② 徐飞，高隆昌. 二象对偶空间与管理学二象论：管理科学基础探索［M］. 北京：科学出版社，2005.

③ 徐飞，高隆昌. 二象对偶空间与管理学二象论：管理科学基础探索［M］. 北京：科学出版社，2005.

如，关于中国文化的信息，不论是刊登在书刊上、发布在媒体节目中，还是存储在光盘或数据库中，其信息内容和价值是同样的。

3. 传递性

信息依附于一定的物质载体后，其传递和流通便成为可能。信息的传递性是指信息从信源出发，经过信息载体的传递被信宿接收并进行处理和利用的特性。不同载体的信息可以通过不同手段（比如计算机、人际交流、文献交流或大众传媒等）传递给信息用户，这种跨越时空的传递特性是实现信息资源共享的基础。

4. 时效性

在现代社会中，信息的使用周期越来越短，信息的价值实现取决于人们对其及时地把握和运用。由于事物是在不断变化着的，那么表征事物存在方式和运动状态的信息也必然会随之改变。如果不能及时地利用最新信息，信息的价值就会贬值甚至毫无价值，这就是信息的时效性，即时间与效能的统一性。它既表明了信息的时间价值，也表明了信息的经济价值。

5. 可塑性

信息在流通和使用过程中，人们借助于先进的技术，可以对其进行综合、分析及加工处理。也就是把信息从一种形式变换成另一种形式，如可以将一本图书的内容加工为目录或文摘等形式，从而方便用户的选择和利用。不过，在信息的加工过程中，信息量会减少或增加。用户可根据检索需要选择不同的信息形式。

6. 共享性

共享性是指同一信息同时或不同时被多个用户使用，而信息的提供者并不因此而失去信息内容和信息量。它可以提高信息的利用率，人们可以利用他人的研究成果进一步创造，避免重复研究，节约资源。

7. 可重复利用性

信源发送的信息不论传送给多少个信宿，都不会因为信宿的多少而减少，一种信息是可以被多次反复利用的。

8. 特定范围的有效性

信息在特定的范围内是有效的，否则是无效的。

1.1.2 信息发展

信息在自然界、人类社会及人类思维活动中是普遍存在的。信息的最初表现形式就是信息活动。

“信息”一词，古已有之，并且沿袭、延续至今。

早在春秋时期，道家创始人老子的《道德经》（第 21 章）中已有对“信息”的深刻描述：“道之为物，惟恍惟惚。惚兮恍兮，其中有象；恍兮惚兮，其中有物；窈兮冥兮，其中有精；其精甚真，其中有信。”这几句话可以理解为：道在生发万物时是隐约而至的，在隐约之中，慢慢产生了物的形态；进而逐渐有了物的内容；在昏暗阴沉中，情形渐渐浮现；这情形表现得越发真实，就蕴含着万物的丰富信息。可见，老子的《道德经》中的信息包含了世间万事万物发生发展的形态，以及对其本真的描述及其运动规律。

在古典诗词中也不乏“信息”的含义，而且那时人类已经认识到信息是可以寻觅和获取的，如唐朝诗人许浑在《寄远》一诗中喟叹“塞外音书无信息，道旁车马起尘埃”的诗句。南唐诗人李中曾在《暮春怀故人》诗中提到“梦断美人沉信息，目穿长路倚楼台”。这里的“信息”就是音讯和消息的含义。

21 世纪，人类已经进入信息化飞速发展的时代，信息时代是以信息为主体的社会的特称，信息、物质和能量并称为现代文明社会的三大支柱，信息的重要性日趋显著，在一定程度上超越了物质和能量，成为体现综合国力的重要标志之一。现实生活中，我们随时随地都在自觉不自觉地利用信息、传递信息、存储信息，接受纷至沓来的各种信息。

在英文中，“信息”一词表达为“Information”，它包含的内容有情报、信息、消息、资讯、报告、通知、资料、知识、学问、讯息、报道等多重含义。

通常情况下，人们一般把信息理解为消息的代名词，但信息是有一定内容或知识的消息。在教育以及通信领域，信息的含义远比消息和情报丰富得多，一切有意义的消息、情报、文字、语言、代码、指令、符号等都是信息。

实际上，信息与消息、信号、数据、情报、知识既有联系，又有区别。

消息指“用适当的语言或代码从一个信息源向一个或者多个目的地传送的情况”。[①]可见，消息是信息的外壳，信息则是消息的内容；信号是信息的物理载体，信息是信号所载荷的内容；数据指未经加工的原始消息、原始记录。我国国家标准将“数据”定义为：“数字、字母与符号的集合。”[②]情报特指经过筛选和发掘的、符合人们特定需要的信息，是“被传递的知识或事

① 全国文献工作标准化技术委员会. 科学技术系统标准与使用指南第四卷：术语标准［M］. 北京：中国标准出版社，1996.

② 全国文献工作标准化技术委员会，科学技术系统标准与使用指南第四卷：术语标准［M］. 北京：中国标准出版社，1996.

实”；[①]知识是“认知主体以其认知图式适应、同化被认知客体的信息内容，经整合重构而再现的观念化和符号化的有序信息集合”。[②]

百度百科上提出信息链（Information Chain）是由事实（Facts）→数据（Data）→信息（Information）→知识（Knowledge）→“情报”“智能”（Intelligence）五个链环构成的，作为中心链的“信息”，既有物理属性，也有认知属性，故成为“信息链”的代表称谓。信息链[③]如图 1–1 所示。

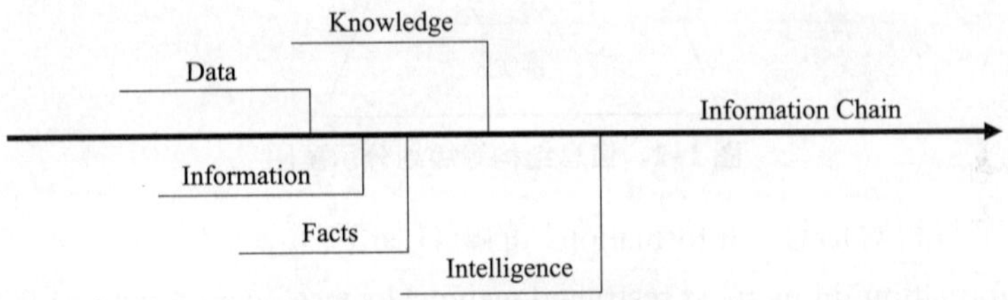

图 1–1　信息链示意图

20 世纪 80 年代末，美国信息系统专家 A・德本斯（A.Debons）等人提出从人的整个认知过程的动态连续体中理解信息的重要观点。他们将认知过程表达为：

事件→符号→数据→信息→知识→智慧。

这个连续统一体中的任一组成部分，都产生于它的前一过程，例如：“信息”是源于数据的，又是“知识”的来源。[④]

1993 年，IBM 公司高级商业学院的斯蒂芬・H・赫克尔进一步分析了信息的结构：

事实→信息→智力→知识→智慧[⑤]。

斯蒂芬・H・赫克尔的信息结构等级划分示意图，如图 1–2 所示。

图 1–2 表述了不同层次的数量和完整性随着信息价值的主观性的增长而下降。

① 全国文献工作标准化技术委员会，科学技术系统标准与使用指南第四卷：术语标准［M］. 北京：中国标准出版社，1996.

② 刘植惠. 知识经济中知识的界定和分类及其对情报科学的影响［J］. 情报学报，2000（2）：105.

③ 百度百科. 信息链［EB/OL］.［2012–05–28］. http://baike.baidu.com/view/1485174.htm.

④ 邬锦雯，白雪天. 信息本质的变化［J］. 情报科学，2000，18（11）：982.

⑤ Claire R. Mclnerney. Working in the Virtual Office: Providing Information And Knowledge to Remove Workers. Library & Information Science Research, 1999, 21(1): 73.

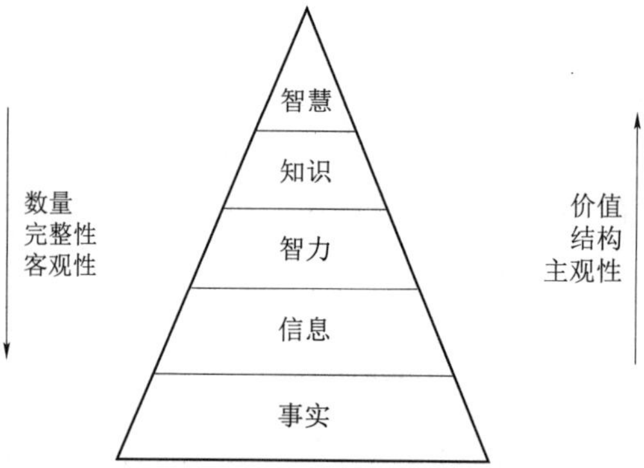

图 1–2 信息结构等级划分示意图

维基百科对信息（Information）的解释如下：

Information, in its most restricted technical sense, is a sequence of symbols that can be interpreted as a message. Information can be recorded as signs, or transmitted as signals. Information is any kind of event that affects the state of a dynamic system. Conceptually, information is the message (utterance or expression) being conveyed. Therefore, in a general sense, information is "Knowledge communicated or received concerning a particular fact or circumstance", or rather, information is an answer to a question.[citation needed] Information cannot be predicted and resolves uncertainty. The uncertainty of an event is measured by its probability of occurrence and is inversely proportional to that. The more uncertain an event, the more information is required to resolve uncertainty of that event.This concept has numerous other meanings in different contexts. Moreover, the concept of information is closely related to notions of constraint, communication, control, data, form, instruction, knowledge, meaning, mental stimulus, pattern, perception, representation, and especially entropy. (From Wikipedia, the free encyclopedia)

根据维基百科的解释，可以用图 1–3 概括说明。

维基百科基本涵盖了对信息的解释，它特别强调了信息在通信领域的含义和熵（Entropy）的引入，这应该归功于申农的贡献。

申农（Claude Ellwood Shannon）是美国数学家、狭义信息论的创立者，他的《通信的数学原理》和维纳（Norbert Wiener）的《控制论》奠定了信息论的基础。

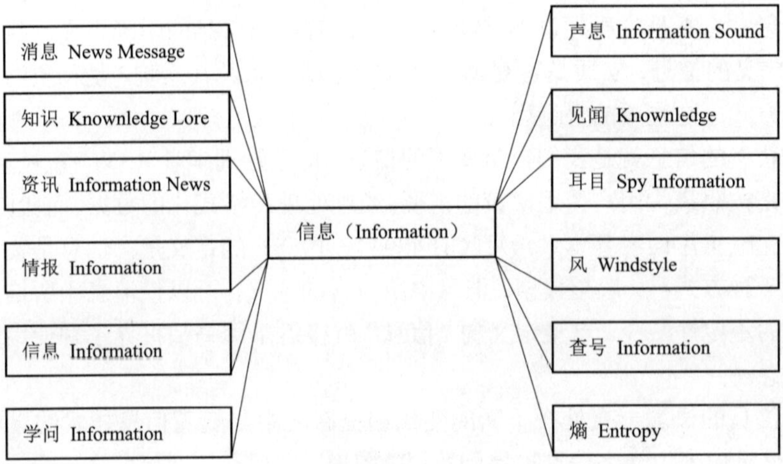

图 1–3　维基百科对信息的解释

1948 年，申农在 Bell System Technical Journal 上发表了《通信的数学原理》（A Mathematical Theory of Communication）一文，将熵的概念引入了信息论中。熵（Entropy）由鲁道夫·克劳修斯（Rudolf Clausius）提出，并运用在热力学中，熵指的是体系的混乱程度，它在控制论、概率论、数论、天体物理、生命科学等领域有重要应用，在不同的学科中也引申出更为具体的定义，是各领域十分重要的参量。在信息论中，熵指的是不确定性的量度，信息论的创始人申农在其著作《通信的数学原理》中提出了建立在概率论模型基础上的信息量度，他把信息定义为“用来消除不确定性的东西”。

无论是大数据、移动互联网，还是日常生活使用的网络、电脑、电话、手机等，其中的很多原理都可以追溯到 1948 年香农的开创性论文《通信的数学原理》。

哲学家认为：信息是人类认识世界的依据；

物理学家认为：信息是“熵”（Entropy）；

数学家认为：信息是一种概率；

通信学家认为：信息是不确定性的描述；

图书领域的专家认为：信息是可以用多种形式进行传播、记录、出版或发行的概念、事实及论著。

但是随着科技的发展和计算机的出现，信息的概念也在不断地拓展与丰富。信息的概念有广义和狭义之分。

广义的信息是无处不在的，它与物质、能量同时被称为构成世界的三大要素。控制论之父、信息论创始人之一维纳（N.Wiener）曾说过：“信息就是信息，它不是物质，也不是能量。”他没有给出信息的明确定义。我们理解，广义的信息，实质是客观物质世界的运动状态及其反映，是物质的一种存在方式，是物质的普遍属性。

狭义的信息就是我们日常使用的信息。信息管理学者 F·W·霍顿认为，信息是按照最终用户使用决策的需要，经过处理和格式化的数据。而我国《情报与文献工作词汇基本术语》（GB 48944—1985）的定义是：信息是物质存在的一种方式，一般指数据、消息中所包含的意义，可以使消息中所描述的事情的不定性减少。这里定义的“信息”就接近于图书情报界了解使用的信息概念。

信息的概念一直处在不断的变化和更新之中。随着信息技术的迅猛发展，信息内容由文字信息扩展到数据、图形、图像和声音等数字信息，信息载体也由文本形式向多媒体形式发展，意味着对信息的研究和利用具有越来越重要的意义和价值。

人们常说，现如今我们正处于一个“信息化时代”，而且是信息“碎片化”时代，但转念一想，其实我们对“信息”了解得并不多。

现在人们时常抱怨说：“TMI（Too Much Information），信息过度。”信息疲劳、信息焦虑以及信息过剩，是我们遇到的新问题。而信息过载这类问题，如电脑病毒、电话忙音、网页死链以及 PowerPoint 演示文稿等，也让我们深受其害。

事实上，信息一词在科学上的应用比它在日常生活中具有更为深刻的内涵。比如，信息是我们这个世界运行所依赖的血液、食物和生命力，它渗透到各个科学领域，改变着每个学科的面貌。信息理论首先把数学与电气工程学联系到了一起，然后又延伸到了计算机科学（在英语国家称为“计算机科学”的学科，在欧洲的一些国家，则称为“信息科学”）领域。现在基于此，甚至连生物学也成为一门研究讯息、指令和编码的信息科学。基因封装信息并允许信息的读取和转录；生命通过网络扩散；信息本身是一台信息处理器；记忆不仅存储于人的大脑里，也存储在每一个细胞里，等等。而随着信息理论的兴起，遗传学也得以迅猛发展，DNA 是信息分子的典型代表，是细胞层次上最先进的信息处理器——它是一份字母表、一种编码，用 60 亿比特（bit）的信息定义了一个人。进化生物学学家理查德·道金斯认为：“处于所有生物核心的不是火，不是热气，也不是所谓的生命火花，而是信息、字词以及指令……如果你想了解生命，就别去研究那些生机勃勃、动来动去的原生质了，从信息技术的角度想想吧。”生物体中的所有细胞是一个错综复杂的通信网络中的节点，它们一刻不停地传输和接受信息，不停地编码和解码。进化本身正是生物体与环境之间持续不断的信息交换的具体表现。

1.1.3 信息文化

信息文化是人们借助于信息、信息资源、信息技术，从事信息活动所形成的文化形态；是信息社会的主流文化。信息文化的概念主要用于分析信息化社会中，信息对政治、经济、文化等方面的影响。随着社会信息化程度的迅速发展，人们认识到单纯从技术的角度不能全面把握信息社会的发展与前景，必须从信息文化环境的形成及其对人类信息行为的影响来分析，为人类信息活动所面临的各种问题提供有现实意义的指导。

从文献回溯看，信息文化（Information Culture）的概念在 20 世纪 70—80 年代形成，主要是来自未来学家对信息社会的文化（Culture of Information Society）的研究，如丹尼尔 • 贝尔的“后工业社会”研究，[①]阿尔温 • 托夫勒的“第三次浪潮”文化研究等；[②]还有企业管理信息系统（MIS）和信息资源管理（IRM）研究中的概念，它研究企业采用计算机系统进行管理后，形成的新型企业文化与传统企业文化之间的区别，例如：Donald L.Koch 和 Delores W.Steinhauser 的论文“Changing the Corporate Culture”指出与工业化社会不同的新型企业文化（UMI 数据库将其概括为“信息文化”）的特点是：以人为中心；权力掌握在那些处理信息并能使其转变为知识的人手中；技术使心灵更加自由，而不是使人成为自己创造物的奴隶；强调结果，但这种结果不刻板地依附于标准。[③]据可靠的资料记载，最早使用“Information Culture”文献的是 Judy Labovitz 和 Edward Tamm 的论文“Building an Information Culture：A Case Study”（1987），论文描述公司信息文化发展的要素包括：公司的战略计划、组织哲学、利用信息及将信息和技术结合的态度等。[④]

信息文化的概念主要用来分析信息对政治、经济、文化的影响。例如，英国学者 David Lyon 在“The Roots of the Information Society Idea”一文中

---

① 丹尼尔 • 贝尔. 后工业社会的来临：对社会预测的一项探索［M］. 北京：商务印书馆，1984.

② 阿尔温 • 托夫勒. 第三次浪潮［M］. 北京：三联书店，1983.

③ Donald L • Koch, Delores W. Steinhauser. Changing the Corporate Culture.Datamation, 1983: V29(10): 247–256. http://global. umi.com/pqdweb.

④ Judy Labovitz, Edward Tamm. Building an Information Culture: A Case Study. The Journal of Information. Management, 1987, 4(4): 39–41. http://global.umi.com/pqdweb.

将信息文化的研究起源追溯到贝尔的“后工业社会”文化研究，并提出研究信息文化应当考虑三个问题：关于计算机和远程通信的问题；计算机和通信渗透的影响是否在事实上改变了社会和文化经验；研究信息文化却不研究它的宗教和意识形态方面，则这样的研究是不完全的。[①]随后，美国、俄罗斯、日本等国也相继提出了信息文化对政治、经济、国家安全等方面的影响，说明信息文化概念已经广泛被使用。

在中国，最早提出信息文化概念的是卢永泰的著述《信息文化学导论》。[②]该书较为系统地介绍了信息文化的诸多方面内容，但当时网络还未全面进入中国，信息影响远不及现在，该书当时并未引起社会关注。但“信息文化”一词开始进入人们的视域，国内研究相关问题的学者日渐增多。严康敏、赖茂生《信息高速公路：面向未来的震荡》一书的第五章题目即为“信息文化”，专门探讨了信息文化的概念，认为信息文化就是电脑空间文化，并探讨了多元文化相互作用的加强、虚拟现实与虚拟社会、教育模式的变化、新的科学研究模式、电子出版物与电子图书馆等与信息文化相关的问题。[③]董焱的论文《开展信息文化学研究》是进入网络时代后，国内较早正式提出应研究“信息文化学”并初步探讨了信息文化学应研究的主要内容；[④]党跃武的论文《信息文化简论》是迄今为止对信息文化的内容及研究范围界定最为详细的一篇论文。[⑤]

从信息文化的长期发展演变过程看，信息文化是由信息技术决定的，信息技术的变革及其对社会文化的全面渗透，使社会信息量加速增长，这是信息文化发展的主旋律。而信息技术的发展则不断缩短社会个体与信息的距离，增强人类对信息生产、传播及获取的能力。

信息选择与信息利用是信息生产、传播的目的和归宿，在信息文化环境下，信息选择和利用的行为方式发生了很大变化，促使人们更加重视公民信息素养的培养。

在信息文化环境下，网络传播将成为信息的主渠道，但大众传播仍是信息时代一般成员获取信息的重要渠道。我们在注重发展网络传播的同时，要做到多种信息渠道的相互配合与协同。知识共享与信息共享，是信息文化发展所形成的一种理想境界。

---

① David Lyon. The Roots of the Information Society Idea. in: Nick Heap et al.ed. Information Technology and Society. London: Sage Publications Ltd., 1995: 65–67.

② 卢永泰. 信息文化学导论：IT 会带来什么［M］. 长春：吉林教育出版社，1990.

③ 严康敏、赖茂生. 信息高速公路：面向未来的震荡［M］. 济南：山东教育出版社，1996.

④ 董焱. 开展信息文化学研究［J］. 未来与发展，1998（3）：41–42.

⑤ 党跃武. 信息文化简论［J］. 情报资料工作，1995（5）：1–4.

1.2 信息资源

信息资源（Information Resources）就是经过人类加工处理，使之有序化并大量积累后的可供利用的信息集合，是各种事物形态、内在规律与其他事物的联系等各种条件、关系的反映。信息同能源、材料并列为当今世界三大资源。信息资源种类巨多，广泛分布于社会政治、经济、文化等各个领域和部门。随着社会的不断发展，如何获取和利用这些信息资源，对社会的发展，对人们日常学习、工作、生活有着至关重要的作用，它成为国民经济和社会发展的重要战略资源。它的开发和利用是整个信息化体系的核心内容。

1.2.1 文献与文献信息

文献自产生之日起，一直处于动态的演进过程之中，文献记录方式和载体材料的每一次演变、创新，都会带来信息传播方式的重大变革，从而推动社会的发展。文献是信息的物质存在形式，是积累和保存知识的工具。以文献方式记录下来的信息资源其最主要的特征是拥有不依赖于人的物质载体，只要这些载体没有损坏或消失，所记录的信息就可以跨越时空，无限往复地为人类服务。文献具有存储和传递知识信息的重要功能，是人类认识世界、获取信息的重要途径。文献信息对于人类文化的传承与发展具有不可替代的作用。

“文献”一词，在我国最早见于《论语·八佾》篇，子曰：“夏礼，吾能言之，杞不足徵也；殷礼，吾能言之，宋不足徵也。文献不足故也。足，则吾能徵之矣。”孔子所指的文献是指有关典章制度的文字资料。那时对文献的认识是包括历代的历史文件和当时的贤者。

南宋朱熹对“文献”的解释是：“文，典籍也；献，贤也。” 但他又补充说：“文”，即古代书籍或标准典范的书籍；“献”，即熟悉轶闻旧事、有德有才、能创造物质财富的人。这里“文献”的定义更加具体化、明确化。

至元代马端临《文献通考》自序，对“文献”一词有了更详细的叙述：凡叙事，则本之经史，而参之以历代会要，以及百家传记之书，信而有徵着从之，乖异传疑者不录，所谓文也。凡论事，则先取当时臣僚之奏疏，次及近代诸儒之评论，以至名流之燕谈，稗官之记录，凡一语一言，可以订典故之得失，证史传之是非者，则采录之，所谓献也。马端临所指的“文献”涵盖了经史典籍、历代会要、百家传记，以及臣僚奏疏、诸儒评论、名流燕谈、稗官记录等文字资料和口头言语记录。“文献”的内涵更具体详细了。马端临在这段话里界定了“文”和“献”的差别，为我们今后从事学术研究铺垫了基础。

事隔数千年，我们现在的理解与古代不完全一样，《辞海》（1979 年版）对“文献”的解释是“专指历史典籍”。

百度百科上对“文献”解释为：文献是用文字、图形、符号、视频、声频等技术手段记录人类知识的一种载体，或理解为固化在一定物质载体上的知识。也可以理解为古今一切社会史料的总称。现在通常理解为图书、期刊等各种出版物的总和。文献是记录、积累、传播和继承知识的最有效手段，是人类在社会活动中获取情报的最基本、最主要的来源，也是交流传播情报的最基本手段。正因为如此，人们把文献称为情报工作的物质基础。①

我国国家标准《文献著录总则》（GB 3792.1—1983）下的定义是：“记录有知识的一切载体（供记录信息符号的物质材料，称之为载体材料）。”这就是说，所谓文献，是指以文字、图像、符号、声频、视频等作为记录手段，将信息记录或描述在一定的物质载体上，并能起到存储和传播信息情报和知识作用的一切载体。这种载体，除了常见的纸张外，还包括甲骨、金石、竹帛以及胶片、磁带、光盘等。

文献是信息、知识、情报的存储载体和传递工具之一。可见，文献不仅包括各种图书和期刊，而且包括会议文献、科技报告、专利文献、学位论文、科技档案等各种类型的出版物，还包括用声音、图像以及其他手段记录知识的全部现代出版物。

1. 根据文献信息内容的加工层次，可将文献分为四级

（1）零次文献

零次文献指未经正式出版发行或公开交流的最原始的记录。主要指处于保密状态或不愿公开其内容的文献。如未解密的政府文件、内容档案、个人书信、手稿、笔记、试验记录等。这类文献除作者和特定的人员外，一般社会成员极难获得和利用，其主要特点是内容新。

（2）一次文献

一次文献是指人们直接从生产、科研、社会活动中获取的原始文献，是获取文献信息的主要来源。如期刊论文、专利文献、科技报告、会议记录、

① 百度百科. 文献［EB/OL］.（2012-06-25）［2012-08-11］. http://baike.baidu.com/view/70348.htm.

学位论文、档案资料等，具有新颖性、创新性、实用性和学术性等特点，参考和使用的价值较高。

（3）二次文献

二次文献是将分散的、无序的一次信息资源进行加工整理，使之成为系统、有序的文献信息资源，是查找一次文献信息的工具。二次文献具有浓缩性、汇集性、有序性等特点，它的作用不仅在于报道文献信息的内容，更重要的是可以提供原一次信息资源的线索。其主要类型有：目录、索引、文摘等，如《中文科技资料目录》《中国科技期刊数据库》等，是检索文献所利用的主要工具。

（4）三次文献

三次文献是围绕某个专题，利用二次文献并在此基础上，对大量相关的一次文献进行综合分析、研究和评述而形成的具有较高实用价值的评述性或综合性文献，也叫参考工具书。如手册、百科全书、年鉴、专题评论等。三次文献源于一次、二次文献，又高于一次、二次文献，是一种再创性文献。三次文献具有综合性、浓缩性和参考性的特点，它既是文献信息检索和利用的对象，又可作为检索文献。

从零次文献、一次文献、二次文献到三次文献，是一个由分散到集中、由无序到有序、由博而精的对知识进行不同层次的加工过程。零次文献和一次文献是最基本的信息源，是文献信息检索和利用的主要对象；二次文献是一次文献的集中提炼和有序化，它是文献信息检索的工具；三次文献是专门化高度浓缩的文献信息。因此，二次文献是最重要的检索手段和工具，一次文献是最终的检索对象。

2. 按文献获取方式的明朗程度，西方情报学者对文献的分类

（1）白色文献

通过书店、邮局等正常渠道直接可获得的文献，它是已知信息的载体。

（2）黑色文献

根本得不到的绝密性资料，它是未知信息的载体。

（3）灰色文献

很难得到的文献，又称为“难得文献”“非常规文献”和“非正式出版文献”。灰色文献的主要特点是出版形式简单、内容专一具体、分散琐碎，具有半封闭性。

高等学校常用的灰色文献类型主要有：内部刊物、会议内部资料、内部技术报告、未出版的学位论文、产品说明书、产品目次等有关资料。

除上述分类外，还可按文献的时间、地域、文种、民族、用途、读者对象、学科内容、流通范围与保密要求等标准进行划分。不同类型文献有不同的特点，利用时要区别对待。

文献信息就是以文献形式记录人类知识的信息。文献信息资源是人类信息资源的主体。文献信息以其独特的结构特征和社会特征区别于其他信息形式。在结构特征方面，文献信息必须由载体、编码和内容构成。任何文献信息都必须至少依附于一种物质载体，文献信息是以物质形态出现的，它的载体可供人们存储、收藏或传递。文献信息的内涵是知识和情报，人们利用文献信息发展生产，获得经济效益。

因此，文献信息是一种对人类社会具有特殊意义的资源，文献信息可以通过文字、符号、声频和图像等形式表示出来，而且文献信息可以用复制的办法传递、交流和转移，而原来的文献信息还存在着。这些都表明，文献信息本身不是物质；另外，文献信息必须经过人类头脑的信息加工，转变成语言，再用文字、符号和图像等方式记录在一定的载体上，才成为文献信息。文献信息是在人脑中形成的对客观事物的反映，属于意识范畴，但又不是纯意识的。

从信息科学的角度说，信息也有高级和低级之分。凡是由社会的人参与对信息进行储存、传播、交流、处理、研究和利用的信息，都属于高级信息，这种高级信息与人的意识、人的反应能力紧密联系在一起。文献信息正是这样一种高级信息。文献信息作为“人类的精神信息”，既有物质的属性，又是意识的存在形式。

1.2.2 信息资源的种类与分布

信息资源数量庞大，种类繁多。主要有传统的文献信息资源、现代的电子类信息资源、各类学科的专业数据库、海量的网络信息资源、新闻媒体的视频信息资源，等等，这些都是信息资源的有机组成部分。

1. 中外文图书信息资源分布

1）外文图书信息资源

外文图书文献信息资源包括外语学习的语言类和文学类图书、中外语对照类专业图书、外文原版图书、影印版图书等类型，其查找和获取主要通过馆藏图书目录、外文图书数据库、联机目录查询系统等进行，也可以通过外文数字图书馆及相关数字图书馆等检索外语语言类图书或外文版图书。

馆藏外文图书信息资源主要分布在公共图书馆、科学院图书馆、国家图书馆、高校图书馆、社区图书馆及私人图书馆等；可以通过访问各图书馆主页，选择书刊目录查询，进入目录检索界面，然后选择“西文图书”进行查询；利用方式可以采取借阅、文献传递、复印等方式。主要资源有：联合书目外文图书信息资源、数字图书馆中的外文信息资源、互联网外文图书信息资源、施普林格（SpringerLink）电子图书等。

2）中文图书信息资源

中文图书是传统中文文献中最重要的一种类型，这不仅因为中文图书历史悠久，而且因为它数量庞大、学科门类齐全、涵盖的知识系统全面，具有权威性，收藏价值也很高。中文图书包括许多译著，因为翻译的语言流畅、优美而成为经久不衰的经典力作。中文图书的检索包括对其外部特征的检索及具体内容的检索，中文图书资源信息检索可以通过图书出版机构、中华人民共和国新闻出版署、国家科技图书文献中心、中国高等教育文献保障系统、联合目录公共检索系统、各省直辖市高等教育文献保障系统、各省直辖市区域文献资源共享系统等的联合书目数据库、高校图书馆主页馆藏书刊目录查询系统等途径和方式获得。下面重点介绍几个：

（1）《全国总书目》和《全国新书目》中的中文图书信息资源

这两种书目于1949年创刊，由国家出版事业管理局版本图书馆编撰，由中华书局出版。它属于我国的国家书目，它是检索我国出版图书的主要检索工具。用它可以查询到公开出版的科技图书和部分内部出版的科技图书。《全国总书目》是《全国新书目》的累积本，还有《科技新书目》。以上书目在查找专业中文图书时，可以按照内容、编著者、书名、丛书名、《中图法》分类号、具体出版社、年代等检索途径进行具体查找。

（2）中国国家数字图书馆

中国国家数字图书馆，即中国国家图书馆。它是全世界最大的中文文献信息收藏基地，同时也是我国最大的外文文献收藏基地，承担着国家总书库和为中央国家机关、重点科研教育生产单位、社会公众服务的职能，是国家的书目中心、国家古籍保护中心，居世界国家图书馆第三位；至2012年，馆藏文献总量达到3 000万册，其中中外文文献比例为6:4；数字资源的总量约600 TB。书目数据总量约70万条，传统文献与数字资源结合的馆藏体系基本形成。

（3）超星数字图书馆

成立于1993年的超星数字图书馆，是国家“863”计划中中国数字图书馆示范工程项目，（http://book.chaoxing.com）。收录年限：1977 年至今。包括 51 个学科门类，涉及宗教、哲学、社科总论、经典理论、经济学、自然科学总论、计算机等各个学科门类。是全球最大的中文数字图书馆，也是拥有国内数字图书馆最丰富的数字图书馆。读者可以通过互联网阅读，也可以将图书下载到用户本地离线阅读。目前大多数高校图书馆都购买了超星数字库并建立了镜像，可直接免费阅读和下载。

北京超星数字图书馆于 1999 年开通，是全球最大的中文数字图书馆。向互联网用户提供中文电子书免费和收费的阅读、下载、打印等服务；新版超星网（http://www：chaoxing.com/）旨在打造一个“终身学习的大学”，是一个集阅读、学习、研究为一体的多媒介信息资源空间。超星数字图书馆同时向读者提供原创作品发布平台、读书社区、博客等服务。其海量的电子图书信息资源为用户提供丰富的电子图书阅读，其中包括文学、经济、计算机等学科门类，并且每天都在更新内容，为全球最大的中文在线数字图书馆。

2. 中外文期刊信息资源分布

1）外文期刊信息资源

（1）EBSCOhost 成立于 1984 年，EBSCOhost 数据库由美国 EBSCO 公司创立，是全球最早推出在线全文数据库检索系统的公司之一，公司名称是由创始人 Elton B.Stephens 名字首字母加公司（Company）前两个字母缩写组成。它下设的文献服务公司代理发行纸本期刊、全文期刊数据库、文摘型数据库及电子期刊，现有 60 多个电子文献数据库，其中期刊数据库约有 50 种，是世界上最大的多学科的综合型数据库之一。EBSCOhost 的数据库既有大众性的，也有专业性的，数据每日更新；数据库的内容包括两个最主要的全文数据库 Academic Search Premier（学术期刊数据库，简称 ASP）和 Bussiness Source Premier（商业资源数据库，简称 BSP）。此外还有 EBSCOhost Animals、教育资源信息中心（Educational Resource Information Center，ERIC）、报纸资源（Newspaperr Source）等。EBSCOhost 的网址是 http://search.ebscohost.com/，也可以通过单位图书馆的链接进入。

（2）施普林格（SpringerLink）学术期刊数据库

德国施普林格（SpringerLink）是世界上最著名的科技出版集团，于 1942 年成立，主要出版数学、化学、生物学、物理学、医学类的文献，通过施普林格（SpringerLink）数据库系统提供电子期刊服务，重点有科学技术、医学等方面的学术期刊在线资源，从 SpringerLink 和 EBSCO/Metapress 公司在北京大学、清华大学图书馆联合成立的 SpringerLink 镜像站点

（http://Springer.lib.tsinghua.edu.cn/），可以了解最新更新数据信息；在主界面中的检索入口下拉菜单中选择标题、作者、ISSN 等途径，然后用英文输入检索词，最后点击“提交”按钮，即可进行一般检索；高级检索是多项检索途径的逻辑组合，可提高检索效率。

（3）IEL（IEEE/IEE Electronic Library）学术论文数据库

它是美国电子电机工程师学会（IEEE-the Institute of Electrical and Electronics Engineers）与英国电机工程师学会（IEE-the Institution of Electronics Engineers）出版的电子全文信息系统。包括 IEEE 与 IEE 自 1988 年以来出版的 120 多种期刊（IEEE Journals 、IEE Journals）、600 种电子会议论文集（IEEE Conference Proceedings、IEE Conference Proceedings）及近 900 种工业标准（IEEE Standard）等电子全文资料。目前约有 750 000 篇文章，平均每月增加 25 000 页新资料。其全文采用 PDF 格式，全文影像与其印刷本完全一致，另外还有读者来信、投稿须知以及所有图标、照片等资料。

（4）ProQuest Online

ProQuest Online 隶属剑桥信息小组，结合了 ProQuest 信息学会和 CSA 公司的力量，在 2007 年合并而成。ProQuest Online 信息资源包括文学、艺术、社会科学、科学技术和医学等领域，其中 ProQuest Science Journals 中收录了 85 种期刊的全文或全文图像。该数据库涵盖了理工类大部分学科，全文图像部分完整地收录了对科学研究至关重要的数据、表格及图例等；用户通过互联网访问 ProQuest 主页（http://www.proquest.com/），可以浏览、阅读、检索一些免费的英文期刊等科技信息等；我国许多高校图书馆已购置 ProQuest Online 的科技期刊、学位论文等方面的数据库资源。

（5）爱思维尔（ELSEVIER）

1880 年，爱思维尔（ELSEVIER）公司由荷兰图书进出口商和经销商乔治·罗伯茨创建。目前该公司是力德爱思维尔集团的一部分，公司总部设立在荷兰的阿姆斯特丹，是一家世界顶级的科学、技术、医学等信息产品和服务提供商；基于与全球科技和医学界的合作，公司每年出版超过 2 000 种期刊，包括《柳叶刀》和《细胞》等世界著名期刊，还出版近 20 000 种图书，包括 Mosby、Saunders 等著名出版品牌的参考工具书。

2）中文期刊信息资源

（1）CNKI

CNKI（China National Knowledge Infrastructure）是中国知识基础设施

工程的简称，也称为“中国知网”。由清华大学、清华同方光盘股份有限公司、中国学术期刊网（光盘版）电子杂志社、光盘国家研究中心、中国科学文献计量评价研究中心和 CNKI 知识网络服务集团主办，于 1999 年 6 月启动并开展服务。2003 年 10 月正式启动建设《中国知识资源总库》及 CNKI 网络资源共享平台，实现对全国各类知识资源的跨库、跨平台、跨地域的一站式检索。它的数据库主要有：《中国期刊全文数据库》（CJFD）、《中国重要报纸全文数据库》（CCND）、《中国优秀博硕士学位论文全文数据库》（CDMD）、《中国重要会议论文全文数据库》（CPCD）、《中国基础教育知识仓库》（CFED）、《中国医院知识仓库》（CHKD）、《中国期刊题录数据库》（免费）、《中国专利数据库》（免费）等。2007 年 12 月，中国知网进行了全新改版，推出了数字出版平台以及个性化的增值服务——个人/机构数字图书馆。

CNKI 也称《中国知识资源总库》，目前收录资源包括期刊、博硕士论文、会议论文、报纸等学术与专业资料；内容覆盖自然科学、社会科学、工程技术、农业、医学、哲学等各个学科领域。数据每日更新，支持跨库检索和单库检索。文献总量达 8 000 万篇，根据用户需求打造出《中国学术文献网络出版总库》和《中国学术期刊网络出版总库》，并实现对收录资源——期刊论文等 1 000 多种数据库的统一导航。资源涵盖了基础科学、工程科技、农业科技、医药卫生科技、哲学与人文科学、社会科学、信息科技、经济与管理科学十大专辑。用户可按专题库访问或订购资源。其主要数据库介绍如下：

①《中国学术文献网络出版总库》：该库收录了 1915 年至今国内出版的 18 516 种学术刊物，截至 2011 年 6 月，收录国内学术期刊 7 700 多种，包括创刊至今出版的学术期刊 4 600 余种，全文文献总量 3 200 多万篇。期刊文献互联网出版平均不迟于纸质期刊出版之后 2 个月。每日更新 5 万多篇。

②《中国学术期刊网络出版总库》：该库是目前世界上最大的连续动态更新的中国学术期刊全文数据库，以学术、技术、政策为指导，以高等科普及教育类期刊为主，内容涉及自然科学、工程科技、农业、哲学、医学、人文社会科学等各个领域，收录国内出版的近 8 200 种学术期刊，累积学术期刊文献总量约 2 552 万篇。其中核心期刊、重要评价性数据库来源期刊近 3 000 余种。产品也分十大专辑，十大专辑下分为 168 个专题文献数据库。收录文献期限为 1915 年至今。出版平均不迟于纸质期刊出版之后 2 个月。

③《中国期刊全文数据库》：该库收录了1994年至今9 175种期刊的全文文献，收全率超过99%；按学科分为168个专题，现有文献3 000余万篇，每日更新，日新增文献1万多篇。

④《中国期刊全文数据库》：该期刊收录了回溯1979年至1993年的4 195种期刊，部分期刊回溯至创刊，最早回溯至1887年。按学科分为168个专题，现有文献数百万篇。

⑤《中国优秀博士学位论文全文数据库》：该库收录了1999年至今420个博硕士培养单位的学位论文，现有论文十万余篇，每日更新。

⑥《中国优秀硕士学位论文全文数据库》：该库收录了1999年至今652个博硕士培养单位的学位论文，现有论文近百万篇，每日更新。

⑦《中国重要报纸全文数据库》：该库收录了2000年至今700多种重要报纸，现有文章近1 000万篇，每日更新，年更新120万篇左右。

⑧《中国重要会议论文全文数据库》：该库收录了2000年至今1 220多家学术团体的会议论文1 000余万篇，每日更新。

⑨《中国年鉴全文数据库》：该库收录了1912年至今1 100种国内中央、地方、行业和企业等各类年鉴的全文文献，内容覆盖基本国情、地理历史、政治、军事、外交、法律、经济、科学技术、教育、文化体育事业、医疗卫生、社会生活、人物、统计资料、文件标准语法律法规等各个领域。

目前，许多高校以不同的方式购买了《中国期刊全文数据库》或购买不同的学科专辑。

（2）维普中文科技期刊

维普中文科技期刊数据库是由重庆维普资讯公司制作并提供服务的。它是我国最早进行数据加工出版的单位之一。该公司有《中文科技期刊全文数据库》《中文科技期刊引文数据库》《外文科技期刊数据库》（文摘版）、《中国科技经济新闻数据库》等数据库产品。

收录范围：中文期刊12 000余种，含中文核心期刊1 810种，中文报纸1 000种、外文期刊 5 000种，内容覆盖自然科学、工程技术、农业、医药、经济管理、教育科学及图书情报学等学科。

特点：具有收录范围广、数据容量大、著录标准全、全文服务快等特点。目前已成为我国科技查新、高等教育、科学研究等单位必不可少的重要的信息来源。

有全文版和文摘版，是查找期刊文献的主要信息源。

维普中文科技期刊主要收录以下几种内容：

①《中文科技期刊全文数据库》。

《中文科技期刊全文数据库》包含全文版、文摘版、引文版。该数据库收录 1989 年以来国内公开出版的 12 000 余种期刊，其中含中文核心期刊 1 810 种。至 2008 年 8 月，全文数据量达 2 300 余万篇，引文达 3 000 余万条。按学科分为社会科学、自然科学、工程技术、农业科学、医药卫生、经济管理、教育科学、图书情报 8 个学科专辑 36 个专题。目前许多高校图书馆通过集团订购或网上专题定购等不同的方式订购了《中文科技期刊全文数据库》，以镜像或远程登录方式，获取所需要的原文。

②《中文科技期刊引文数据库》。

数据以文摘版《中文科技期刊全文数据库》为依据，收录 1989 年以来公开出版的科技类期刊 5 000 多种，其中包括《中文核心期刊要目总览》核心期刊 1 810 余种，是目前国内检索期刊种类最多的引文数据库。按学科分为社会科学、自然科学、工程技术、农业科学、医药卫生、经济管理、教育科学、图书情报 8 个学科专辑。该数据库可查询论著引用与被引用的情况、机构发文量、国家重点实验室和部门开放实验室发文量、科技期刊被引情况等，是科技文献检索、文献量研究和科学活动定量分析评价的有力工具。《外文科技期刊数据库》文摘版《外文科技期刊数据库》提供 1992 年以来世界 30 多个国家的约 12 000 种期刊、800 万条外文文献。文献以英文为主，数据每周更新，联合了国内 20 多个著名图书情报机构提供方便快捷的原文传递服务。按学科分为自然科学、农业科学、医药卫生、工程技术、经济管理、教育科学和图书情报 7 个学科专辑。

③《中国科技经济新闻数据库》。

《中国科技经济新闻数据库》即维普行业剪报数据库，数据信息遴选自国内 400 多种重要报纸和 12 000 多种科技期刊。它按学科分为经济、农业、工业、工业 A、工业 B、工业 C、商业、医药、科研 9 个专辑，内容包括了各行各业的新产品、新技术、新动态和新法规的资讯报道。

（3）*万方数据资源系统*

万方数据资源系统是以中国科技信息研究所即万方数据集团公司全部信息资源为依托建立起来的，是国内第一家以信息服务为核心的股份制高新技术企业，是在互联网领域集信息资源产品、信息增值服务和信息处理方案为一体的综合信息服务商。其旨在为广大高等院校、科研单位、图书信息机构、企业和个人提供权威、综合、便捷、高效的科技、商务信息检索查询服务。万方数据资源系统包括《中国学位论文全文数据库》《中国学术会议论文全文数据库》(中、英文版)《中国数字化期刊群》《中国专利数据库》《中国国家标准全文数据库》《外文文献数据库》《科技信息子系统》等120多个数据库。内容覆盖自然科学、社会科学、商务信息等各个领域。

2008年，万方数据知识服务平台全面升级。升级后的万方数据知识服务平台，检索更方便、服务更专业，界面提供各种功能区。

① 界面导航区：用户可以根据自己的需要选择相应的界面浏览或检索信息。比如，用户可以在导航栏选择学术期刊，进入学术期刊的浏览和导航页面。

② 资源检索区：汇集学术论文、专利、标准、成果、法规等万方主要文献资源的检索，界面提供简单检索、分类检索及高级检索。

③ 资源更新区：单击“资源更新”按钮区各个数据库名，进入资源浏览相应数据库页面，实现单库检索。单击“更新”按钮，可以进入资源更新页面，了解更多数据库的资源更新信息。

④ 科技动态区：位于界面底部，显示最新科技动态信息。通过单击科技动态区各个文献标题，了解其详细内容。单击“更多”按钮，进入科技动态页面，了解更多科技动态信息。

⑤ 专题区：位于界面左侧，显示专题分类。单击各类专题，进入专题分类页面。例如：单击“体育”专题，进入体育专题页面，在专题页面单击分类，如单击“排球”按钮，进入与体育项目“排球”相关的论文检索页面。

(4) CALIS中国高等教育文献保障系统

CALIS是一个经国务院批准的，以中国高等教育数字图书馆为核心的中国高等教育文献保障体系，宗旨是为中国的高等教育服务。CALIS的是一个三级联合文献信息保障体系，即全国性专业文献信息服务中心→地区性文献信息服务中心→“211”工程的重点院校图书馆。既是CALIS的终极保障基地，又是CALIS资源共享的骨干力量，更是CALIS提供文献信息服务的基层组织。通过CALIS的《中文现刊目次数据库》和《全国期刊联合目录数据库》，实现期刊文献信息的查询。

① CALIS的主要服务内容：

A. 信息检索：指利用CALIS引进或自建的数据库，在网上提供检索服务。CALIS成员馆的用户可以根据需要，自己在网上检索这些数据库的信息资源以及电子版全文。成员馆的用户或一般用户均可以利用联合目录数据库了解所需文献在成员馆的入藏情况，为进行馆际互借或文献传递奠定基础。

B. 馆际互借：指对于本馆没有的文献，在本馆用户需要时，根据CALIS

统一的制度、协议和办法，向其他有收藏的成员馆获取；反之，在其他成员馆用户提出需求时，将本馆收藏的文献借给对方。

C. 文献传递：指对于本馆没有的文献，如期刊论文、学位论文等，在本馆用户需要时，根据 CALIS 统一的制度、协议和办法，向其他有收藏的成员馆获取；反之，在其他成员馆用户提出需求时，将本馆收藏的文献借给对方。传递方式有传真、电子邮件、邮寄等。

D. 学科导航：指以学科为单元对网上的相关学术资源进行搜集、组织，使之有序化，并对其内容进行揭示，建立分类目录式资源组织体系、动态链接、学科资源数据库和检索平台，为用户提供网上学科信息资源导引和检索线索的导航系统。目前，已建成 265 个学科导航系统，其学科涵盖了社会科学 75 个学科和自然科学 190 个学科的各个领域。

② CALIS 主要的数据库资源：

CALIS 数据库资源主要包括两大部分：英文资源和中文资源。主要有以下几种：

A. CALIS 的特色数据库。各成员馆根据本馆收藏的文献特色而建立的数据库。

B. 中文期刊目次库。该库收录 CALIS 成员馆收藏的全国国内出版的中文学术期刊，到目前为止收录期刊 5 500 种，拥有期刊目次（或文摘）200 万条。内容涉及社会科学和自然科学的全部学科。CALIS 成员馆可通过 IP 登录免费使用。

C. 全国期刊联合目录数据库。该库收录全国 300 多家文献信息服务机构（中科院系统、社科院系统、解放军卫生系统、科研系统、“211”工程院校图书馆和公共图书馆系统）入藏的中、西、日、俄各语种期刊 10 万余种，内容涉及理、工、农、林、医、军事和社会科学等领域。

D. 高校学位论文数据库。收录“211”工程 61 所高校的学位论文。

E. 高等学校会议论文库。收录国内大学每年召开的国际性学术会议文献。

F. 联合目录数据库。

3. 会议论文信息资源分布

随着科学技术的迅速发展，各个国家的学会、协会、研究机构及国际学术组织越来越多，为了加强科学家之间的信息交流，各学术组织每年都定期或不定期地召开学术会议。据美国科学情报所（ISI）统计，全世界每年召开的学术会议约 1 万个，正式发行的各种专业会议文献 5 000 多种。因此，会议文献是传递和获取科技信息的一种极为有效的重要渠道。

会议文献是指在各种学术会议上交流、宣读或发表的论文、报告、讲演等文献，并经编辑整理后的正式出版物。会议文献一般情况下通过会议录的方式出版，有时也会刊载在期刊上。学术会议历来是人们交流研究成果的重要场所。目前全世界每年大约要召开数千个学术会议。会议种类繁多，有大会（Convention）、代表大会（Congress）、会议（Conference）、学术讨论会（Colloquium）、研讨会（Seminar）、专业讨论会（Symposium）、专题讨论会（Workshop）等。由此产生了大量的会议文献，即学术会议论文。

会议文献具有以下特点：学术水平高，专业性强；内容新颖，及时性强；数量庞大，内容丰富；可靠性高；出版形式多种多样。因此，会议文献在主要的科技信息源中，重要性和利用率仅次于期刊。

会议文献是传播科技信息的重要渠道，许多新的发现或发明往往最先披露于会议或会议文献中。某些会议文献常常不在公开出版物上发表，在内容上与期刊、研究报告、图书等有一定的交叉重复。

1）国外会议文献

ISI Proceedings，美国 Thomson Science 公司基于 ISI Web of Knowledge 检索平台将 ISTP（Index to Scientific & Technical Proceedings）（《科技会议录索引》）和 ISSHP（Index to Social Sciences & Humanities Proceedings）（《社会科学及人文科学会议录索引》）两大会议录索引集成提供会议论文的文摘索引信息。如果所在机构目前已经订阅了 ISI Proceedings，ISI 将自动把账号与 Web of Science 数据库整合，用户能同时检索会议记录文献。通过这一增强功能，可充分利用 Web of Science 的强大功能来处理会议录数据。目前整合后的数据库分别为 Conference Proceedings Citation Index–Science（CPCI-S）（1996 年至今）和 Conference Proceedings Citation Index–Social Science & Humanities（CPCI-SSH）（1996 年至今）。

OCLC FirstSearch 检索系统中的 PapersFirst（《国际学术会议论文索引》）和 Proceedings（国际学术会议录索引）数据库提供世界范围内会议文献的检索。FirstSearch 是 OCLC 的一个联机参考服务系统，包括 70 多个数据库。从 1999 年开始，CALIS 全国工程中心订购了其中的基本组 13 个数据库，PapersFirst 和 Proceedings 是其中的两个。

PapersFirst 数据库收录世界范围内各类学术会议上发表论文的索引信息，它覆盖了自 1993 年 10 月以来在“大英图书馆资料提供中心”的会议录所收集的所有大会、专题讨论会、博览会、讲习班和其他会议上发表的论文，每两周更新一次。

PapersFirst 中的每条记录对应着 Proceedings 数据库的某个会议记录，Proceedings 是 PapersFirst 的相关库，收录了世界范围内举办的各类学术会议上发表论文的目次，利用该库可以检索“大英图书馆资料提供中心”的会议录，了解各个会议的概貌和学术水平，每周更新两次。

2）国内会议文献

万方《中国学术会议论文全文数据库》（CACP），收录了国家级学会、协会、研究会组织召开的全国性学术会议论文全文；每年涉及 1 000 余个重要的学术会议，增补论文 15 000 余篇；收录范围有自然科学、工程技术、农林、医学等领域，内容包括数据库名、文献题名、文献类型、馆藏信息、馆藏号、分类号、作者、出版地、出版单位、出版日期、会议信息、会议名称、主办单位、会议地点、会议时间、会议届次、母体文献、卷期、主题词、文摘、馆藏单位等，总计约 50 万篇，年更新数据约 4 万条，是国内收集学科最全面、数量最多的学术会议论文数据库。

《中国重要会议论文全文数据库》（CPCI）是 CNKI 资源数据库的重要组成部分。该数据库是收录我国国家一级学会、协会和其他学术机构或团体在国内召开的国际性和全国性学术会议的会议论文全文数据库，其中包括各论文集的完整资料，是国内收录质量最高的会议论文全文数据库。现在已经收录 350 个一级学会、协会和相当的学术机构或团体主持召开的国际性和全国性会议的近 60 万余篇论文及相关资料，包括正式出版物和非正式出版物。收录单位包括中国物理学会、中国土木工程学会、中国地质学会、中华医学会、中国高等科学技术中心、中国质量管理协会等。数据库提供主题、题名、关键词、摘要、论文作者、会议录名称、会议名称、主办单位等 24 个检索入口。

另外还有国家科技图书文献中心（NSTL）（http://www.nstl.gov.cn）的中国会议论文数据库，该库收录了 1985 年以来我国国家级学会、协会、研究会以及各省、部委等组织召开的全国性学术会议论文，数据库的收藏重点为自然科学各领域，每年涉及 600 余个重要的学术会议，年增加论文 4 万余篇，每季或月更新。NSTL 的外文会议论文数据库主要收录了 1985 年以来世界各主要学会、协会、出版机构出版的学术会议论文，部分文献有少量回溯。学科范围涉及工程技术和自然科学各专业领域。每年增加论文约 20 万篇，每周更新。

4. 学位论文信息资源分布

1）PQDT（Pro Quest Dissertations&Theses）

PQDT，原名 Pro Quest Digital Dissertations 是世界最著名的学位论文数据库，由美国 Pro Quest 公司（原名 UMI 公司）出版，它收录了欧美 1 000 余所大学的 300 多万篇博硕士论文，内容覆盖理工和人文社科的各个领域，是学术研究中十分重要的信息资源。其中，1997 年以来的部分论文不但能看到文摘索引信息，还可以看到前 24 页的论文原文，每周更新，是查找国内外博硕士论文最主要的检索工具，也是目前世界上最大和使用最广泛的学位论文数据库。

它包括两个专辑：A 辑 The Humanities and Social Sciences 人文社科版和 B 辑 The Sciences and Engineering 科学及工程版。每周更新。PQDT 共提供 14 个字段的检索，常用字段包括：题目（title）、文摘（abstract）、作者（author）、导师（advisor）、学校（school）、学科（subject）、年代（year）、语种（language）等，可以选择其中任意一个途径进行检索。

2004 年 12 月，PQDD 改名为 PQDT，这表示该学位论文库更加重视硕士学位论文的收藏，在原有收录的基础上将大量收录硕士学位论文。同时，PQDT 还开发了统一检索平台，最终使用户能够完成一站式检索。

2）Dissertations Abstracts International

Dissertations Abstracts International 是《国际学位论文文摘》，创刊于 1938 年，1969 年 7 月出版第 30 卷时改为现名。它是查找国外博士论文的检索工具，由大学缩微品国际出版公司出版。目前该刊分为 3 个辑：A 辑是人文和社会科学类，B 辑是科学与工程类，C 辑是欧洲文摘。它主要报道欧美国家的 500 多所大学的博士论文；该刊的文摘平均每条约 350 字，基本反映了论文的观点，文摘款目按分类编排，正文前有目次表；对工程技术人员来说，B 辑价值最大，其次是 C 辑。B 辑分为物理学、生物学、地球科学、卫生与环境科学、心理学 5 大类。

3）《中国学位论文通报》

《中国学位论文通报》是我国自然科学类学位论文的权威性技术工具，创刊于 1985 年，由中国科技情报研究所编辑，科学技术文献出版社出版发行。文摘和题录款目按照《中国图书资料分类法》分类号的顺序编排，正文前有分类目录。文摘条目的著录内容有分类号、顺序号、论文题目、学位名称、文种、著者姓名、学位授予单位、总页数、发表年月、文摘、图表及中国科技情报研究所馆藏资料索取号等。检索者可以根据分类途径查找文献，按馆藏索取号向该所借阅。对过去未曾报道的论文，补收在《中国博士硕士学位论文通报》中。

4）中国知网学位论文数据库

在中国知网网址（http://www.cnki.net）上登录后，在资源列表中选择“中国博士学位论文全文数据库”或“中国硕士学位论文全文数据库”，可采用一般检索或高级检索界面进行题目信息的检索；协议用户可以直接检索并阅读或下载全文信息。

5）万方数据知识服务平台学位论文数据库

登录万方数据知识服务平台网址（http://www.wanfangdata.com.cn），选择学位论文库，即可通过检索服务平台实施检索或按学科浏览，此数据库收集了从 1980 年以来我国自然科学领域的博士、博士后及重点高校硕士研究生论文。

5. 科技报告信息资源分布

科技报告是报道研究工作和开发调查工作的成果或进展情况的一种文献类型。科技报告传播研究成果的速度较快，注重详细记录科研进展的全过程。大多数科技报告都与政府的研究活动、国防及尖端科学技术领域有关；其撰写者或提出者，主要是政府部门、军队系统的科研机构和一部分由军队、政府部门与之签订合同或给予津贴的私人公司、大学等，即所谓“合同户”或资助机构；科技报告所报道的内容一般必须经过有关主管部门的审查与鉴定，因此具有较好的成熟性、可靠性和新颖性，是一种非常重要的学术信息资源。

1）国外科技报告信息资源

世界上著名的科技报告是美国的四大报告：即美国政府的 PB（Office of Publication Board）报告、军事系统的 AD（ASTIA Documents）报告、国家宇航局的 NASA（National Aeronautics and Space Administration）报告、能源部的 DOE（U.S. Department of Energy）报告。下面简单介绍一下在国际上最著名的美国政府的四大报告：

（1）PB 报告（Publishing Board）

该报告产生于“二战”结束之后，当时美国政府为了整理和利用从战败国获得的数以千吨计的秘密科技资料，1945 年 6 月由美国商务部出版局（Publication Board）负责收集、整理这些资料。

（2）AD 报告（ASTIA Documents）

1951 年，AD 报告由美国国防技术情报中心负责收集整理和出版。其报告号冠以 AD，A 为 Armed 之意，D 则为 Document 之意，现在则可理解为入藏报告（Accession Document）。

（3）NASA 报告（National Aeronautics and Space Administration）

这是美国国家航空航天局科技情报处编辑、出版的专业性检索刊物，它是检索航空航天科技报告的重要工具。

（4）DOE 报告（Department of Energy）

这是美国能源部技术情报中心编辑出版的半月刊。

这四大报告每年公开和解密的部分约 6 万件。科技人员对科技报告的需要量占其全部文献量的 10%～20%，特别是在发展迅速、竞争激烈的高科技领域。

此外，美国《政府报告及索引》[Government Reports Announcements & Index（GRA&I）] 也是检索美国科技报告的主要工具，1946 年创刊，现由美国商务部国家技术情报服务局（NTIS）编辑出版，其以文摘的形式报道美国的四大报告，侧重于 PB 和 AD 报告，GRA&I 分为现期期刊和年度索引两部分。GRA&I 现期期刊为半月刊，每期报道 2 500 多件，全部 24 期报道科技报告 6 万多件。

① 国外的科技报告数据库。

GrayLIT Network 是由美国能源部（DOE）科技信息办公室（OSTI）联合美国国防科技信息中心（DTIC）、美国航空总署（NASA）、美国环保总局（EPA）提供的科技报告数据库。由以下五个数据库组成：

A. Defense Technical Information Center（DTIC）的 Report Collection 提供解密文件，超过 42 000 篇全文报告，内容涉及国防研究和基础科学。

B. DOE-Information Bridge Report Collection 能够检索并获得美国能源部（Department of Energy）提供的研究与发展报告全文超过 65 000 篇报告，内容涉及物理、化学、材料、生物、环境科学及能源。

C. EPA-National Environmental Publications Internet Site（NEPIS）有超过 9 000 篇报告，内容涉及水质、废水、生态问题、湿地等。

D. NASA Jet Propulsion Lab（JPL）Technical Reports 有超过 11 000 篇报告，内容涉及推进系统、外太空进展、机器人等。

E. NASA Langley Technical Reports 有超过 2 500 篇报告，内容涉及航天、太空科学等。

网址：http://graylit.osti.gov/。

② 美国国家技术情报服务局（NTIS）数据库。

NTIS 报道的科技报告主要是美国的四大报告，另外包括美国农业部、教育部、环保局、健康与人类服务部、住房与城市部等的科技报告；同时也收录世界其他许多发达国家，如加拿大、苏联、日本、德国和欧洲各国以及一些国际组织的报告。网址：http://www.ntis.gov。

2）国内科技报告信息资源

在我国，科技报告主要是以科技成果公报或科技成果研究报告的形式进行传播交流的。自20世纪60年代开始，国家科委（现国家科技部）就开始根据调查情况定期发布科技成果公报和出版研究成果公告，由国家科技部所属的中国科技信息研究所出版，名称为《科学技术研究成果公报》。这就是代表我国科技成果的科技报告；此外还有国内科技报告数据库：万方数据资源系统，这是检索国内科技报告的最有效手段与途径之一。万方数据资源系统依托中国科技信息研究所的支撑，科技成果类数据库及其检索是其最重要的也是最具特色的产品和服务类型之一。目前，万方数据资源系统可供在网上检索的科技成果数据库有两个：

（1）中国科技成果数据库（CSTAD）

该库由中国科技信息研究所万方数据中心提供收录了自1964年至今的历年各省、市、部委鉴定后上报国家科委的科技成果及星火科技成果，范围包括新专利技术、新产品、新工艺、新材料、新设计等技术成果项目。共计有23万条记录，涉及化工、生物、医药、机械、电子、农林、能源、轻纺、建筑、交通、矿冶等学科，每年更新数据2万～3万条，是国家科委指定的一个新技术、新成果查新数据库。

（2）全国科技成果交易数据库（NDSTRTI）

该库由北京市情报所提供，收录了1985年至今的国内可转让的适用科技成果，包含机电仪表、化工医药、轻工食品、农林牧渔等新产品，数据来源于各省、市、自治区、计划单列市情报所机构。

6. 标准文献信息资源分布

1）国外标准信息资源

（1）ISO（International Organization for Standardization）标准

国际化标准组织，建立于1946年，是世界上最大的非政府性的制定国际标准的机构，在国际标准化中占主导地位。ISO集中了来自80个国家的10万多名专家，负责除电工领域外的一切国际标准化工作，每5年修订一次。

ISO标准编号形式是ISO→顺序号→年。

检索工具主要有：《国际标准化组织目录》《国际标准化组织通报》《国际标准化组织新闻》《国际标准化组织技术委员会情报》《ISO专题目录》《ISO

标准手册》。

（2）IEC（International Electrotechnical Commission）标准

成立于1906年，是世界上最早的非政府性国际电工标准制定机构。该机构负责电气和电子领域中标准化组织的协调工作，制定电子、电力、电信及原子能学领域的国际标准，现有85个技术委员会，133个分委员会。

IEC标准编号形式是IE→顺序号→年。

检索工具主要是《国际电工委员会标准目录》。

（3）美国国家标准

美国国家标准（America National Standards Institute，ANSI），包括美国国家标准学会制定的标准（ANSI）、联邦规格与标准（FS）和军用规格与标准（MIL）。

其标准编号形式是ANSI→分类号→顺序号→年份。

检索它的主要工具是《美国国家标准目录》《联邦规格与标准索引》《标准语规格通报》等。

（4）英国国家标准

英国国家标准（British Standard，BS）由英国标准学会制定，其标准编号形式是BS（+专业代码）→顺序号→制定或修订年份。检索工具主要有《英国标准年鉴》、中文版《英国标准目录》等。

（5）日本国家标准

日本工业标准即日本国家标准（Japanese Industrial Standard，JIS），由日本工业标准调查会制定。

2）国内标准信息资源

（1）印刷型和光盘型

印刷型的标准有《中国标准化年鉴》《中华人民共和国国家标准目录》《标准化通讯》《中国台湾标准目录》《最新国家标准和国际标准目录》《世界标准信息》《中华人民共和国国家标准目录及信息总汇》《中华人民共和国行业标准目录》《国家标准代替废止目录》。此外还有光盘《国家标准系列光盘》《中华人民共和国机械行业标准全文光盘》《中国国家标准文本数据库系列光盘》《常用基础国家标准》（光盘版）。

（2）标准网站

① 万方数据资源知识服务平台的中外标准数据库（http://www.wanfangdata.com.cn）。

② 中国标准服务网（http://www.cssn.net.cn）。

③ 中国国家标准咨询服务（http://www.chinagb.org）。
④ 中国标准咨询网（http://www.chinastandard.com.cn）。
⑤ 标准网（http://www.standardcn.com）。
⑥ 中国标准信息网（http://www.cnis.gov.cn/）。
⑦ 中国标准化信息网（http://www.china-cas.org）。
⑧ 标准信息服务网（http://www.standard.org.cn/）。
⑨ 标准计量信息网（http://www.stdcn.com）。
⑩ 国家建筑标准设计网（http://www.chinabuilding.com.cn/）。

（3）标准的代号

各国标准都有各自的代号，了解标准代号便于人们检索各国的标准。各主要国家的国家标准代号如表 1–1 所示。

表 1–1 主要国家标准代号表

国　别	国家标准代号	国　别	国家标准代号
美国	ANSI	意大利	UNI
澳大利亚	AS	西班牙	UNE
英国	BS	瑞士	VSN
加拿大	CAS	荷兰	NEN
捷克	CSA	法国	NF
德国	DIN	希腊	NHS
墨西哥	DGN	葡萄牙	NP
丹麦	DS	挪威	NS
中国	GB	智利	NTH
阿根廷	IRAM	瑞典	SFS
日本	JIS	俄罗斯	SES
匈牙利	MSZ	朝鲜	TOCT
印度	IS	比利时	NBN

7. 专利文献信息资源分布

1）国外专利信息资源

（1）英国专利文献检索

德温特公司是英国一家专门从事专利情报业务的私营机构。它收集了世界上40多个国家和地区、2个国际专利组织及2种国际专利出版物中的专利信息。德温特系列出版物采用统一的分类法，统一使用英语，以文摘、索引及多种载体形式报道世界各国专利，构成世界上报道范围最广、规模最大、检索体系最完善的专利文献检索体系。德温特公司所报道的专利信息量约占世界专利公布量的85%，是目前世界上查找世界上主要国家专利文献的最权威和最系统的检索工具之一。

德温特发明创新数据库（Derwent innovation index，DII）是一个综合性的数据库，是由ISI公司和德温特信息公司共同推出的一个基于互联网的专利信息资源。它将Derwent World Patents Index（德温特世界专利索引）与Patents Citation Index（专利引文索引）整合在一起，以每周更新的速度，提供全球专利信息，是目前全世界专利信息最全面的数据库之一。

德温特分类是从应用性角度编制的，它将所有的技术领域分为三个大类，分别是化学（Chemical）、工程（Engineering）、电子电气（Electronic and Electrical）。大类之下又分部（Section），总共有33个部，其中A–M为化学，P1–Q7为工程，S–X为电子电气。部又进一步分为小类（Classes），总共有288个小类。

如果你所在的图书馆购买了数据库，可以通过图书馆的资源链接进入，也可直接输入www.isiknowledge.com进入，DII采用IP地址限制，只要在授权的IP地址段，均可直接访问，ISI Web of Knowledge的主界面，在该界面下选择数据库即可。由于其使用的检索系统与Web of Science一样，检索方法可以参考科学引文索引（SCI）的检索。

（2）美国专利文献检索

美国专利文献检索主要有三个专利数据库，即《美国专利公报》（Offcial Gazette of the United States Patent and Trade Mark Office）、《专利索引》（Index Patent）和《美国专利与商标局专利数据库》（United States Patent and Trade Mark Office，USPTO）。

（3）欧洲专利文献检索

欧洲专利局（European Patent Office，http://ep.espacenet.com）的esp@cent网站是一个提供专利文献免费检索及下载服务的网站，它涵盖的世界专利范围广泛，收藏量达6 000多万件。还收录了70多个国家的专利信息，包括欧洲专利（EP）、英、德、法、奥地利等国家的专利，还可以检索世界知识产权组织专利（WO）和日本专利，其中以美国、英国、法国、德国、EP、WO的收藏最全。欧洲专利局网站可浏览20多个国家的专利全文说明书，其专利说明书都是以图形方式存储的，格式为 PDF，可用 Adobe 公司的免费浏览软件 Acrobat Reader 浏览。

2）中国专利信息资源

（1）专利工具书

分为中国专利索引和专利公报两种。其中中国专利索引为年度累积索引，分为《分类年度索引》和《申请人、专利权人年度索引》两个分册；专利公报又分为《发明专利公报》《实用新型专利公报》《外观设计专利公报》三个分册。它们是查找专利文献，检索最新专利信息和了解专利审查活动的主要工具书。

（2）光盘数据库

包括《中国专利数据库光盘》《中国专利说明书全文光盘》《中国专利数据光盘》《专利公报光盘》《外观设计光盘》《中国专利说明书分类光盘》等。

（3）网上免费中国专利数据库

① 中国知识产权网（http://www.cnipr.com）。

② 中华人民共和国国家知识产权局（http://www.cpo.cn.net/ 或 http://www.sipo.gov.cn）。

③ 中国专利信息网（http://www.patent.com.cn）。

④ 中国专利文摘数据库（http://www.exin.net/patent/），又称易信数据库。

⑤ 万方数据资源系统（http://www.wanfangdata.com.cn）。

⑥ 国家科技图书文献信息中心（http://www.nstl.gov.cn/index.html）。

⑦ 中国专利网（http://www.cnpatent.com）。

⑧ 中国发明专利技术信息网（http://www.1st.com.cn）。

⑨ 中国专利信息中心网（http://www.cnpat.com.cn/）。

（4）利用 Internet 检索工具——搜索引擎

利用搜索引擎的特殊搜索功能，如谷歌、百度、搜狗等搜索。

8. 中国知网信息资源、万方数据库资源、维普数据库资源

1）中国知网（CNKI）信息资源

中国知识基础设施工程（China National Knowledge Infrastructure，CNKI），是以实现全社会知识信息资源共享为目标的国家信息化重点工程，由清华大学发起，由同方知网技术产业集团承担建设，被国家科技部等五部委确定为“国家级重点新产品重中之重”项目。CNKI 工程于 1995 年正式立项，建于 1996 年 6 月，历经 10 余年努力，采用自主开发并具有国际领先水平的数字图书馆技术，建设成为世界上全文信息量规模最大的“CNKI 数字图书馆”，深度集成整合了期刊、博硕士论文、会议论文、报纸、年鉴、工具书等各种文献资源。CNKI 资源类型包括 8 800 种国内主要期刊、1.5 万篇博士论文、115 万篇优秀硕士论文、150 万篇重要会议论文、700 多种全国重要报纸、2 254 种国内优质年鉴、4 000 多部工具书以及各种专刊、标准、科技成果等。

（1）CNKI 将这些资源整合成 8 种数据库

① 中国学术期刊网络出版总库。

② 中国非学术期刊系列网络出版数据库。

③ 中国博士学位论文全文数据库。

④ 中国优秀硕士学位论文全文数据库。

⑤ 中国年鉴网络出版总库。

⑥ 中国工具书网络出版总库。

⑦ 中国重要会议论文全文数据库。

⑧ 中国重要报纸全文数据库。

（2）这 8 个系列数据库的特点

① 学科分布均衡。收录学科资料全面，覆盖面广，涉及理工农医、人文社科各个方面。

② 全数字化加工厂。各类资源均进行了数字化加工，原版显示，实现真正意义上的全文检索。

③ 统一导航结构。各数据库统一导航，统一划分为 10 个大专辑、168 个专题库，可合并为一个数据库使用。

④ 实现文献互补整合。实现了跨库检索，各种文献相互关联，整合应用，相辅相成，实现互补，可满足用户不同层次、不同目的的知识需求。

2）万方数据知识服务平台

万方数据知识服务平台是中国科技信息研究所、万方数据集团公司联合研究开发的网上数据库联机检索系统。它以中国科技信息研究所的馆藏资源为技术，集科技信息、经济信息、人文信息为一体。主要涵盖经济、文化、教育等 25 大类的相关信息，包括期刊论文、专业文献、会议论文、学位论文、科技成果、专利数据、公司与企业信息、标准、法律法规、科技名录、高校信息、公共信息等各类数据资源。目前，该系统由 11 个子系统组成。

① 数字化期刊数据库。

② 学位论文全文数据库。

③ 会议论文全文数据库。

④ 中外标准数据库。

⑤ 外文文献数据库。

⑥ 科技成果数据库。

⑦ 专利文献数据库。

⑧ 图书资源。

⑨ 法律法规数据库。

⑩ 机构数据库。

⑪ 专家数据库。

3）维普数据库资源系统

维普数据库资源系统是由重庆维普资讯有限公司研制开发的网络数据库资源。它是科学技术部西南信息中心下属的一家大型的专业化数据公司，自 1989 年以来，一直致力于报刊等信息资源的深层次开发和推广应用，集数据采集、数据加工、光盘制作发行和网上信息服务于一体；收录中文报纸、中外文期刊等。目前已成为中国最具影响力的数据库建设者之一。它包括 6 个数据库。

①《中文科技期刊数据库》（全文版）。

②《中文科技期刊数据库》（文摘版）。

③《中文科技期刊数据库》（引文版）。

④《外文科技期刊数据库》（文摘版）。

⑤《中国科技经济新闻数据库》。

⑥《中国企业及产品广告数据库》。

9. 教育类信息资源

2011 年中国教育科研网（http://www.edu.cn）开通的“中国教育在线开放资源平台”（http://www.oer.edu.cn）是一个免费、开放、共享的国内外知名大学教授的网络公开视频课堂，讲解深入透彻、播放清晰、影音流畅、信息量大，非常适合学生学习和观赏。涉及的领域包括教育学、文学、艺术、理学、工学、医学、经济学、法学、哲学、社会学、历史学、管理学等学科。课程数量正在不断增加，内容日渐丰富，为教师和学生、科研工作者、管理者提供了一个直观、开放的优质教育信息资源。深入开展教育信息资源的来源和利用方式研究，做到理论和实践密切结合，科学整合各类教育信息资源，实现教育信息资源的特色化、全面化、数字化和共享化，达到利用方式的多样化、专业化、网络化、科学化和快捷化，是一项具有战略价值的教育工程。在信息时代，各类信息资源浩如烟海，要想高效地获取和利用有价值的教育信息资源，必须实施知识管理和知识服务理念，全面提升教育主体和教育客体的信息素养，使教育信息资源为我所用，使人真正成为信息的主宰者。

教育信息资源是指“通过一系列的认知和创造之后以符号形式存储在各类载体上，可供利用的全部教育信息，它由教育信息内容、符号、载体等要素构成”。在网络环境下，信息多元化、需求多样化、教育网络化的趋势与日俱增，教育信息资源也变得越加丰富。

随着网络技术的迅猛发展，“教育活动比以往任何时候都侧重于教育信息资源，教育信息资源设计开发成为信息化教育的关键”。

1）教育信息资源内涵

① 重视和强调现代信息技术的支持，以计算机应用、数据库使用、网络传播运用等技术理论为主。

② 以教育信息学为理论基础，包括教育学、信息学、图书情报学、叙事学等理论。

③ 以现代管理理论作指导，主要指知识管理、教育管理、人力资源管理、建构主义、资源整合、科学发展观等理论。

总之，教育信息资源应该是隐性教育信息和显性教育信息的综合资源，可以通过内化与外化的整合，作用于教育过程中。

2）教育资源的来源主要有三类：

（1）教育主体资源与客体资源

教育主体包括教师和教育管理者，还有其他教育服务者等；教育客体包括学生、继续受教育的群体、终身学习群体等。教育主体与客体之间可以互动、重叠和转换，反映了教育发展的规律以及网络环境下教育理念的更新。

主要来源之一：教育主管部门、各级各类学校、科研机构和宣传媒介等；来源之二：各类附属培训机构、各种特殊考试机构、留学中介机构、科普宣传部门等；来源之三：社会大众、个体人群及相关媒介。

（2）校内教育资源和校外教育资源

校内教育资源指教材、教学大纲、实验、讲课内容、考试或考核内容等；校外教育信息资源指从参考书、工具书和网络下载获取的信息资源。在网络环境下，校内和校外的信息资源互动性加强，反映了新的环境下教育理念发生了变化。

来源之一：教材、课件、课堂、参考书、工具书、网络；来源之二：教师、学生、交流、沟通、实践；来源之三：习题、作业、考卷。

在信息技术日新月异的今天，教育信息资源将更加开放、透明，自主学习和个性化学习将是网络学习的重要特征。“学生将逐步成为学习主体，为学生提供大量的网络学习资源，并提供一个理想的网络学习平台，将成为高等教育信息资源建设的发展重点。”

（3）教育环境资源和教育条件资源

教育环境资源包括社会、家庭、学校、地理区域和行政区域等。比如，校园文化、历史文化、城市文化、风景名胜、生态资源、民俗风情等；教育条件资源包括校园环境、校舍资源、图书馆资源、实验室、校园网络、运动场及体育设施等资源。在网络环境下，教育环境资源和教育条件资源既相互制约，又相互促进，具有互动性，具有个性化和特色化。

来源之一：文化资源、生态资源、旅游资源、政府网站等；来源之二：图书馆资源、校园网资源、文化馆、博物馆、科技馆、校史馆、实验室、体育馆等资源。

目前，我国的网络教育信息资源主要来自教育机构、文化机构、图书、出版机构、各类网站及媒体等。

3）随着网络技术的普及，获取图书出版及其内容等信息可利用的途径

（1）综合性图书或出版网站

Internet 网上有许多专业图书网站，提供大量的与图书相关的信息。如：

① 中国图书导航 http://www.cnbooksx.com/index.html。

② 中国书网 http://www.sinoshu.com。

③ 中国图书网 http://www.bookchina.com。

④ 阶梯图书网 http://www.jieti.com。

⑤ 中国图书网总站 http://www.bookschina.com。

⑥ 中国互动出版网 http://www.china-pub.com。

⑦ BookWire 书网 http://www.bookwire.com。

（2）各出版社机构网站

各类大型出版社为宣传自己的产品，都纷纷建立了自己的网站。通过各出版社网站获取该出版社图书出版信息以及一些相关信息，如“最新书目”“购书指南”等。著名的出版社网站有：

① 高等教育出版社 http://www.hep.edu.cn/。

② 电子工业出版社 http://www.phei.com.cn/。

③ 清华大学出版社 http://www.thjd.com.cn/。

④ 机械工业出版社 http://www.cmpbook.com/。

（3）网上书店

图书是一种特殊商品，在网上也可以进行购书活动。如：

① 卓越亚马逊网上书店 http://www.amazon.cn。

② 当当网上书店 http://www.dangdang.com。

③ 上海书城 http://www.bookmall.com.cn。

④ 阶梯图书网 http://www.jieti.com。

登录这些网站可以获取各类图书的书目信息、图书的详细信息以及许多的增值服务信息，如畅销书排行榜、网上订购、新书目推荐等。

（4）利用搜索引擎

① 利用搜索引擎查询网上出版社或网上书店的网址信息。如查找"建筑类"图书，我们可选择"建筑工业出版社"或"中国图书网"网址，登录该网站查找该类或某一特定图书的相关信息。

② 利用搜索引擎可以直接查找图书。可直接在搜索引擎的搜索框中输入这些已知信息，然后检索，或利用搜索引擎图书特殊搜索功能。

10. 英语学习、考试类信息资源

① 金图高校英语学习资源总库（http://www.kingbook.com.cn/），主要提供英语模拟考试系统英语应用工具、英语资源大全等方面的英语学习资源，并提供相关的工具下载和使用帮助。在资源总库中，英语词典工具、英语读物、英语教材等都涉及了有关英文图书。凡购置了金图资源数据库的用户，在数据库资源列表中选择"高校英语学习资源总库"，下载并安装阅读图书全文的 KDF Reader 阅读器，完成后单击"英语资源大全"，即可进入资源界面学习。

② 起点考试网（http://www.qdexam.com./），由北京智联起点科技有限公司开发，成立于 2004 年，2005 年推出《起点就业培训考试库》；2009 年开发成功《起点就业培训视频库》，2010 年与美联国际集团合作，开通了留学直通车；2011 年推出了起点考试网的个人用户平台。目前该系统已有 1 000 多所高校在使用。内容有高品质外语、计算机、公务员、司法、财经、考研、工程、资格、医学等考试数据学习资源，提供在线答题，在线评分，配上丰富的多媒体库，为用户搭建了一个集题库资源、考试练习、教学、测评为一体的综合性在线模拟考试系统，达到了即用即知即学即会的效果，全面提高学习成绩。

③ 起点自主考试学习系统，对英文原版图书的使用方法，采用自选式阅读或浏览。通过图书馆主页的数据库列表，直接链接"起点自主考试学习

系统”，进入系统界面后，选择“英文原著图书”，即可浏览或检索相关内容。

④ 读秀知识库（http://www.duxiu.com./）是由海量全文数据资料基本信息组成的超大型数据库。以 300 多万种中文图书、10 亿页全文资料为基础，为用户提供内容深入、全面的章节和全文检索、部分文献的原文阅读，以及高效查找、获取各种类型学术文献资料的一站式检索，提供周到的参考咨询服务，是一个真正意义上的学术搜索引擎及文献资料服务平台。读秀知识库对阅读生活、学习生活、学术研究等提供了系统的、整合的、知识的资源体系，具有易用、便捷、全面的知识服务性能。

11. 生活类信息资源

生活类的信息资源随处可见，但要想系统、科学地了解、查阅这方面的信息，除了亲自获取外，还可以借助以下几种途径获取：广播、电视、媒体等生活类信息频道或栏目；网络生活类信息网站；手机通信生活类信息定制；官方部门发布的微博、微信等生活服务类信息。

1）查阅《中图法》中的生活类信息

和我们日常生活密切相关的信息应该到《中图法》的“生活服务技术类”（TS97）中去查找。例如：《中图法》第四版的类号“TS97”，对应类目为“生活服务技术”，此类目包括的内容有，TS971 美食学；TS972 饮食调制技术及设备；TS972.1 烹饪法、食谱、菜谱；TS972.2 饮食设备与管理；TS972.3 饮食管理；TS973 洗染、缝补；TS973.1 洗染；TS973.3 缝补、翻新；TS973.5 家庭陈设品、装饰品制作。以此类推，TS975、TS976 等对应的是家居生活方面；TS2 对应的是食品工业方面的相关信息。

2）生活网站信息资源

网上购物，就是通过互联网在网上检索商品信息，通过电子商务的形式发出订购需求，然后用个人账号（网银或信用卡在线转账或汇款）支付，或者第三方支付平台，如支付宝、快钱等方式支付，还有货到付款等方式。厂商通过快递或邮购的方式发货、送货。

网上购物的途径有 B2B 平台、B2C 平台、N2C 平台以及独立的网络商城和团购网站等；目前网上购物比较多的 B2B 网站有卓越商城、阿里巴巴、中国巨蛋网等；B2C 平台有：京东商城、当当网、苏宁易购等；N2C 平台有 Mai126 安全网购导航、Hao123 购物导航等；M2C 团购网站有 58 同城、拉手网、美团网等；垂直类商城有凡客诚品、玛莎玛索；S2C（Shop to Customer in City）网站有 95 家百货商城、同城购物、网络购物等。他们都需要在各自的网站上注册一个账号，然后登录，选购自己需要的商品，只要按照提示的操作流程操作即可。购物搜索、网站导航可以为网购者提供参考；网购在带给我们方便、快捷的同时，也存在很多陷阱，需要消费者在关注品质、服务时更要考虑安全问题。近年来网购的纠纷也日趋增多，消费者要谨慎、理性消费。

3）两个知名的网上商城

（1）京东商城（http://www.jd.com.）

京东商城自 2004 年开始涉足电子商务，现拥有注册用户 2 500 万、近 6 000 家供应商，在线销售家用电器、数码通信、家居百货、服装服饰、图书、食品等 11 大类，数万个品牌、百万种商品，日订单处理量超过 30 万单，网站日均 PV 超过 5 000 万。2010 年，京东商城成为中国首家规模超过百亿的网络零售企业，销售规模占据国内网购零售份额的 32.5%。

（2）淘宝网（http://www.taobao.com.）

这是深受用户欢迎的零售平台，目前拥有近 5 亿的注册用户，每天有超过 6 000 万的固定访客，成为世界范围内的电子商务交易平台之一。

1.2.3　信息资源的获取与利用

1. 文献阅读

阅读法是了解文献信息源基本信息的一条主要途径。通过阅读的方式，我们可以从各种类型的图书、报纸、杂志、简报及其他文献资料中搜集文献信息源的相关信息。如杂志中的推荐书目或书评，通常会提供一些图书的出版信息及内容简要；某些文章会推荐和介绍一些学科的信息资源，这些资源可能是一本工具书、一个数据库或者一些网站；各种综合和专业的文献检索材料中，也有大篇幅的信息资源及检索工具的介绍。

2. 浏览图书馆等信息服务机构的网站

图书馆等信息服务机构一般都会在自己的网站上通过各种方式向读者揭示本机构所拥有的各种信息源。例如，印刷型的书刊信息可通过馆藏书目系统检索获取，也可通过新书通报等方式了解；数据库则一般会按语种、字顺或学科分类列出，并附上简单的资源介绍，方便读者选用。此外，许多信息服务机构还精选了互联网上优秀的免费资源，加以组织之后推荐给读者使用。因此，浏览这些信息服务机构的网站，将能快速地获得众多文献信息源的相关信息。

3. 参加会议、展览或培训

了解文献信息源的基本信息，我们还可以通过参加会议、展览和培训的方式。如参加学术会议，掌握本学科的最新研究成果及其出版情况；参加图书展销会，了解相关图书的基本信息；参加图书馆举办的培训活动，了解某些数据库资源的基本情况及使用方法。

4. 咨询专业人员

通过阅读和参加会议的方式获取的文献信息源信息毕竟有限，有的时候，咨询专业的检索人员，全面了解某个领域的文献信息源基本情况，有针对性地收集资料，也是一条比较快捷的途径。咨询专业人员，可以通过三种途径：

① 咨询本学科的专业人员、老师、同行或朋友；

② 咨询图书馆的专业检索人员；

③ 参加图书馆或数据库供应商针对学科举办的专业资源介绍讲座。

5. 文献检索

通过各种手工检索和网络检索工具，获取信息源的基本信息。如通过《全国总书目》，我们可以查找国内出版的各类图书的基本情况；通过《全国期刊联合目录》，我们可以了解期刊的出版信息及馆藏信息；通过网上搜索引擎，可以搜索各学科信息源的基本情况。

另外，还可以采取动态的方式获取文献信息源，以及通过调查、参观等多种形式，搜集文献信息源的基本信息。

信息时代信息瞬息万变，我们在收集文献信息源基本信息的同时，也需要关注信息源的更新及变化情况。

6. 获取文献信息源的动态信息

对于大多数的纸本文献来说，其更新一般比较缓慢或者不更新，因此收集文献的动态信息主要是针对电子资源。但也有例外，如对于纸本图书而言，要注意其再版修订信息和电子版状态；对于期刊来说，由于其连续出版的特点，要关注其出版状况的变化，如是否停刊、转刊、改名、并刊，或者是否改变出版周期及办刊宗旨，同时注意收集其最新的卷期信息。

获取文献信息源的动态信息，除利用先前介绍的获取文献信息源基本信息的方法外，还可以通过信息定制的方式，定期获取信息源变化的最新信息。

信息定制作为现代信息服务的新模式，很多时候被称为信息个性化定制，即用户根据自身的信息需求，定制特定内容、特定检索方式、特定界面的信息服务，信息的传输不再是用户找信息，而是采用信息推送的方式，由计算机系统将信息主动推送给用户。信息个性化定制的内容很多，包括内容方面的定制、检索的定制以及界面的定制等。

采用信息定制的方式获取文献信息源动态信息，属于信息个性化定制中内容定制的范畴。通过定制网站、数据库、电子出版物、搜索引擎等，可以及时了解信息源的最新动态信息。具体来说，我们可采用以下两种定制方式：

1）RSS 方式

RSS 方式也称频道方式，是目前网上最为新颖的一种推送模式。

（1）采用 RSS 方式来定制信息必须具备两个条件

① 要有一个 RSS Feed（RSS 源文件）；

② 在客户端必须装有 RSS 阅读器。

RSS Feed 是一个结构化的 XML 文件，进行信息定制时应将该文件配置到相应的 RSS 阅读器中去。RSS 阅读器可在网上免费下载。

（2）可通过两种方式获取 RSS Feed 文件

① 可从提供 RSS 服务的网站下载由服务商已经创建好的 RSS feed，多数提供 RSS 服务的网站采用这一方式。

② 通过系统提供 RSS Feed 创建功能由用户自己创建一个 Feed，大型数据库服务商常采用此种方式，如 PubMed 系统可以将检索式作为 RSS Feed 文件定制。很多网站在其醒目的位置会有 XML 或 RSS 这样的标志，这就意味着这些网站支持利用 RSS 来发布最新信息，提供信息定制服务。

除了较为常见的新闻网站之外，许多科技网站也采用这种做法来发布最新消息。例如，PubMed 数据库系统从 2005 年 5 月起，提供 RSS 信息定制服务，系统可以将用户检索 PubMed 的检索式作为信息推送源，定期推送满足其需求的最新信息。加拿大 UBC 生物信息学中心（UBC Bioinformatics Centre）、开放出版机构生物医学中心（BioMed Central）等也通过 RSS 来发布和推送最新信息。

2）E-mail 方式

E-mail 方式是由服务站点通过电子邮件主动地将有关信息推送给已注册的用户，是获取定制信息最主要的方式。目前大多数数据库都提供 E-mail 的信息定制方式，这些定制内容包括期刊目次信息、主题内容、检索策略、引文信息等。

1.3 信息化社会

信息化社会是伴随着信息产业的发展而出现的。信息时代的发展呼唤着文明、进步、开放、透明；信息时代迅速朝着数字化时代延伸，朝着信息化社会迈进，信息及其服务随时随地都会实现；信息产业日益发达，并深刻影响着教育和科研等各行各业。

1.3.1 信息化时代

信息化时代是人类发展史上的“潘多拉”魔盒，其发展速度呈几何级递增。在 20 世纪，人类知识增长速度从 20 世纪之初几乎每 30 年翻一番，加速发展到 20 世纪末，几乎每 5 年翻一番，信息时代仅仅数年，便超越了前 6 000 年农业时代和工业时代，形成了一个特定的新时代——信息化时代。时代召唤着思维科学的创新，在信息革命浪潮的初期，便出现了以信息为中心的新的研究学者，人类在不安中试图从新的知识创新中寻找到打开“潘多拉”魔盒的密匙。一场寻找和探究信息时代新的思维科学的新纪元开始了。

从人类历史的文明发展轨迹来看，人类社会经历了史前文明、农业文明、工业文明之后，从 20 世纪中叶开始步入一个新的社会形态，美国学者丹尼尔·贝尔称之为“后工业社会”，美国著名社会学家阿尔温·托夫勒称之为“第三次浪潮”，约翰·奈斯比特则称之为“信息社会”。

进入 21 世纪，人类已经迈入信息化时代。21 世纪是高科技时代、航天时代、基因生物工程时代、纳米时代、经济全球化时代，但不管怎么称呼，21 世纪的一切都离不开信息，从这个角度说，将 21 世纪称为信息时代更为贴切。

2013 年 5 月 19 日，由武汉大学信息素养协会（http://www.infolit.cn/）主办的“百度无限”搜索大赛决赛落下了帷幕。相比往年，这次大赛最大的不同就是列入了联合国教科文组织的“全民信息计划”（UNESCO Information For All Program，IFAP），这是联合国教科文组织设立的一个以建立全民信息社会为目标，以“保证所有人都能够获得信息来改善他们的生活”为焦点的国际性活动。“百度无限”大学生搜索大赛，也是为了对选手的信息素养进行一个综合的反映。信息素养协会的工作人员介绍：“主要是考验选手针对实际问题的解决能力。”其实关于信息的搜集已经深入我们生活的各个方面了。查资料完成作业、查找身边有哪些好玩的地方、学习怎样做菜，等等，这些信息搜集的过程，都需要学生拥有一定的信息素养。“尤其是在互联网时代，面对信息爆炸的局面，拥有较高的信息素养，会提高你的工作效率。

这些能力体现为搜商。”①

全民信息计划是一个政府间方案，创建于 2 000 年。通过全民信息计划，世界各国政府承诺将利用新的机会，在信息时代创造公平的社会，更好地获取信息。

过去十年大家都目睹了科技发展的规模和速度。信息是发展的核心，信息是必不可少的，具有生存性和可持续性。

1.3.2 大数据时代

信息时代的到来给这个社会带来了巨大挑战，随着信息技术的发展，信息资源也以空前的速度迅速发展，不断改变着社会环境和人们工作生活的方式。让人们认识到快速获取信息的价值，网上交易，让人们看到了新的商业模式；刷银行卡、信用卡消费、持公交卡坐公交车、凭医保卡去医院看病等进入了人们的日常生活中；电子图书、电子期刊、数据库迅猛发展，科学研究已不再局限于实体图书馆和纸质印刷型文献资源，人类已经步入大数据时代。

随着 2012 年美国启动“大数据研究与发展计划”（Big Data Research and Development Initiative），人类进入“大数据时代”已经越来越成为人们的共识。

所谓“大数据时代”的说法，早在 2010 年就由美国数据科学家维克托·迈尔·舍恩伯格提出，他在《大数据时代》一书中说：“以前，一旦完成了收集数据的目的之后，数据就会被认为已经没有用处了，比如，在飞机降落之后，票价数据就没有用了：一个网络检索命令完成之后，这项指令也已进入过去时。但如今，数据已经成为一种商业资本，可以创造新的经济利益。”②

大数据的出现和潜在的价值也已经引起了各国政府的注意。例如，奥巴马政府 2012 年宣布，每年将花费超过 2 亿美元在大数据研究应用方面，以致力于科学探索、环境、生物医学、教育和国家安全等方面的研究。在教育领域，随着远程教育的发展和 LMS（Blackboard 和 Moodle）的应用，大数据的潜在应用也越来越广。这些系统每天都记录大量的学生交互信息、个人

---

① http://portal.unesco.org/ci/en/ev.php–URL_ID=1627&URL_DO=DO_TOPIC&URL_SECTION=201.html.

② [英] 维克托·迈尔·舍恩伯格，肯尼思·库克耶. 大数据时代 [M]. 盛杨燕，周涛，译. 杭州：浙江人民出版社，2012.

数据、系统数据等。这些也促进了教育学习分析学（LA，Learning Analytics）和教育数据挖掘（EDM，Educational Data Mining）的发展应用，以及教育领域范式的变化。[①]

大数据的产生与信息技术、互联网等密不可分，并且以越来越多的方式产生，如多媒体内容、社会网络以及各类传感器，不论是传统的数据密集型行业，如基因研究、药学还是互联网新贵，都面临着存储分析大数据的问题。例如 Facebook 拥有超过 9 亿的用户，并且用户数量仍在增长；Google 每天有 30 亿的搜索查询，Twitter 每天处理 4 亿次的短信，相当于大约 12TB 的数据量。

大数据的应用和影响体现在各个领域。大数据部件不只意味着体量的大小，它同时意味着研究方法更倾向于利用多种类型的数据获取信息，以数据为基础进行研究，并作出决策。对企业来说，大数据的应用则意味着更好的商业决策，有些公司如 Google、Amazon、Yahoo 等，分析利用此类数据，并将其结果作为扩张市场的依据，或者是提供个性化服务的方向，因此公司得以快速发展和成长。

数据能够成为一种资本，与移动互联网有密切的关系。随着智能手机、平板电脑等移动数码产品的“白菜化”，Wi-Fi 信号覆盖的无孔不入，越来越多的人依赖网络生活，几乎 24 小时一刻不停地挂在线上，进行在线交易，在线支付、在线注册、在线聊天等网络服务活动。

1.3.3 互联网时代

伴随着信息化的浪潮，“互联网+”正在迅速地覆盖我们的生活，成长在 21 世纪的青少年正日益被泛化的全球网络所淹没。网络化是指计算机网络的普及化和一般化，它包含局域网、广域网、互联网等内容，这是一把“双刃剑”。这是一个与现实世界相对应的虚拟世界，即人的第二生活空间，它强调了信息交流的互动性和网络化，主要体现在以下几方面：

1. 网络普及化

从世界上第一台电脑诞生到现在，不过才 60 余载的历史，我们已经进入全新的“网络生活”，网络已经成为我们日常生活中不可或缺的重要内容之一。无论是日常办公、休闲娱乐、消费购物，还是网上理财等金融贸易，等等，人们已经完全离不开网络了。

---

① 祝智庭. 信息教育展望［M］. 上海：华东师范大学出版社，2002.

2. 信息多元化、网络泛化

互联网中的信息包罗万象，涉及政治、经济、文化、军事、科技、教育等各个领域，具有多元化、泛化的特征。开展信息素养教育，在培养人们的信息意识，提高人们获取、利用文献信息的能力的同时，也极大地提高了人类使用互联网的技能。互联网是一个全球信息资源共享系统，网络信息不受时空限制，不受高校图书馆、地区、语言的限制，呈现出多元化的特征，使人们无法逃避各种信息的冲击。

3. 网络虚拟化

互联网是一个虚拟的世界，它是以虚拟技术为基础的，人与人、感官与信息的互动是以数字化为基础的，人在网络中可以匿名存在，是虚拟化的数字人，信息的存在与被感知依然是依赖虚拟技术，同时网络上也充斥着大量的声色画面、暴力游戏和非健康的信息等，连同虚假的信息、虚拟化的信息，使虚拟和失真的信息成为互联网上的信息垃圾。

（1）网络传播快捷化、全球化

互联网是名副其实的“信息高速公路”，信息的传播、浏览速度迅速。目前，网站数量众多、类型多样，许多非法网站神出鬼没，大量的非法信息和垃圾信息能够在网民中迅速蔓延，许多网民沉浸其中，不能自拔，有的甚至染上了“网瘾”。有的技术高超的网站，能够动态更新数据，使人们之间的交流方式也发生了巨变，继 OICQ 后，从 BQQ、网络泡泡到 QQ、博客、微博，再到飞信、微信等粉墨登场。E-mail 是继马车、汽车、飞机后，邮件传递的极限飞跃。在互联网中，媒体信息在以分钟乃至以秒为周期快捷更新。人们通过网络，可随时了解到来自全世界各地正在发生的大事，重大社会事件往往在瞬间就会家喻户晓、全球皆知。例如，马航 MH370 客机失联事件。

（2）网络病毒化

根据国家计算机病毒应急处理中心发布的病毒传播分析报告指出：计算机病毒通过光盘、磁盘等存储介质传播的比例继续下降，通过网络下载、浏览以及即时通信工具传播和破坏的数量明显上升，通过网络传播的病毒逐步成为世界范围内的共同问题。[①]因此，网络已经成为病毒最主要的传播途径。由于网络的普及化，使病毒的危害呈现出全球化的特征。

在网络极度普及的情况下，信息素养教育对青少年来说显得尤为重要。

---

① 国家计算机病毒应急处理中心，计算机病毒防治产品检验中心.2004 年全国计算机病毒疫情调查分析报告［J］. 信息网络安全，2004（10）：10–11.

所以，要通过信息素养教育课程，使青少年具备检索、搜集、处理各种信息的能力。但网络泛化对广大青少年的学习、生活乃至思想观念、思维方式和价值取向都发生着广泛而深刻的影响，所以，与传统的信息素养教育教学相比，在网络泛化的背景下，信息素养教育面临着巨大挑战。

（3）网络信息共享的挑战

目前许多高校在信息共享方面存在设备和软件投入上的差距，致使一些高校的信息素养教育不能满足信息资源共享的需求，互联网时代没有秘密可言，有学者预言："国家政权将把因特网作为一个新的治国工具。"[①]这恰恰说明网络信息共享的挑战是现实而严峻的，同时又是必然的选择。

（4）网络信息互动的挑战

"图书馆是教育、科学、文化机构，也是党和政府的宣传阵地。"[②]在网络化情况下，图书馆的信息工作面临着巨大挑战，网络不但使得跨地区跨时空的互动成为现实，而且有利于用户与图书馆的交流与互动，众多用户的思想和言论在网络环境下的赞许或要求，将是对图书馆工作的挑战，动态网页及交互性的实现也是图书馆对用户信息互动工作的挑战。

（5）网络咨询的挑战

网络具有虚拟性，并对网民形成网络与社会现实的极大反差，许多青少年缺乏适应性，从而诱发各种心理问题和心理障碍。近些年来，出现了大量的青少年犯罪现象，多数都与沉迷网络的虚拟生活而诱发的心理、生理障碍有关。因而虚拟网络咨询应运而生，而如何做好虚拟网络咨询，又是一个技术和经验的挑战。

（6）网络传媒的挑战

网络是一把"双刃剑"，在带来各种便捷的同时，也带来了更深层次的思想冲突。社会各种力量在网络上争夺属于自己的阵地和领域，利用网络优势和舆情工具，进行着前所未有的意识形态领域思想渗透，并对传统的信息及其传播方式提出了严峻挑战。同时，互联网技术的发展也带来了学术信息出版的自媒体化，除了传统的图书、期刊、报纸、会议、数据库等资源外，涌现出了大量的视频公开课、博客、电子书包等新型的免费资源。如何在变化了的信息环境中获取、管理、评估和利用信息，是每一位研究者必须重视的问题。

---

① [美] 维恩·斯瓦图. 信息战争 [M]. 吕德宏，等，译. 长春：国际文化出版公司，北方妇女儿童出版社，2001.

② 刘久昌. 读者工作 [M]. 北京：北京图书馆出版社，2001.

随着我国“互联网+”行动计划的加快推进，《促进大数据发展行动纲要》等有关政策密集出台，信息化已成为国家战略，教育信息化正在迎来重大的历史发展机遇。教育部于 2015 年 9 月发布的《关于“十三五”期间全面深入推进教育信息化工作的指导意见（征求意见稿）》提出，要加强资源平台、管理平台的互通和衔接，支持各级教育行政部门和各类教育机构、企事业单位利用国家已有的系统开发相关应用软件。这也意味着，传统的教育体系已经开始向第三方服务商敞开大门，我国教育信息化发展进入新阶段。

都说“互联网+”时代的教育是颠覆性的，但变与不变都遵循着教育的规律。在中国高等教育学会会长瞿振元看来：“过去的学习方式以背和记为主，而现在的年轻人遇到问题则愿意搜和找。信息的传递与学习方式和过去有很大的变化，我们做教育的一类人应该换一种思维，拥抱这种变化。”

传统的班级授课制，学生没有选择教师的可能，至于能不能碰到好老师，往往靠自己的运气。自从有了云技术、大数据，“互联网+课堂”为学生提供了海量的学习资源，那里可以找到最优秀的微课，可以通过这个平台与“云端”的名师“隔空对话”，还可以在题库中挑选最适合自己的习题，请老师网上评判。

在互联网时代，教学模式的研究呈现多元化和现代化的特点。信息技术与网络使得知识的呈现方式更符合学生的认知需求，教师的知识权威地位逐渐被打破，个性化学习成为可能。就拿英语学习来说，传统的课堂上，教师把英语当作一门科学来教，而非当作一门语言来学习，培养了大批的英语“哑巴”。但在互联网时代，一个英语学习平台就聚集了世界各地英语国家的优质外教，学生打开电脑自选外教、自选时间、自选课程，完成约课后，就可以和外教进行面对面、一对一的学习；教学完全以学生为核心，学生可以根据自己的喜好、自己的状态预约适合自己的外教，这种以学生为核心的教学模式，利用技术建构以学习者为中心的教学行为，才是真正的因材施教。

“互联网+课堂”更深层次的含义是教育理念上的变化，要求在线教育企业更加关注“人”的层面。互联网技术的意义不是让教育更加远离人，而是更贴近个体，关注每个学员的深层需求，定制个性化的学习体验。传统教育正如流水线的生产过程，并且很多时候依靠个体片面的经验和想当然的判断。有了互联网及大数据的帮忙，则有助于给每个学生建立个性化成长的模型。有趣的是，技术的创新在这里用于概念的复古，孔子的“因材施教”似乎是千百年来教育追求的更高境界，在“互联网+”的作用下，这种境界有望实现。利用互联网达到培养人才的目的，这才是回归教育的本质。

第2章

信息素养

信息社会中，信息的获取、分析、处理、发布和应用能力将作为现代人最基本的能力和文化水平的标志，以计算机和网络技术为主的信息技术，已在社会各个领域中得到广泛的应用，并逐步改变着人们的工作、学习和生活方式。在当今时代，信息资源异常丰富，如何开发和利用这些信息资源，是提高国民经济水平的关键之一。而信息素养是影响人们开发、利用信息资源的重要因素。

"信息素养"（Information Literacy IL）是1974年美国信息产业协会主席保罗·泽考斯基（Paul Zurkowski）在给美国图书馆与信息科学委员会（National Commission on Libraries and Information Science NCLIS）的报告中首先提出的概念。而对信息素养的概念进行准确表述的是来自美国图书馆协会1989年的定义，即具有信息素养的人能够判断何时需要信息，并懂得如何去获取、评价和有效地利用所需要的信息。[①]进入20世纪90年代，随着网络技术的发展和以知识经济为主导的信息时代的到来，人们对信息素养的内涵又有了新的解读。布拉格会议将信息素养定义为一种能力，这种能力能帮助人们确定、查找、评估、组织和有效地生产、使用和交流信息，来解决问题。[②]20世纪90年代后，在教育学领域、图书馆学领域，信息素养已经

---

① 周健，张静波. 高校信息素养教学模式探讨［J］. 情报教育，2006（10）：133–135.

② 桑迪·坎贝尔. 21世纪信息素质概念的界定［J］. 肖永英，译. 大学图书馆学报，2005，23（6）：82–86.

成为研究的热点问题，越来越多的国家和组织机构开始重视信息素养。但直到21世纪，信息素养的研究才逐步趋于完善，它的内涵和外延也随着社会的进步与发展不断地得到丰富和扩展。

2.1 信息素养的内涵

信息素养包含了技术和人文两个层面的意义：从技术层面来讲，信息素养反映的是人们利用信息的意识和能力；从人文层面来讲，信息素养反映了人们面对信息的心理状态，或者说面对信息的修养。

1. 信息素养（Information Literacy）的概念

信息素养（Information Literacy）概念的确立和被重视有一个渐变的历史过程。这与信息的重要性日趋凸显以及计算机和网络的飞速发展密切相关。最早是由美国信息产业协会主席保罗·泽考斯基（Paul Zurkowski）于1974年在给美国图书馆与信息科学委员会的报告中首先提出的，1983年，美国信息学家霍顿（Horton）认为，教育部门应开设信息素养课程，以提高人们对电子邮政、数据分析及图书馆网络的使用能力。1987年，信息学专家Patricia Breivik将信息素养概括为一种能了解提供信息的系统并能鉴别信息的价值、选择获取信息的最佳渠道、掌握获取和存储信息的基本技能，如对数据库、电子表格软件、文字等的处理技能。随后信息素养的概念得到了发展，"信息素养是利用大量的信息工具和信息源使问题得到解决的技能"。①

"素养（Literacy）"一词在《辞海》中的解释为"经常修习涵养，如艺术修养、文学修养"。强调素养形成的过程是一个不断"修养"过程，体现出素养是动态的、发展的概念。同样，信息素养的形成也是经过后天养成的、从无到有、从低到高的过程。它区别于先天的禀赋，信息素养是一个与时俱进的动态概念。

"Literacy"的英文含义是"有文化""识字"及"阅读和写作的能力"。这个说法是与传统意义上的以物质和能量为基础的工业社会的印刷技术与文字媒体的文化相联系的。而随着网络与计算机多媒体技术的发展和应用，

---

① Michael B E, Carrie A L, Kathleen L. S. Informat ion Literacy:Essential Skill for the Informat ion Age (2 nd ed.). London: Libraries Unlimit ed, 2004. 3.

人类社会进入以信息和知识为主要资源的信息社会，出现了多媒体文化和网络文化。“Literacy”也被赋予了新的内涵，由于目前人们对信息素养还没有形成公认的看法，所以不少学者十分重视对信息素养特征的描述，为我们理解信息素养提供了广阔视角。

以下是来自维基百科上对“Literacy”含义的解释：

Literacy is traditionally understood as the ability to read, write, and use arithmetic. The modern term's meaning has been expanded to include the ability to use language, numbers, images, computers, and other basic means to understand, communicate, gain useful knowledge and use the dominant symbol systems of a culture. The concept of literacy is expanding in OECD countries to include skills to access knowledge through technology and ability to assess complex contexts.

The key to literacy is reading development, a progression of skills that begins with the ability to understand spoken words and decode written words, and culminates in the deep understanding of text. Reading development involves a range of complex language underpinnings including awareness of speech sounds(phonology), spelling patterns (orthography), word meaning (semantics), grammar (syntax) and patterns of word formation (morphology), all of which provide a necessary platform for reading fluency and comprehension.

Once these skills are acquired, the reader can attain full language literacy, which includes the abilities to apply to printed material critical analysis, inference and synthesis; to write with accuracy and coherence; and to use information and insights from text as the basis for informed decisions and creative thought. The inability to do so is called illiteracy or analphabetism.

The United Nations Educational, Scientific and Cultural Organization (UNESCO) defines literacy as the "ability to identify, understand, interpret, create, communicate and compute, using printed and written materials associated with varying contexts. Literacy involves a continuum of learning in enabling individuals to achieve their goals, to develop their knowledge and potential, and to participate fully in their community and wider society". (From Wikipedia, the free encyclopedia)

以上“Literacy”的含义可以用图 2–1 解读。

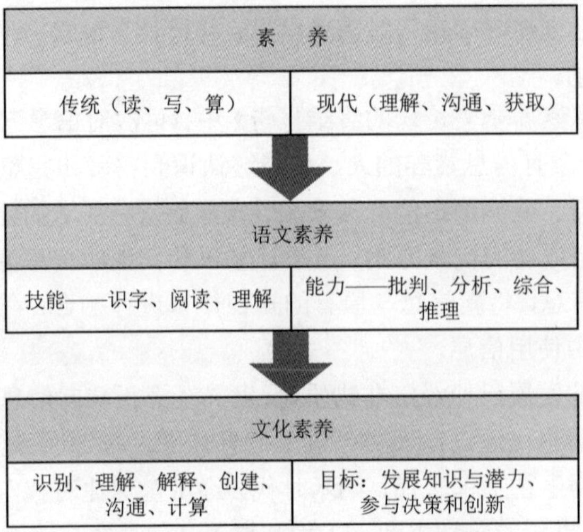

图 2–1　维基百科对 Literacy 的解读

从 1990 年开始全球性文盲问题令人瞩目。联合国大会把 1990 年定为“国际扫盲年”，预示着 10 年扫盲的开始。由于对文盲问题的关注，我们对人的信息素养作如下探讨：

19 世纪 80 年代，研究者已采用过信息素养是整体素养的一部分这个观点，通常所说的文盲与非文盲这种两分法已经行不通了。在今天，信息素养是个不断发展的概念，其含义取决于在某一特定社会中社会的及个人的需求，因为信息素养必须放到文化、社会、经济及政治环境中进行思考，因此，对信息素养进行定义，必需考虑到在这个社会中不断增长的信息需求。

再看看文化素养，文化素养既包括听、读、说、写及批判性思维这些技能，也包括计算机能力，更包括会读、会说、会写的人能确认并使用不同社会状态对应的语言的文化知识。

从这一点可以看出，在现代社会（无论是高度发达的信息社会，还是文盲、半文盲的发展中社会）对信息的依赖将影响并扩大文化素养（包括信息素养）的含义。

新世纪文盲的定义“不再是不会写，不会说，看不懂书本的人，而是缺乏主动学习、自主学习、持续学习能力、不会掌控信息的人”。目前世界的格局是“谁掌握了信息，谁就掌握了世界的话语权”。

2. 信息素养的特征

美国提出的信息素养概念包括三个层面：文化层面（知识方面）、信息意识（意识方面）、信息技能（技术方面）。其定义为：“要成为一个有信息素养的人，他必须能够确定何时需要信息，并已具有检索、评价和有效使用所需信息的能力。”

而在《信息素养全美论坛的终结报告》中，再次对信息素养的概念作了详尽表述：“一个有信息素养的人，他能够认识到精确和完整的信息是做出合理决策的基础；能够确定信息需求，形成基于信息需求的问题，确定潜在的信息源，制定成功的检索方案，基于计算机和其他的信息源获取信息、评价信息、组织信息，将新信息与原有的知识体系进行融合，在批判思考和问题解决的过程中使用信息。”①

信息技术的发展已使经济非物质化，世界经济正转向信息化非物质化时代，正加速向信息化迈进，人类已进入信息时代。21 世纪是高科技时代、航天时代、基因生物工程时代、纳米时代、经济全球化时代，等等，但不管怎么称呼，21 世纪的一切事业、工程都离不开信息，从这个意义来说，称 21 世纪是信息时代更为确切。

在信息社会中，物质世界正隐退到信息世界的背后，各类信息组成人类的基本生存环境，影响着芸芸众生的日常生活方式，因而构成了人们日常经验的重要组成部分。虽然信息素养在不同层次的人身上体现的侧重面不一样，但概括起来，它主要具有五大特征：

① 捕捉信息的敏锐性。

② 筛选信息的果断性。

③ 评估信息的准确性。

④ 交流信息的自如性。

⑤ 应用信息的独创性。

2.1.1 信息素养与终身学习

信息素养作为 21 世纪个人重要的能力素质，为个人终身学习、在信息社会更好地生存和发展提供了重要的基础。

2003 年 9 月，联合国召开信息素养专家会议，会上发表了著名的《布拉格宣言》。宣言指出：信息素养是人们有效参与信息社会的一个先决条件，是终身学习的一种基本人权。具备信息素养的人，才能适应信息社会的需要，也只有接受过良好信息素质教育的人，才能在信息社会中表现出极大的潜力

---

① President ial Commit tee on Inf ormat ion Literacy: Final Report.［EB/OL］.［2008-11-08］. http://www.ala.Org/ala/acrl/acrlpubs/ whitepapers/presidential.htm.

和创造力，在社会竞争中处于优势。

信息素养是一种信息能力，信息技术是它的一种工具。面向 21 世纪的大学生，应当学会如何识别所需要的信息，利用检索工具，获取有用的知识信息。信息素养已然成为大学生应当具备的一种基本素养。

信息素养是自我学习、终身学习的必备能力，也是创建学习型社会的重要条件。据不完全统计，一个人在学校接受的教育，学到的知识只占其一生所需知识的 10%左右，而其余 90%多的知识是在今后的工作和生活中通过不断学习而获得的。现如今，在知识爆炸的信息社会中，不断的更新知识已经成为人们终身学习的必然过程。

一个人只有不断地学习和更新知识，才能在未来的工作和生活中立于不败之地。当然，学习除了在学校接受教育外，更重要的是学会自我学习。通常情况下，具有信息素养的人能够按照自己的特定需求，寻找事实真相，寻求知识真谛，不断找寻解决问题的方法，善于钻研，勤于思考，经过评价和分析，得出自己的见解和观点，在这个过程中，一方面为自己积累了终身学习的经验和能力，同时也激发了灵感，创造了激情，在社会群体中找到自己的定位，实现人生的价值。

为培养具有信息素养的合格公民，需要改进和完善现行的教育体制，以适应信息素养能力的培养，为终身学习打下良好的基础，而学校教育正是实现终身教育的基础。我国现行的应试教育模式，带有比较明显的知识预包装的特点，极具功利色彩，唯“分数论”，特别是基础教育阶段，学校不太注重培养学生的批判性思维和解决问题的能力。学生往往从老师那里和课本上被动地接受知识，而不会用学到的知识去解决实际的困难和问题。学生往往是在预先设定好的有限的信息环境中去练习解决问题，这样的练习和现实世界的解决方式存在很大差异。现实世界的困难和问题会基于多种信息和资源解决，可以用不同的解决方案和多种解决途径。

“授人以鱼不如授人以渔”，方法比知识要重要。学习本身不应该是被动的、被分割的，而应该是积极、主动的、整合的过程。学校的行政管理者和教师也已经开始认识到预设好的知识、课本资料和测验并不能让学生建立起积极主动的、有质量的学习行为。国外高等教育中有研究显示：学生在几个月内已经忘记了 50%左右的课堂学习内容，无法记忆和保留教师教授的大部分知识和信息。由于信息更新周期的迅速缩短，即使是学生记住了 50%的信息，在今后的工作中有多少可以利用上，也是很难保证的。因此说，学校教育要教给学生知识，更要教会学生终身学习的能力，终身学习的能力才是受益终身的法宝，才能让学生应对任何学习过程、任何实际需求的信息查找、信息评价和使用。学习过程可以重新组织，可以基于生活中学习和解决问题可获得的信息资源来设计，帮助学生建立终身利用信息资源学习的习惯。这样的学习过程注重的是信息素养能力的培养，应该积极地纳入教育体系当中来。

21 世纪是知识经济时代，是全球信息化时代，科技进步和经济发展必将越来越依赖信息技术、信息资源和信息产业的发展。如何快速有效地获取信息是当代公民必备的信息素养能力。美国学者彼得·圣吉在其《第五项修炼》一书中就曾断言："在未来，信息素质是你所拥有的唯一持久的竞争优势，或许是具备比你的竞争对手学习得更快的能力。"①

2.1.2 信息素养与科技创新

科技创新是一个国家和民族在国际竞争中凸显优势的重要途径，也是一个国家可持续发展的基石。当前高科技产业的国际竞争战线已进一步前移，创新频率大大加快。从最终的产品竞争转为研究方向的选择与速度之争，谁能快速、全面、准确地掌握科研领域最前沿的发展动态，迅速寻找到研究空白点和开发新的领域，谁就有可能占领经济格局中的"制高点"。因此，进一步提高学术机构的科研人员、高等院校师生、管理部门人员的信息素养能力，成为当前重中之重的任务。

"科技创新""科教兴国"战略不应该只成为一句口号，而应该成为推动社会前进的重要动力和重要因素。科技创新离不开信息，科研人员必须全面、系统、准确地掌握本领域的相关信息。但是在信息资源激增的情况下，科研人员面临庞大的信息选择难题，信息质量的不确定性和数量的膨胀对科研人员认识和评价信息，快速找到有用的信息提出了挑战。如果不具备良好的信息素养能力，即使拥有大量丰富的信息，也不一定能产生思辨能力和创新意识。

信息意识是科技人员创新必备的信息素养能力，没有信息意识，就没有科技创新。信息意识就是对信息的敏感度，在遇到问题时会想到利用信息进行判断、分析和决策。科技发展具有连续性、继承性的特点，科技创新是在总结前人研究的基础上，借鉴别人的成功经验，吸取前人研究成功的精华，通过学习、继承、判断、分析、总结等创新思维活动，经过反复研究实验，

① [美] 彼得·圣吉. 第五项修炼 [M]. 郭进隆，译. 上海：三联书店，1998.

才得出真知灼见的创新成果。

科学研究是一项积累性、探索性、创造性的工作，从科研的选题、准备，到研究、总结，都离不开科研信息的采集、分析和利用。科研信息不仅构成了科学研究的基本要素，而且是保证科研工作有效性的必要前提。据美国科研基金委员会的统计，一位科研人员花费在查找资料和消化吸收科技资料上的时间需占全部科研时间的50.9%，计划思考占7.7%，实验研究占32.1%，科研总结占9.3%。由此可见，查阅文献资料在科学研究中占很大比重。

为了避免科研工作的重复浪费，科研人员必须及时掌握科技发展的前沿动态和科技新成果，这样才能保证科研工作的前瞻性和创新性。

众所周知的SONY家电电器公司能有今天，就是归功于当时的日本专业人士井深大和盛田昭夫具有敏感的信息意识。他们敏锐地捕捉到晶体管发展的未来前景，果断买下了生产晶体管的专利。当初晶体管刚刚问世时，美国西方电子公司仅仅把这种晶体管用于生产助听器，但井深大和盛田昭夫敏锐地发现：晶体管像电子管一样能够放大信号，而且反应快、体积小、耗电量少、可靠性强，完全可以取代电子管，他们于1957年生产出世界上第一台袖珍式晶体管收音机，命名为“SONY”。从此，SONY也就一举成为名扬天下的家电业界老大。

科技创新的关键是能从大量纷繁复杂的信息中提取有价值的东西，经过深入挖掘分析，能在司空见惯的表面现象中发现深刻的思想内涵，预见创新成果。这种超前预见能力是由敏锐的信息意识引发的，是知识创新的内在动力，更是信息素养能力。

为了培养更多的科技创新人才，信息素养能力的教育不容忽视，要着重培养他们的选择与分析能力，掌握信息分析研究的方法，能从众多修改的信息中提取有用的信息，去粗取精，去伪存真，提炼出有科学价值的创新信息。

在科技创新的同时要尊重知识产权，遵循国家的法律法规，合理使用知识、信息和技术，在创新研究的过程中明示对他人成果的引用、借鉴与参考，避免将他人成果据为己有的行为；对已有的创新成果也要有保护意识，可以通过法律手段对创新成果进行知识产权保护，这对于个人和国家的创新能力具有直接的影响。

2.1.3 信息素养与阅读文化

1. 中国人的阅读情况

2016年4月23日是世界读书日，人民日报与今日头条、亚马逊中国联合发布了《2015—2016 中国人阅读情况系列报告》，为您解读中国人的阅读情况。①

2015 年 8 月 31 日，中国新闻出版研究院组织的第九次全国国民阅读调查显示：2011 年我国人均读书仅为 4.3 本，远低于韩国的 11 本，法国的 20 本，日本的 40 本，俄罗斯的 56 本，以色列的 64 本。

2014 年我国成年国民人均纸质图书阅读量为 4.77 本，韩国 15 本，法国 24 本，日本 44 本，以色列 68 本；我国人均每天读书 13.43 分钟，中国是世界人均读书最少的国家之一，这与中国悠久的文明史、深厚的文化底蕴很不相符。

现如今，有多少人在坚持阅读？当今社会人们的浅阅读、碎片式阅读乃至很少阅读的现象值得警醒。倡导全民阅读，建设学习型社会，对于提升公民的信息素养有重要的现实意义。

2. 当前中国国人陷入阅读危机的原因

从传统上说，阅读一直停留在精英层面，没有形成全民阅读的传统。

（1）即时的在线浏览正在取代传统青灯黄卷式的经典阅读

以快餐式、跳跃性、碎片化为特征的“浅阅读”正成为阅读新趋势。这种阅读方式虽然有较为快速、及时等优点，但也存在容易令人产生思维惰性、缺乏逻辑性及系统思考和判断能力等弊端。

（2）快节奏的生活方式，让人心变得浮躁

生活压力大，让人们很难静下心来再去思考书中的要义，也很难有兴致去探索哲学的命题。人们越来越习惯于将阅读当成是获取信息的途径。国人的“阅读危机”还表现为阅读的功利化。一直以来，升学和就业成了国民教育的主要追求，学生就形成有用的书就读，无用的书不读的功利阅读观。这样把读书当成达到某种目的的手段，而不是对读书本身感兴趣。

（3）部分国人阅读量少与个人需求有关

中国当前处在社会转型阶段，忙于各种事情而无暇阅读是一部分人阅读量少的原因。一个人的阅读量还与他对阅读的意义和价值的理解相关。如果认为阅读与自己的生存状况关系不大，或者认为阅读反而会影响生存状况的改善，他就没有阅读的需求和积极性。

2014 年，莫言荣获诺贝尔文学奖，国内掀起了一股“莫言热”，但要拉动国民阅读水平，仅靠莫言一人，那无异于杯水车薪。我们应该抓住当前莫

---

① https：//www.douban.com/note/515093272/.

言“阅读热”的契机，想方设法，把这个“即时热”转化成为“长久热”，把针对一个人的“骤热”，转化成针对更多的作家作品、更宽广领域经典之作的“慢热”。

中国新闻出版研究院徐升国说：“2011 年，我国 18～70 周岁的国民人均阅读传统纸质图书 4.35 本，这是我院组织的第九次全国国民阅读调查得出的结果”。中国新闻出版研究院隶属新闻出版总署，第九次全国国民阅读调查于 2010 年年底进行，2011 年 4 月 23 日“世界读书日”前夕发布调查结果。表 2–1 是 2008—2011 年我国对 18～70 周岁国民阅读情况进行的调查统计。

从表 2–1 可以看到：图书阅读率稳中有升，报纸和期刊的阅读率有波动，公民上网率势不可挡，数字阅读快速增长，手机阅读率增速迅猛，国民综合阅读率迅速提升。说明近几年与信息化、网络化的迅速普及有密切关系。对我国国民倾向的阅读形式的研究发现，75.3%的 18～70 周岁国民更倾向于“拿一本纸质图书阅读”，有 11.8%的国民更趋向于“网络在线阅读”，有 9.4%的国民趋向于“手机阅读”，有 2.5%的人趋向于“在电子阅读器上阅读”，1.0%的国民“习惯从网上下载并打印下来阅读”：[①]如何高效阅读并构建和谐进步的阅读文化，将成为一个非常现实的问题。国内外的研究实践已表明，信息素养对构建当下的阅读文化具有深远意义，深入开展信息素养教育，重构阅读文化，成为当代国人的重要使命。

表 2–1　2008—2011 年我国 18～70 周岁国民阅读情况调查统计表　　%

年份	2008 年	2009 年	2010 年	2011 年
图书阅读率	49.3	50.1	52.3	53.9
报纸阅读率	63.9	58.3	66.8	63.1
期刊阅读率	50.1	45.6	46.9	41.3
公民上网率	36.8	41.0	49.9	54.9
数字化阅读	24.5	24.6	32.8	38.6
手机阅读	12.7	14.3	23	27.6
综合阅读率	69.7	72.0	77.1	77.6

① 中国出版网．“第九次全国国民阅读调查”初步成果发布［EB/OL］．［2012–04–20］．http://www.chuban.cn/tpxw/201204/ t20120420_105469.html.

徐升国介绍，全国国民阅读调查开始于1999年，现在每年进行一次，是一项对国民文化消费的长期跟踪调查，有央视市场研究和零点调查公司等专业公司参与，采用国际上社会调查的标准体系，在全国29个省、自治区和直辖市的50个左右城市对居民进行入户调查，获得2万个左右的样本，调查问卷的设置涵盖图书、期刊、音像、网络、手机等载体和途径，以及公共阅读服务、读书节、农家书屋等项目，已经被视为我国国民阅读的风向标。

与“4.35”这个数字在各类媒体上被用来当作“警醒世人”不同，在专业人士眼里，“4.35本”的结果无惊无喜，“2010年的调查结果是4.25本，2009年是3.88本，2008年是4.75本，所以，总的趋势是在徘徊波动中趋稳，但也不值得乐观。”徐升国说。他表示，阅读量下降是全球性的趋势，对此的担忧并非国人所独有。但是，从全球横向比较来看，我们确实偏低，跟传统文明古国、礼仪之邦的地位不相符。当下我国的读书风气和氛围还不如20世纪80年代，“知识无用论”似乎愈演愈烈，阅读少尤其年轻人不读书是我们切实的所见、所感。

近年来，数字阅读的迅猛发展令专业人士也始料未及。1999年的全国国民阅读调查结果显示，当时国人的上网率才3%，数字阅读无从考察；2011年，上网率增加到54.9%，数字阅读率达到40%，手机阅读率达27.6%。但第九次全国国民阅读调查结果显示，2011年，国民数字阅读人均读书仅1.42本。

徐升国说，数字阅读之所以没有与传统阅读合并计算，首先因为数字阅读的统计是不能以“本”为单位的，很可能只是部分章节、段落；此外，数字阅读和传统阅读相比有较大差异，比如，手机阅读的可能是书，更大的可能是报纸、刊物，也不能以传统纸质阅读的监测手段，监测数字阅读的阅读量。

“数字阅读是有价值和意义的，应该给予高度关注和检测，但是目前全世界对数字阅读的关注不一样，还不能简单地说数字阅读是好还是坏；数字阅读目前也不能取代传统阅读，因为其还有明显的缺憾，比如可能损害儿童的视力；往往因超链接的存在，不断分散读者的注意力，使其无法专注于阅读本身；数字阅读也容易导致碎片化和浅阅读。”徐升国的观点是谨慎的。几年前，iPad刚刚出现时，有人曾经说：iPad是阅读的杀手。在某种意义上，也许这并非危言耸听。

3. 信息素养与阅读文化的关系

（1）阅读是人类对信息需求的表现，阅读文化是一种信息审美文化

信息社会对阅读文化的巨大挑战是阅读端口的变化。传统的阅读端口以纸质为主，虽然IT业兴起后，电子化已悄然引起了阅读方式的革命，但是随着云端模式的出现与普及，阅读端口将变得更加多元化。一方面，云计算保证了海量信息的获取、保存与有效处理；另一方面，阅读应用端口的多样化与普及，使读者的阅读已不受时空的限制。更深一层的挑战来自学习方式的改变，这就使碎片化的学习将由一种时尚变为普遍接受的学习方式。"屏一代"终将成为时代的主流，海量信息下的碎片化学习会影响接受者的心智，从而最终使碎片化学习成为获取知识的另一种方式。这也形成了信息社会对阅读文化的巨大冲击。

面对网络阅读文化的变革和教育信息资源的繁杂，使得阅读与学习、阅读文化与终身教育面临极大挑战，那就是要寻求一种面向全体公民的教育目标或能力修养来重构阅读文化，这就是信息素养。

（2）信息素养可以重建阅读文化

阅读文化是一种文化视阈，它对个体、民族、国家乃至全球都是一种视域，这种视域是以信息为基础的。当今时代，青少年正沉浸于网络的阅读世界和阅读海洋中，重提阅读文化的重要性，可以引起人们对信息素养的极大关注，信息素养是提升公民阅读境界的最佳选择。因为阅读文化的困境源于信息素养的不足，较高的信息素养必然打造较好的阅读氛围，因而可以扭转整个社会阅读文化的尴尬境遇。

（3）阅读是阅读文化的基础

没有阅读，谈不上阅读文化。阅读是读者通过一定的媒介对特定的信息进行识别、理解、记忆以及审美的过程。现代的阅读"不只是文字的阅读，而是一种多介质（图片、声音、图像、网络等）的阅读"。[①]但阅读归根结底是对依存于介质上的信息的解读，这就涉及阅读方式和阅读能力，不论是阅读能力还是阅读方式，都是与个人的信息素养息息相关的。信息素养及其各要素的养成都不能脱离阅读文化，阅读文化是信息素养教育的必经途径。图书馆是提供阅读的文化殿堂。对图书馆而言，"每一次技术的变革都将服务推向更人性化、更方便的快捷之路，给全民阅读带来了阅读方式的诸多革新，

---

① 李常庆，孟昭晋，王余光. 开卷有益——阅读史与阅读文化座谈会纪要［J］. 图书情报工作，2001（01）：21–22，37.

使得图书馆不断革新服务方式，图书馆多元化服务的顺利开展终将依赖馆读双方信息素养的同步提高，馆读双方将建立起更为平等的和谐关系”，[①]阅读文化与信息素养之间具有很强的互动性。

（4）阅读是信息需求的过程，阅读文化是信息素养的基础

一定的阅读文化制约和产生相应的信息素养；阅读文化直接作用于信息素养的各个要素，各个要素的形成和发展离不开阅读文化。就信息文化而言，阅读文化与信息素养有一个重要的沟通桥梁，那就是信息美学。阅读文化就是发现信息美学、体验信息美学的过程。因此，开展全民阅读活动是提升信息素养的重要途径。2010 年 4 月 19 日，在“第七次全国国民阅读调查”结果新闻发布会上，中国出版科学研究所为加强对国家阅读战略研究与国民阅读促进工作，正式揭牌成立了“国民阅读研究与促进中心”，并开通了“中国全面阅读网”，[②]这将更加有力地促进我国的全民阅读活动。

（5）信息素养与阅读文化相辅相成、相互促进

信息素养的提升又是从改善阅读开始的，信息素养不但提高阅读的效率，而且能够提高阅读的层次与品位，并达到对阅读文化的深层次理解与应用。信息素养的诸要素之间的关系都对阅读文化产生直接的影响，因为信息素养是“一种理解、发现、评估和利用信息的认知能力”。[③]所以说，信息素养是提升阅读文化、推进终身教育的必备能力。一个没有信息素养或者信息素养不足的人是难以适应信息化社会的需要的，信息素养是改善阅读文化、提升阅读文化、推动阅读文化科学发展的最佳选择。

（6）阅读文化是提升信息素养的先决条件

也可以说，阅读是提升信息素养的必经之路。改善阅读习惯、阅读方式与阅读内容等阅读文化，就从提升信息素养开始，当代大学生的信息素养，不仅影响着他们在校期间的阅读行为，更影响着他们的终身继续教育以及今后工作的能力和业绩。正如一位科学家所说：“海水里蕴藏着无限大的内能，但是如果不能通过一定的技术和技能将这些隐性的内能转换成可以利用的热能，那它连一壶水也不可能烧开。”[④]

---

① 陈清文. 国外教师与图书馆员合作开展信息素养教育模式综述及启示［J］. 情报理论与实践，2010（9）：125–128.

② http://www.cnreading.org.

③ 原锦黎. 提高馆读双方信息素养——全民阅读时代图书馆多元化服务的着眼点［J］. 科技信息，2010（24）：359.

④ 赵玉光，文玉萍，曹继春，等. 对大学生信息素养与阅读行为内在联系的研究［J］. 图书与情报，2009（5）：139–141.

2.2 信息素养系统

在信息社会中，信息获取、信息判断、信息利用、信息伦理与道德、信息开发与创造已经成为人们共同判定的一种信息素养能力。信息素养不是一个单纯的概念，而是具有多层次、多维度的综合概念。它包含信息能力、信息意识、信息创造、信息伦理、信息评价等诸多方面。从层次上可分为技术层面、知识层面、意识层面。从结构上分为信息能力、信息知识、信息情感态度和价值观。

2.2.1 信息能力

维基百科（Wikipedia）上有一个概念“Unknown Unknown”，大意是说，如果你不知道某一个东西，你也不会知道自己不知道。在现实生活中，我们经常会遇到这样的情况：当你去探究某一个问题、某一个概念、某一条信息或者某一项主题时，最大的问题不是问题本身，而是你“Unknown Unknown”；当你搜遍互联网，检索了大量书刊、论文或数据库等信息资源后，最终的收获并不在于你解决了这个问题，而是你通过解决这个问题，获得了意想不到的收获和启发，比如：最直接的收获是，在信息检索方面，你还知道了以后遇到类似的问题去哪儿找，而且是最快、最有效地找到你要找的信息，知道了哪些网站是寻找这个领域的最有效、最前沿、最有价值的地方，哪些书是该领域内最经典的书，哪些期刊是研究这个专业最权威、最核心的期刊，等等。此外，更有价值的收获是，也许你暂时并没有意识到，一次看似平常的信息检索工作之旅，在你未来的生活和学习中，会突然不经意地点燃你的智慧之灯。

所谓信息能力，即获取信息、处理信息、利用信息和创造信息的能力，是一种了解和获取信息的过程。信息能力是当今社会人类生存的最基本能力，深刻地影响着人们的生活、工作和学习的方方面面，是个人寻找职业、融入社会的一个决定性因素。信息能力包括信息获取能力、信息加工和处理能力、信息技术的利用能力。

高等院校的大学生要学会在海量无序的信息中提炼出对自己有价值的信息，并能够依据自己掌握的信息技术和信息工具来获取、处理和使用信息的能力。信息能力是大学生从事研究工作或终身学习的基础，也是未来社会生活必备的基本能力。

大学生的信息素养能力包括信息技术的使用能力、信息获取能力、信息处理能力及信息表达能力等。

1. 信息技术的使用能力

信息技术的使用能力是信息素养能力的基础。能否使用信息系统是最基本的要求，具体包括以下几项能力：

① 会不会安装与启动信息系统工作；

② 能否准确无误地操作信息系统；

③ 能否进行信息系统的日常维护和保养；

④ 当出现故障和问题时，能否判断与估计故障的原因，能不能进行必要的处理；

⑤ 能否根据工作需要选择合适的软件系统，并准确熟练地使用；

⑥ 能否使用一些软件开发工作等。

2. 信息获取能力

使用信息技术的目的是从海量的信息中获取对自己有用的信息，因此信息获取能力是信息素养能力中最重要的因素，它主要包括以下几个方面的能力：

① 信息资源的查找能力；

② 信息资源的收集能力；

③ 信息资源的理解能力；

④ 信息资源的评价能力；

⑤ 信息资源的选择能力。

3. 信息处理能力

人们要把获取来的信息进行加工处理才能为我所用。因此必须具备一定的信息处理能力，才能把得到的碎片化信息和未经加工的数据真正利用起来。信息处理能力跟统计分析以及程序设计能力有着千丝万缕的关系，它涉及的范围非常广泛，具体包括以下几个方面的能力：

① 信息分类能力；

② 信息统计分析能力；

③ 信息重组能力；

④ 信息编辑加工能力；

⑤ 信息存取能力。

4. 信息表达能力

人的一个十分重要的作用就是作为信息的生产者和传播者，因此信息表达能力才凸显出来。具体体现为以下几项：

① 信息生成能力；

② 信息表达能力；

③ 信息报告能力。

2.2.2 信息意识

所谓信息意识，是人们利用信息系统获取所需信息的内在动因，具体表现为对信息的敏感性、选择能力和消化吸收能力，从而判断该信息是否能为自己或某一团体所利用，是否能解决现实生活实践中某一特定问题等一系列的思维过程。信息意识含有信息认知、信息情感和信息行为倾向三个层面。同时，信息价值的判断力、持久的注意力和敏锐的洞察力在某个时刻也是事业成功的关键。一个具有强烈信息意识的人，对信息的敏感性，除了对信息的持久注意心理倾向外，更重要的是对信息价值的判断力和洞察力，面对浩繁、无序的信息，要能够去粗取精，去伪存真，进行识别，并作出正确的判断和选择。信息素养的核心内容包括信息意识和信息能力。

1. 敏锐的观察力

对信息的敏锐观察力是指人们面对所需要的信息表现出来的敏锐程度，主要表现为反应力（或应变能力）和行为倾向性。

信息反应力是指在获取信息、利用信息时人们的心理反应。当需要信息的愿望越强烈，信息意识就越明确，能动性、自觉性也就越大，就会主动去观察相关信息源，从而获取自己所需要的信息；信息行为倾向是人们在处理信息、利用信息时的实际效果；也可以是人们在整合信息、创造信息时的知识水平和创新能力；它需要平时的积累和慢慢养成、自主的学习和提高，特别是要进行各种预案的思考和策划，因为应变能力是反映信息敏锐的观察力的重要体现。应变能力既有先天的因素，也有后天的培养。信息的应变能力是有差别的。如不同气质类型的人，每个人化解危机的反应不尽相同：多血质气质类型的人就比黏液质的人化解危机的能力要高些，这是与生俱来的、先天的因素造成的。当然也可以通过后天的培养来获得。比如，通过学习掌握了必要的知识，武装了头脑，在生活实践中积累了丰富的经验，在化解危机时就会从容许多。应变能力是具有可塑性的，可以通过相关训练来提高和加强。

应变能力是指个体或组织在外界事物发生改变时所作出的反应，有时是本能的，有时是经过大脑思考后作出的判断和决策；中国知网术语查询记录《中国卫生管理词典》中有对“应变能力”条目的解释：具有适应时事或应付事态变化的主观条件；主要反映在表现于应变的全过程，应变过程即变化信息的输入→对信息的分析认识→作出应变决策→组织应变措施实施→检验应变效果。所以，应变能力是当代人应具备的基本能力之一。20 世纪 80 年代中期，国内市场行业学者就清楚地认识到，信息是资源，信息是财富。

（1）信息应变能力表现在 5 个方面

① 前瞻力，对信息具有前瞻性判断力；

② 应对力，能在信息变化环境中产生应对的创意和策略；

③ 持久力，能够认清事物发展变化的趋势和本质，能在纷繁复杂的动态变化中明辨方向，持之以恒；

④ 应变力，善于审时度势，根据不同情况作出判断，随机应变。

⑤ 适应力，能够适时分析变化中的信息环境，迅速地作出必要调整，进入适应状态，并循序渐进，不断提升适应能力。

（2）信息应变能力培养的途径

① 场景训练，可以模拟随机性强的场景或环境变化来适应或训练应变能力；信息应变能力一般指遭遇突发事件、意外状况或危机情况时必须拿出应急方案或解决紧急事件的途径或办法，可以结合危机管理增加必需的预案意识，并能积极付诸行动，而不是纸上谈兵。

② 危机管理意识训练，信息应变能力与环境变化关系密切，当外界环境发生变化时，是考验人们的危机意识和应变能力的时刻，要做到未雨绸缪，泰然时要有忧患意识、危机意识，做事要有前瞻性是信息应变能力的基础，也是危机预警体系的第一原则。因此，危机意识和预控能力是至关重要的。因为“导致危机产生的关键在于危机主体缺乏危机意识和有效的预控能力，很多危机的发生、危机事态的扩大，主要原因是人们欠缺危机意识造成的”。[①]孟子所言“生于忧患，死于安乐”就是这个道理。

③ 实践训练，在实际工作和生活实践中，必然会遇到各种各样的实际困难和问题，解决这些困难和问题的过程，就是增强信息应变能力的过程；学会与人沟通、交流、互动，逐步提高自己在各方面的应变能力，积极尝试和体验各种业务，提升自己的生存技能，在一定程度上也是不断提升信息应变能力的实践过程。

2. 价值的判断力

判断力是人们对人、对事物、对概念、对信息、对知识、对现象、对本

---

① 杜西红. 图书馆危机管理中信息预警问题研究［J］. 河南图书馆学刊，2010（2）：24–26.

质、对问题等，在感知、判断、记忆、想象、警觉、预判、推断的基础上做出判别、决断、选择并给出结论的能力。判断力是一个综合能力，是诸多能力的结合，它体现出一个人长期积累形成的习惯性的常识判断、应急判断、超常判断等。高靖生先生曾提出："从判断力的结构来看，至少分为两部分：首先是反思性的判断力，它的思维路向是从特殊到一般；判断力的另外一部分乃是规定性的判断力，它发挥作用的路向与反思性判断力刚好相反，它是从普遍到特殊、从一般到具体地发生作用。"①

判断力这种结构能力，要求人类面对问题作出判断时既要有理性，又要有灵活性；既要积累，又要不断培养。

判断力的要素包括以下几个方面：

① 知识积累、信息综合；

② 感知能力、专注能力；

③ 推理能力、估测能力；

④ 冷静思考、自我约束。

信息的判断力指人们对信息的真、善、美作出适当、科学、合理的判断能力；信息的真包括真实、正确、科学的判断；信息的善包括价值、意义、善恶的判断；信息的美包括适当、有意蕴、和谐的判断；在日常工作和学习中，积极培养出这些特质，人就能够获得高度敏锐的悟性和实用的判断力，就能够洞悉事物的本质，并以恰当的方式处理问题。

3. 持久的关注力

信息的关注力是指人们对信息深层次的观察能力以及关注程度，包括信息背后隐藏的信息内涵，主要涉及对信息的判断力、对信息解读的准确性、对信息判断的前瞻性。透过现象看本质，通过对信息的持久关注，能够深入看穿信息表面而进入其深层或底层的穿透能力，是信息意识的高级阶段，是信息素养能力的体现。

信息的关注力与人们对信息对象的认知、情感和行为的动机关系十分密切。一般来说，人们对信息对象认知得越清楚，关注力就越强，对信息对象的本质看得越透彻；人们对信息对象的情感越深，对其内涵关注的结果就越丰富；人们对信息对象的行为动机越明确，信息关注的过程就越简捷。

信息关注力是一种包含了认知、分析、判断、评估、预测等的综合能力；这种以判断力为特质的信息能力是人类面对事物、问题、现象等所做出的合

---

① 高靖生. 判断力与科学知识的增长［J］. 邵阳学院学报（社会科学版），2007（12）：7–10.

理判断。对信息价值的判断力和关注力，对解决问题、消除难题、完成工作、推动事业的发展至关重要；一个具有强烈信息意识的人，必然对信息有着敏感的、持久的关注力，有着对信息的心理倾向性，更有着对信息价值的判断力和关注力。在信息社会，面对繁杂的信息，人们必须学会去粗取精，去伪存真，善于识别，并正确做出选择和判断；做大事、做成事，会做事、做好事，其中蕴含着丰富的、科学的信息关注力，事业的成功时常伴随着人类精湛的关注力和准确的判断力，信息关注力符合省力美学的价值判断，可以减少不必要的无用功，把各种有效资源和力量发挥到极致，富有艺术效果。

2.2.3 信息创造

信息创造是信息素养的能动要素。信息创造是人们获取信息、整合信息、吸收和利用信息、创造新知识的过程。信息创造和一个人的知识积累、创新意识、创造才能密不可分，同时也是信息素养高低的重要体现。

创新是创造的动力，创新是人类对已有事物、观念和方法的开拓和改进而进行的能动的反映。是人类对于陈旧事物的打破和再造；创新在于发现和发现后的思考及行动。

方法创新是信息创造的基础，思维创新是信息创造的前提。创新需要发现、需要思考、需要培养，也需要条件。有学者归纳影响哲学社会科学方法创新的因素可分为主体因素、保障因素、动力因素三类。[①]这三种因素同样可以作为方法创新举措的三个维度，即提升创新主体的创新意识和主观能动性，加强创新环境优化及创新团队建设，加大创新基金投入和激励机制创新。

1. 独立思考是创新的源泉

数学家华罗庚先生是自学和独立思考的典范，他认为：“任何一个人，都必须养成自学的习惯，即使是今天在学校的学生，也要养成自学的习惯，因为迟早一天会离开学校”！自学，就是一种独立学习、独立思考的能力。行路，还要靠行路人自己。独立思考的能力，对于从事科学研究或其他任何工作，都是十分必要的。在历史上，任何科学上的重大发明创造，都是由于发明者充分发挥了这种独创精神。华罗庚先生的名言在当下的信息社会依然是至理名言，特别是在培养信息创造的能力上，尤其如此。

---

① 范柏乃，徐巍，张维维，等. 哲学社会科学研究方法创新的影响因素及影响机理［J］. 浙江大学学报（人文社会科学版），2012（11）：166–175.

2. 培养科学创新精神是创新的保障

科学创新精神是指具有求知和探索精神，这是信息创新的动力，是人们从事一切科学认识活动的原始动力。理性的怀疑与批判精神，这是科学精神的核心与灵魂；创新精神是科学的内在要求和本质；求真务实精神是科学认识的基础和出发点。毛泽东在《实践论》一文中指出："知识的问题是一个科学的问题，来不得半点虚伪和骄傲，决定需要的倒是其反面——诚实和谦逊的态度。"[①]

科学精神的培养需要从求知探索精神、求真务实精神、理性的怀疑和批判精神、创新精神 4 种精神进行培养，而其核心则是培养实事求是的态度、实事求是的作风、实事求是的精神。

3. 教师的创新意识和创新能力是培养创新人才的前提

创新是一个民族的灵魂，新世纪人才必须具有创新意识、创新精神和创新能力，这也是素质教育的基本精神。学生信息素养的提高是素质教育目标的一部分，在网络环境下开展研究性学习和自主学习，需要学生具有一定的信息素养。因此，教师必须首先强化自身的信息素养，具备创新意识和创新能力，才能更好地指导学生，全面实施和推动素质教育。

强化教师的信息素养，使每一位教师既可以是信息的需求者，又可以是信息的提供者，能够在互联网上学习讨论、交流信息，发挥教师潜在的知识能力，形成一个高效的信息增值网络，有利于改善教师的知识结构，促进教师的专业化发展。

2.2.4　信息伦理

1. 信息伦理的概念

信息伦理（Information Ethics）是"涉及信息开发、信息创造、信息传播、信息免疫、信息管理以及信息利用等方面的伦理要求、伦理准则、伦理规约，以及在此基础上形成的新型的伦理关系"；[②]"信息伦理又称信息道德，它是调整人们之间以及个人与社会之间信息关系的行为规范的总和"。[③]这两个定义分别强调了信息伦理是信息活动中的新型伦理关系和等同于信息道德的信息行为规范。

---

① 毛泽东. 毛泽东选集（第一卷）[M]. 北京：人民出版社，1991.

② 吕耀怀. 构建数字化生存的伦理空间 [N]. 光明日报，2000-08-01.

③ 沙勇忠. 信息伦理论纲. 情报科学 [J]. 1998（11）：492-497.

百度词典对“伦理”的解释是：“伦理，就是人与人以及人与自然的关系和处理这些关系的规则。如：‘天地君亲师为五伦；忠、孝、悌、忍、信为处理人伦的规则。从学术角度来看，人们往往把伦理看作是对道德标准的寻求。”①

信息伦理是信息素养中不可或缺的要素之一。特别是随着网络的普及，信息伦理越来越受到重视，它约束着人们在获取、利用和传播信息的过程中的行为规范。信息伦理包括信息道德，它左右着信息素养的发展方向。主要内容包括信息交流与社会整体目标的协调一致；遵循信息法律法规，抵制违法发布、利用信息的行为，尊重他人的知识产权，正确处理信息开发、传播、使用三者之间的关系等。例如，人们在日常的学习和工作中遇到的信息引用、咨询、复制等知识产权问题以及出版发行教学出版物所应承担的权利与义务问题，网络信息规范化管理与应用问题等，这些都需要人们具有规范化管理的信息道德意识。

信息伦理还包括信息免疫力，尤其是在网络环境下，不同类型的读者对信息要有免疫和抵制的能力，能够积极慎独，不能沉迷于消极的垃圾信息陷阱中，要用积极的心态、理智的头脑、长远的目光来驾驭自我，健康向上地利用互联网信息，高效科学地消费信息，开拓创新地创造信息，理智地传播信息。

为了进一步加强学术道德和学风建设，遏制学术不端行为，惩防并举，标本兼治，自律与他律相结合，培育优良的学风，倡导严谨规范的学术行为，营造良好的学术环境，教育部科学技术委员会学风建设委员会组织编写了《高等学校科学技术学术规范指南》（中国人民大学出版社，2010 年 6 月出版，全书共 4.7 万字）；本书的出版对高校教师、学生及教育管理人员提高学术道德修养，规范学术行为，营造良好的科研氛围，促进教育和科学技术的健康发展，起到了重要的作用。本书的正文共分四个部分：②

（1）基本概念

对“学术共同体”“学术规范”等概念作了详细的叙述。

（2）科技工作者应遵守的学术规范

对在具体的科学研究过程中，从项目的申请、实施、成果的发表到后续

① Jojosea，伦理［EB/OL］，（2012–03–14）［2012–07–15］. http://baike.baidu.com/view/266635.

② 教育部科学技术委员会学风建设委员会. 高等学校科学技术学术规范指南［EB/OL］［2012–07–31］. http://www.sinoss.net/ 2010/0730/24284.html.

的学术评价、学术批评等作了原则性的说明。

（3）学术规范中的相关规定

对如何正确使用“引用、注释、参考文献”，综述中的“综”和“述”的要求，以及“编、编著及著”的区别都一一作了介绍。

（4）学术不端行为的界定

对抄袭、剽窃、伪造、篡改、一稿多投、重复发表等不端行为作了明确的界定。

2. 学术界的规范

（1）学术规范

学术研究要尊重他人的知识产权，遵循学术界关于引证的公认的准则。在作品中引用他人的成果，必须注明出处；所引用的部分不能构成引用人作品的主要部分或者实质部分；从他人作品转引第三人成果，应注明转引出处。

学术规范是20世纪90年代中国学术界关注的一个焦点问题，构成了20世纪末中国学术发展取向的一大人文景观，其意义将在今后的学术文化工程的建设中进一步凸显出来。但关于学术规范的定义和范围究竟是什么，学者们意见不一。教育部于2004年制定颁布的《高等学校哲学社会科学研究学术规范（试行）》①，以下简称《学术规范（试行）》中对此也没有做出明确界定。但这并不妨碍我们功能性地理解学术规范的作用。关于这一点，《学术规范（试行）》中的第一条就很明显地指出来，即对人文社会科学研究工作中的学风建设和学术活动给予规范性的指导。尽管学术规范的发展在我国取得了不小的成就，但与此同时，所谓“学术失范”的问题也随之日益凸显出来。有学者认为，这在很大程度上是道德的失范，根本上在于德性价值的偏差。因而推行学术规范的关键是学者的自律，要重视学者的修养和自省。从这些观点中我们可以推断出，之所以现在学术问题很多，是因为现在的学风败坏；20世纪80年代，即使没有学术规范，学术问题也不多，只是因为当年的学风良好。

（2）学术引文、注释规范

杨玉圣和张保生在《学术规范导论》一书中总结并提出了10条引用伦理规则。

① 学术引用应体现学术独立和学者尊严；

---

① Sinoss. 高等学校哲学社会科学研究学术规范（试行）[EB/OL].（2007-11-13）[2012-07-31]. http://www.sinoss.net/2007/ 1113/7125.html.

② 只要是引用，就必须尊重作者原意，不可断章取义，不可曲解原文；

③ 引注观点应尽可能追溯到相关论说的原创者；

④ 写作者应注意便于他人核对引文；

⑤ 应尽可能保持原貌，如有增删，必须加以明确标注。

⑥ 引用应以必要为限，避免过度引用；

⑦ 引用已经发表或出版修订版的作品应以修订版为依据，它代表作者最近的看法或思想；

⑧ 引用未发表的作品必须征得作者或相关著作权人的同意。

⑨ 引用应有明显的标识，以免读者误会；

⑩ 引用须以注释形式标注真实出处，并提供与文献相关的准确信息。

列出论文参考文献的目的是让读者了解论文研究命题的来龙去脉，便于查找，同时也是尊重前人劳动，对自己的工作有准确的定位。因此这里既有技术问题，也有科学道德问题。

一篇论文中几乎自始至终都有需要引用参考文献之处。如论文引言中应引对本论题最重要、最直接的文献；在方法中应引用所采用或借鉴的方法；在结果中有时要引用与文献对比的资料；在讨论中更应引用与论文有关的各种支持的或有矛盾的结果或观点等。

任何学术研究、学术写作过程都应该尊重前人已有的成果，并通过引证、注释等形式加以明确说明，从而在有序的学术对话、学术积累中力求推进学术创新，这是学术规范的本质要求。因此，凡是引用他人的观点、方案、资料、数据等，无论是纸质的还是电子版的，都应该详加注释；凡转引文献资料，应如实说明。学术注释规范既是一个形式规范问题，又是一个从根本上保障学术继承与学术创新的实质规范问题。

国外在学术引用与学术注释规范方面比国内重视得多，这是国外大学生学术入门的课程，而我们的高校却缺少这一课，大学教育尤其是研究生教育与学位教育应及时补上学术规范教育这一入门课程。《哈佛学习生活指南》一书在学术注释的警示中指出：“美国高等教育体系以最严厉的态度反对把他人的著作或观点化为己有，即所谓剽窃。每一个这样做的学生都将受到严厉的惩罚，直至被逐出大学校门。当你在准备任何类型的学术论文，包括口头发言稿、平时作业、考试论文等时，你必须明确地指出：你的文章中有哪些观点是从别人的著作或任何形式的文字材料上移入或借鉴而来的。”目前，中国人文社会科学期刊界、出版界、学术界对注释的重要性已基本达成共识，但尚无统一的注释规范。

凡是粗心大意、不查文献，故意不引、自鸣创新，避重就轻、故作姿态的做法都是错误的。而这种现象现在还时有所见，这是科研工作者的大忌。其中，不查文献、漏掉重要文献、故意不引别人文献或有意贬损别人的工作成果等错误都是比较明显的。有些做法则比较隐蔽，如将该引在引言中的，把它引到讨论中。这就将原本是你论文的基础或先导，却放到和你论文平起平坐的位置。又如，科研工作总是逐渐深入发展的，你的工作总是在前人工作的基础上发展起来的。正确的写法应是，“某年某人对本题做出了什么结果，某年某人在这基础上又做出了什么结果，现在我在他们的基础上完成了这一研究。”这是实事求是的态度，这样表述丝毫无损于你的贡献。有些论文作者却不这样表述，而是说，“别人没有做成这个课题，现在我做成了。”这就不是实事求是的态度。这样有时可能糊弄一些不明真相的外行人，但只需内行人一戳就破，结果弄巧成拙，丧失信誉。这种现象在实际生活中还是比较普遍的。

（3）网络信息学术规范

网络提供了一种前所未有的信息传播途径，它已经影响到了原有的信息创造者、信息使用者以及信息提供者之间的利益平衡。图书馆在数字时代中，不仅作为作品的重要传播中介和服务主体，而且作为信息资源的创作者，深深地影响着社会信息生产、传播与交换机制。

在法律上，图书馆是搜集、整理、收藏图书资料以供人阅读、参考的机构，其功能在于保存作品并向社会公众提供接触作品的机会。图书馆向社会公众提供作品，对传播知识和促进社会文明进步，具有非常重要的意义。只有特定的社会公众，在特定的时间以特定的方式，才能借阅到图书馆向公众提供的作品。因此，这种接触对作者行使著作权的影响是有限的，不构成侵权。

所以，图书馆为了保存的需要将作品数字化，或者高等院校图书馆将作品数字化后在馆内及校园网小范围内使用并只能浏览而不能下载、打印，在著作权范围内是许可的。我们现在的一些数字图书馆是按照商业模式来运作的。用户在缴费完成后，在互联网上就可以阅读并下载打印，影响了著作权人以其认可的方式传播作品，侵犯了其信息的网络传播权。因此，我国的数字图书馆按照目前的运作模式，必须经过著作权人的授权许可。

目前国内业界有不少人士提出了解决方案，主要有三个方面：

① 建立针对数字图书馆版权统一的管理机构；

② 修改著作权法，规定数字图书馆和网上传播可以事先不经作者许可，

事后向作者支付报酬，也就是类似于现行著作权法上的“转载”；

③“授权要约”模式，即著作者在出书的同时发表一个要约，声明著作权人的权利，并声明别人在什么样的条件下可以使用，并通过代理机构向著作权人支付报酬。

现在，很多用户已经将网络（包括数字图书馆）作为收集、整理、利用信息的重要来源。鉴于数字图书馆著作权方面的复杂性，一定要注意合理使用，注明出处，尽可能避免侵权行为。

随着网络的迅速普及，网络信息伦理问题也提到了议事日程。在信息社会，信息伦理已经成为一个世界性问题。国外网络伦理研究者把与网络有关的信息伦理问题归纳为“7P”，即 Privacy（隐私）、Piracy（盗版）、Pornography（色情）、Pricing（价格）、Policing（政策制定）、Psychology（心理的）和 Protection of the Network（网络保护）。国内的一些专家认为，“7P”并不足以涵盖信息伦理领域的全部问题，又提出了网络虚拟空间与现实生活空间、网络道德与传统道德、信息内容的地域性与传播手段的超地域性、通信自由与社会责任、个人隐私与社会监督、信息共享与信息独有、网络开放与网络安全、网络资源的正当使用与不正当使用等方面的问题。[①]

2.3 信息素养标准

信息素养标准是评价一个人信息素养能力的指标体系，是指导信息素养教育的行动指南。不同层次和不同教育阶段的信息素养标准是有差别的。国外关于信息素养评价标准的研究走在了我们的前列，有很多值得我们借鉴和学习的地方。比较经典的信息素养标准包括美国中小学的《学生学习的信息素养标准》、高等院校的《高等教育信息素养标准》以及针对高等教育科技领域的《科技信息素养标准》；此外，澳大利亚、英国、韩国、日本等国家对信息素养标准的研究也比我们起步早。

2.3.1 各国信息素养标准

在制定信息素养标准方面，美国进行得比较早。1998 年美国学校图书馆协会与美国教育交流技术协会（AASL、AECT）在《信息能力：创建学

---

① 秦殿启. 信息素养论［M］. 南京：南京大学出版社，2012.

习的伙伴》中发布了《学生学习的信息素养标准》，为美国中小学描述了信息素养教育概念性的框架和指导方针。该标准分为 3 大类，包含 9 个标准和 29 项指标，描述了学生在学习过程中与信息相关的能力，是具有信息素养的学生必须掌握的。

该标准根据美国中小学生的学习特点，从信息素养、独立学习和社会责任三大类进行描述。信息素养类目包括 3 项标准和 13 个指标，描述了与美国学校图书馆媒体课程直接相关的核心学习成果，包括认识信息需求、获取信息和运用信息。独立学习类目的 3 项标准和 7 个指标更多地着重于学生学习的综合能力，包括了独立寻求和运用个人感兴趣的信息的能力、创造性地表达的能力等。社会责任类目下包括 3 项标准和 9 个指标，此类项目下的标准和指标更注重于学生参与信息社会、培养高尚道德和社会责任感的要求。独立学习和社会责任感是以信息素养类标准为基础的，但进一步明确了信息素养在技能、态度、品德等方面的要求。对这两类标准，也要求学校图书馆媒体课程对教学提供重要的支持。

1998 年，美国图书馆协会和教育传播协会制定了学生学习的 9 大信息素养标准，概括了信息素养的具体内容。

1. 信息素养类标准

标准一：具有信息素养的学生能够有效地、高效地获取信息。

标准二：具有信息素养的学生能够熟练地、批判地评价信息。

标准三：具有信息素养的学生能够精确地、创造性地使用信息。

2. 独立学习类标准

标准四：作为一个独立学习者的学生，具有信息素养，并能探求与个人兴趣有关的信息。

标准五：作为一个独立学习者的学生，具有信息素养，并能欣赏作品和其他对信息进行创造性表达的内容。

标准六：作为一个独立学习者的学生，具有信息素养，并能力争在信息查询和知识创新中做得最好。

3. 社会责任类标准

标准七：对学习社区和社会有积极贡献的学生具有信息素养，并能认识信息对民主化社会的重要性。

标准八：对学习社区和社会有积极贡献的学生具有信息素养，并能实行与信息和信息技术相关的符合伦理道德的行为。

标准九：对学习社区和社会有积极贡献的学生具有信息素养，并能积极参与小组的活动，探求和创建信息。

《学生学习的信息素养标准》中的指标是概要性的，美国各州、区等地方的教育者和学校图书馆媒体专家可根据本地区学生的发展方向、文化背景和学习需要来应用和展开指标。比如：针对标准三制定了4个概要性的指标：

指标1：组织适合于实际应用的信息；

指标2：将新的信息融入个人的知识结构中；

指标3：将信息用于批判性思考和解决问题；

指标4：以恰当的形式提出和交流信息。

《学生学习的信息素养标准》比高等教育信息素养标准早问世两年，对推动美国中小学信息素养教育产生了重大影响。美国一些州教育部门和学校对在课程中纳入信息素养教育内容采取了指令性的要求，并根据国家标准，纷纷制定适合本地信息素养教学的标准和指南。《学生学习的信息素养标准》的发布，为美国图书馆协会（ACRL）的高等教育信息素养标准的制定提供了有益的经验。

培养大学生的终身学习能力是高等教育的主要目标。具备信息素养能力，大学生可以把学习延伸到课堂之外，在今后的学习、工作和生活中发挥更重要的作用。因此说信息素养作为大学生终身学习的基础能力，在高等教育中成为重要的培养内容。

2000年，继美国中小学信息素养标准出台后，美国的大学与图书馆协会（ACRL）发布了《高等教育信息素养能力标准》，该标准为高等院校信息素养教育评价提供了一个框架，它延伸和扩展了美国学校图书馆协会的《学生学习的信息素养标准》，提供了与中小学信息素养教育的结合，从而使得各个阶段的学生都有相应的信息素养标准。相比之下，中小学的标准比较强调学生的独立学习与社会责任感，而高等教育的标准则更着重于信息获取、信息评价处理、信息交流和信息创新的能力。该标准为大学生提供了一个如何处理信息的指南和框架，让大学生认识到培养自己的超认知学习方法的需要，并使他们明确收集、分析和使用信息所需要的行动。《高等教育信息素养能力标准》由5个一级指标体系（能力指标）、22个二级指标体系（表现指标）和86个三级指标体系（成果指标）组成，5个一级指标体系侧重于能力，针对不同层次的高等院校的学生需要。每个标准包括几个表现指标，各个表现指标又细分为一系列成果指标，以此来评价学生在信息素养上取得的进展。根据这些成果指标，来制定和衡量学生学习的方法，但是标准只能衡量学生的基本信息素养，对于特定的领域，还要拟定适用于不同学科的评估方法和策略，以培养学生在特定领域的知识创造、学术活动过程中的信息素养能力。

《高等教育信息素养能力标准》的五项能力标准如下：

标准1：具有信息素养能力的学生，能确定所需信息的本质和范围。

标准2：具有信息素养能力的学生，能有效地、有能力地获取所需要的信息。

标准3：具有信息素养能力的学生，能批判地评价信息和信息源，并能将经过选择的信息融入自身的知识库和价值体系中。

标准4：具有信息素养能力的学生，能独立地或作为小组成员有效地利用信息来完成特定的任务。

标准5：具有信息素养能力的学生，理解围绕信息和信息使用的经济、法律和社会问题，并能合理合法地获取和使用信息。

上述5项标准的具体成果指标包含以下内容：

信息需求：能确定所需信息的种类和程度；

信息获取：能根据需求对信息进行有效的获取；

信息评价：能对信息和信息源进行评价，从而有选择地将信息纳入自己拥有的知识体系中转为己有；

完成任务：能有效地利用所掌握的信息独立完成所规定的任务；

信息创新：能将根据需要和要求所选择的信息纳入自己拥有的知识库并加以创新；

信息道德：能根据信息和使用信息的相关道德、法律以及社会问题，对信息进行合理合法地获取和应用。

从标准类目到表现指标、成果指标，是循序渐进的、是从抽象、笼统到概括、具体可操作的关系。在实际操作过程中，可以分几个阶段选择实施：

① 基础的认知技能；

② 基础的思考能力；

③ 基本的信息能力；

④ 高级思考能力；

⑤ 复杂的信息技能；

⑥ 沟通交流能力；

⑦ 创新能力。

《高等教育信息素养能力标准》一经发布，便产生了重大的影响。目前，它已在美国本土、世界各大洲得到广泛的认可与应用，具有“里程碑”式的历史意义，是迄今为止对高等教育界和图书馆界“最具影响力的文件之一”。

澳大利亚在 2000 年 10 月的大学图书馆协会会议上，通过了澳大利亚的《信息素养标准》，这个标准主要适用于高等教育，在澳大利亚的信息素养教育实践中起到了一定的指导作用，并已被纳入大学的各门课程教学中。

2001 年澳大利亚大学图书馆员委员会（CAUL）发布了《信息素养标准》第一版，第二版由澳大利亚和新西兰信息素养学会于 2004 年联合发布，改名为《澳大利亚和新西兰信息素养框架》。并在 ACRL 标准的基础上增加了 2 个指标：具有信息素养的人能够对收集与产生的信息进行分类、保存、管理和修改；能够认识到信息素养是终身学习和具有参与感的公民的必需素养。

澳大利亚和新西兰的高校信息素质联合工作组（ANZIIL）颁布了由 6 个一级指标、19 个二级指标和 67 个三级指标组成的高校信息素质能力指标体系。

英国国家和大学图书馆协会（SCONUL）制定的《高等教育信息技能：SCONUL 意见书》，给出了信息技能模型，如图 2–2 所示。

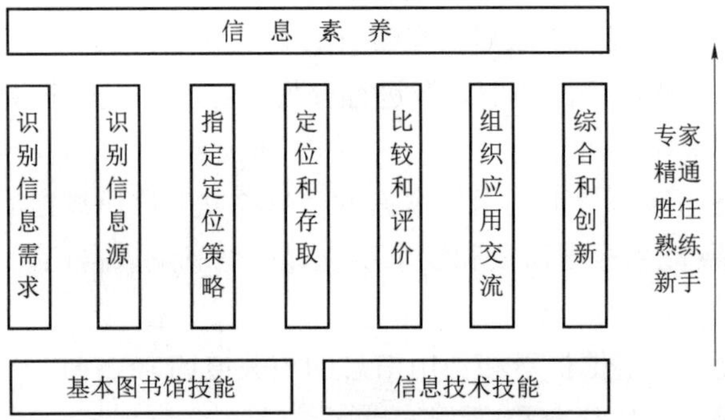

图 2–2 SCONUL 信息技能模型

2.3.2 我国信息素养标准

我国的专家、学者在借鉴、参考国外的信息素养标准的基础上，也制定了一些信息素养标准。例如：陈文勇、杨晓光编制的《高等院校学生信息素养能力标准》，针对高等院校学生的信息素养制定了 9 项标准；马玉娟构建的《中小学信息素养评价指标体系》，参考中小学各个阶段掌握知识的连续性，从信息精神、信息知识、信息能力三个维度进行评价；魏非编制的《师范生信息素养评价指标体系》，针对师范生的特点和未来身份，从基本概念和操作、学习环境的创设、教学和课程、评估与评价、工作效率和职业实践，以及伦理、社会、法律、人文主题六个方面对师范生信息素养进行评价；李立新编制的《中小学教师信息素养量化评价指标体系》，针对中小学教师的专业特点，从信息意识、信息能力、信息伦理三个方面进行评价；高丽用层次分析法（AHP）构建了《教师信息素养评估模型》。

2003 年，清华大学主持开展了北京高校图书馆学会项目“北京地区高校信息素质能力示范性框架研究”，2005 年发布了《北京地区高校信息素养能力指标体系》①，作为地区性的评价体系，它还不是一个正式标准。

《北京地区高校信息素养能力指标体系》由 7 个维度组成的一级指标、19 个二级指标、61 个三级指标组成。各级指标的设置与美国图书馆协会（ACRL）的高等教育信息素养能力指标非常相似，但在信息源知识和能力方面比美国 ACRL 的标准更具体、更细化了。在许多指标后面用实例说明，更便于理解。比如：“确定所需信息的可获得性与所需要的费用（有的信息是保密或无法获得的；有的信息是需要支付服务费用的）”；“具备信息素养的学生能够提供某种形式的信息产品（像学术论文、综述报告、项目申请、项目汇报等）”。

此外，该指标体系在“维度一”中特别强调了信息意识的培养及对信息素养内涵的认识。以维度一为例：具备信息素养的学生能够了解经信息素养能力在现代社会中的作用、价值与力量。

指标 1：具备信息素养的学生具有强烈的信息意识。

指标描述：

① 了解信息的基本知识；

② 了解信息在学习、科研、工作、生活各个方面产生的重要作用；

③ 认识到寻求信息是解决问题的重要途径之一。

指标 2：具备信息素养的学生了解信息素养的内涵。

指标描述：

① 了解信息素养是一种综合能力（信息素养是个体知道何时需要信息，并能够有效地获取、评价、利用信息的综合能力）；

② 了解这种能力是开展学术研究必备的基础能力；

③ 了解这种能力是成为终身学习者必备的能力。

维度一的设置，比较适合于我国目前学术信息意识还不够强的状况，对于强化这方面的信息素养能力的培养是非常有意义的。

---

① 北京地区高校信息素质能力指标体系. [2009-05-24]. http://edu.lib.tsinghua.edu.cn/In form ationLiteracy/in form ation%20 literacy% 20 com peten cy% 20standards. doc.

第 3 章

信息素养教育

为了适应时代的需要，必须全面提高全民素养，许多国家已将信息素养纳入人才培养的系统教育工程上，而我们则刚刚起步。国外有研究表明，在农业经济时代，人们只需要在 7～14 岁接受教育，就足够应付以后数十年的工作、生活之所需；在工业经济时代，人们在 5～22 岁接受教育，即可适应终身工作和生活的需要；在当今知识经济时代，知识与信息总量呈现出几何级增长，知识更新日新月异。据统计，一个人在学校里学到的知识仅占其一生所学知识的 10%左右，而其余 90%左右都是在今后的工作和生活中不断学习获得的。很显然，在这个时代，更新知识已经成为人们的终身需求。

3.1 信息素养教育的国际化运动

联合国教科文组织（UNESCO）“走向信息素养社会”的布拉格宣言所代表的国际潮流，已表明信息素养对于个人和国家的发展是至关重要的。信息素养教育已在不少发达国家被广泛研究和实践。20 世纪 90 年代，在教育领域、图书馆学领域和商业领域中，信息素养已成为热点研究问题，越来越多的国家和组织机构开始重视信息素养教育，国际教育组织、各国政府、地方政府和教育机构大力推行和实施信息素养教育，纷纷出台了相关的信息素养标准和行动纲领。

3.1.1 各国的信息素养教育

1. 美国的信息素养教育

美国是最早研究信息素养的国家，也是最早实施信息素养教育的国家。

1985年，美国政府各类相关组织开始关注和重视信息素养教育。由美国促进科学协会（AAAS）制订了《美国2061计划》，在此计划中，将信息科学、计算机技术纳入科学教育体系中，把提高全民的“科学素养”作为科学教育的首要目标和解决教育问题的主要手段。这为“信息素养”概念的拓展奠定了基础。

（1）1987年，美国图书馆协会（ACRL）成立了“信息素养总统委员会”，该委员会由教育界和图书馆学界的领军人物组成，担负起三个使命

① 将信息素养定义为较高的素养，并明确了信息素养对于学生的能力发展、终身学习和成为积极公民的重要性；

② 针对正式或非正式的学习环境，设计了一个或多个信息素养发展模型；

③ 明确继续教育和教师发展的内涵。

（2）《总结报告》提出的建议

1989年，美国信息素养总统委员会在《总结报告》（以下简称《报告》）中提出了信息素养的定义，并号召国家和全体民众共同重视信息素养。报告阐述了信息爆炸对人们所产生的巨大影响以及作为美国公民的责任，强调了成为有信息素养的人不仅要能够认识到所需要的信息，还要能够识别、查找、获取和评价信息，能够有效地使用信息作出决策，以解决实际问题，并完全地投入一个民主的社会中，强调国家的经济独立性和公民的生活质量越来越依赖于终身学习。

《报告》同时提出了六条建议，其共同的目标是让美国的公民和企业都能够从信息时代获益。建议包括如下内容：

① 必须重新考虑我们组织信息、获取信息的方式，并定义信息在我们家庭生活、社区和各种场所中的作用。

② 在美国图书馆协会的领导下，与其他的国家组织和机构合作，形成信息素养的联盟以促进信息素养的宣传。

③ 着手进行与信息相关的研究与示范项目。

④ 州教育部门、高等教育委员会、学术董事会应该保证在他们的州和他们的校园内倡导有益于学生成为有信息素养的人的风气。

⑤ 应该改进教师教育和操作的要求，加入对信息素养的考虑。

⑥ 应该促进白宫会议对图书馆情报服务与信息素养关系的理解。

美国教育界、图书馆界和商业界人士认识到美国社会面临着信息社会巨大的挑战。信息以空前的速度发展，存储信息、组织信息和获取信息的技术也以巨大的脚步前进，但是这些发展因素形成了许多离散的信息，而且某些信息只有有条件的个人或机构才可以访问，从而形成了“数字鸿沟”，但是在这个信息社会中，所有人都有权通过信息来改变自己的生活品质。要促进经济的发展，提高生存质量，人们需要获取信息并应该不断更新信息。面对海量信息，人们要有能力找到并使用符合个人需求的信息。国家对信息时代发展的态度，对民主生活的方式和在国际上的竞争能力将会产生巨大的影响，在美国社会中还存在着潜在的、长期的社会和经济的不平等，要获得效益，人们必须具有信息素养。

1989 年，在美国图书馆协会信息素养总统委员会的倡议下，成立了美国国家信息素养论坛（National Forum on Information Literacy，NFIL）。建立这个论坛的目的是要让那些具有理念、拥有资源的成员机构来促进其成员的信息素养。NFIL 最初的成员机构只有 12 个，到 1998 年增加到 65 个，分别代表了商业、政府和教育机构。目前，其成员机构已发展到 90 多个，NFIL 通过它的成员机构，经常检查信息在人们生活中的作用，以及是否有效地将信息素养应用到日常生活问题的解决中。论坛也支持并跟踪国内外的信息素养项目研究，积极鼓励州教育部门、高等教育委员会、学术理事会等机构来建立信息素养的指南，开展教师教育课程发展研究，来保证新的教师能够将信息素养融入教学中。

1991 年，美国课程发展和管理委员会（ASCD）作为国家信息素养论坛的重要成员，提出了“信息素养的革命”这一行动，敦促学校、学院和大学将信息素养项目与所有学生的学习过程结合起来，并要求每一个机构每年汇报在支持和促进信息素养方面取得的成就。

1994—1995 年，美国在全国范围内开展了信息素养能力调查，用以测量信息素养与全美高中以上教育机构课程的结合程度。调查在美国的 6 个区域 3 236 所大学和学院中进行，它提供了不同机构在信息素养教育方面的进展情况。

信息技术交换中心（ERIC）建立了信息素养网站，来展示学校和大学层次的信息素养教育，并对一般的公众提供有关的信息素养主题以及信息素养论坛的信息，同时支持多项信息素养研究成果的出版，其中包括 1992 年

Christina Doyle 的博士论文研究课题“Library for Education Goals”。

中部地区州高等教育委员会(CHE)持续开展有关信息素养的评价研究，设计了一系列评价信息素养能力的问题，分别收录在1996年出版的《成果评价的框架》和1997年出版的《图书馆评价者指南》中。

美国高等教育协会（AHE）建立了“信息素养教育行动委员会”，定期在年度会议中组织信息素养项目，以促进信息素养研究和发展。

国家教育协会（NEA）将信息素养组合进教师教育课程中，1996年确定了“信息素养教育在普通教育计划中的作用框架”，以带动高等教育和基础教育的合伙人来促进学校和教师教育改革。

国家社会研究委员会（NCSS）在“优秀的期望：社会研究课程标准”中包括了两个基本技能，即获取信息的技能和组织信息与利用信息的技能。这个委员会还通过各种合作者（如国会图书馆、国家问题论坛等）、专业发展课程、出版物和信息服务部门提供的资源来有效支持公民信息素养技能的发展。

1997年，克林顿政府提出了美国教育行动纲领，要让全美国8岁儿童能读写、12岁孩子能联机上网接受多媒体网络化教育、18岁青年能上大学，每个国民都有继续学习的机会。美国教育部据此相对应地说明，要求美国每一所学校和每一间教室都与信息高速公路连接；使所有教师和学生都能够掌握现代化计算机知识；开发有效的软件和联机学习资源掌握学校课程的完整组成部分；为教师帮助学生掌握计算机和信息高速公路知识提供必要的培训和支持。

地区性的信息素养发展计划是非常直接和有价值的，如在科罗拉多州，教育部门鼓励所有的学校注重学生信息素养能力的培养，许多学区董事会将信息素养作为媒体、技术发展计划的一部分，或将信息素养的原则编入本地的课程标准中。

地区教育机构也积极支持信息素养教育。“西部学校和学院协会（Western Association of School and Colleges）”支持将信息素养作为学生学习的中心。1993—1995年，华盛顿州32个社区和技术学院中有26个学院开始将信息素养能力的培养整合进核心课程中。1996年加州社区大学系统决定将信息素养能力计划的发展作为获得社区大学证书的前提条件。

(3)《信息素养进展报告》提出的建议

1998年，美国信息素养总统委员会在其《信息素养进展报告》中提出了迎接新的挑战的建议，建议包含以下内容：

① 国家信息素养论坛的成员应积极争取认证机构的支持;

② 在教师教育和操作要求中应包括信息素养技能;

③ 在图书馆教育和操作要求中应纳入信息素养;

④ 论坛的成员应通过多种方式向企业领导者说明培养具有信息素养的员工的益处;

⑤ 要求进行有关信息素养的研究并实施示范计划。[①]

同年，美国学校图书馆协会（AASL）发表了由许多论坛成员签署的“信息问题解决的声明”。不久，美国学校图书馆协会（AASL）和教育交流技术协会（AECT）一起合作，发布了《学生学习的信息素养标准》（以下简称《信息素养标准》），清楚地说明了所有中小学学生必须掌握的信息素养技能。

1998 年，美国图书馆协会和教育传播协会制定了学生学习的九大信息素养标准，概括了信息素养的具体内容。

2000 年，继美国中小学信息素养标准出台后，美国的大学与图书馆协会（ACRL）发布了《高等教育信息素养能力标准》，它由 5 个一级指标体系、22 个二级指标体系和 86 个三级指标体系组成。

2001 年，该标准获得了高等教育协会（AHE）的认可，使得该标准成为高等教育行业的标准。该标准很快被其他国家作为信息素养的重要文献传阅，被译成德语、日语、中文等 8 种语言。

为了使信息素养教育更加有效地开展，继《高等教育信息素养能力标准》发布后，2001 年美国的大学与图书馆协会（ACRL）发布了《信息素养教学目标：供高校图书馆员参考的范本》，为图书馆员制定某一特定课程的教学目标、构建富有个性的信息素养教育提供了很好的支持。

2003 年，美国的大学与图书馆协会（ACRL）考察了许多高校的大学生信息素养示范计划与理念后，确定了一系列要素，发布了《信息素养计划最佳实践特征：指导方针》，该方针为高校管理人员特别是行政管理人员制定、评估信息素养计划提供帮助。同年，美国的大学与图书馆协会（ACRL）发布的《高校图书馆教学计划指导方针》，为高校图书馆员制定有效的教学计划提供了指南。[②] 在美国各个教育层次都可以看到在信息素养方面的努力以

---

① Progress Report on Information Literacy: An update on the American Library Association Presidential Committee on Information Literacy: final report. http://www. Ala.org/ala/acrl/acrlpubs/whitepapers/progress report htm. 2006–10–02.

② ACRL's Institute for Instruction Literacy. "Characteristics of Program of Information literacy that Illustrate Best Practice: A Guideline". http://www.ala.org/ala.acrl/acrlstandards/characteristics.htm. Guidelines for Instruction Program in Academic Libraries, http://www.ala.org/ala.acrl/acrlstandards/gguidelinesinstruction. htm.2003.

及采用信息素养国家标准或地区标准的实践活动。如科罗拉多州、威斯康星州、俄勒冈州在州范围的高等教育系统都采用了《信息素养标准》。其他大学如纽约州立大学、加州大学系统、麻省大学、华盛顿大学、艾奥瓦大学等机构也都采用了《信息素养标准》。

网络教育作为信息时代现代教育形态的典型表现，成为美国政府和美国公民构建学习型社会的重要手段。它以信息技术为依托，通过个体自主学习来培养具有现代信息价值观念、具有较高信息素养意识、充分享有信息权利并能主动承担信息义务的世界新型公民。进入 21 世纪后，美国各类信息素养的网络教学课件、软件和平台得到了更广泛的应用，信息素养课程与专业课程的结合也越来越紧密。比较典型的合作项目包括美国加州大学的信息能力项目、艾奥瓦大学的 TWIST 项目、华盛顿大学开展的 Uwined 项目等。

2. 英国的信息素养教育

英国学院、国立和大学图书馆协会（SCONUL）信息素养咨询委员会自 1997 年起，就致力于信息素养教育的研究工作，1999 年发布了《信息素养的 7 个支柱（Seven Pillars of Information Literacy）》报告，描述了信息素养的模型。该模型早于美国的大学与图书馆协会（ACRL）《高等教育信息素养标准》，认为信息素养不但包括信息技术，还包括对信息的产生、获取、评估、管理、使用和传播等方面的内容，比信息技术的概念更广泛。

英国的国家与大学图书馆标准协会（SCONUL）提出了信息素质能力模式，它是一个由 7 个一级指标和 17 个二级指标组成的高校信息素质能力指标体系。该模型不是“标准”，但类似于一个粗略的评价指标体系，说明了信息素养能力所涉及的内容。①

1）信息素养的内容

① 确认信息需求；

② 确定满足需求的信息；

③ 设计检索策略；

④ 寻找和获取；

⑤ 比较和评价；

⑥ 组织、应用、交流；

---

① The Seven Pillars of Information Literacy. [2008-11-08] http:PPwww .sconul. ac. ukPgroupsPinformation-literacyPseven-pillars. html.

⑦ 综合、创造。

2）具体含义

① 信息需求：识别、明确信息需求的能力；

② 信息使用：有辨别信息源的能力；

③ 信息获取：根据需求，对信息进行检索，并加以提取和储存的能力；

④ 信息评价：对信息加以比较和评估的能力；

⑤ 信息组织管理：对信息进行有效的组织管理，并运用到实际中的能力；

⑥ 信息创新：对信息具有整理并加以创新的能力。

3）7 项重要技能

其中一级指标概括为两类，列出了 7 项重要技能，其中有 4 项属于基本的图书馆技巧，3 项是 IT 技巧。

（1）基本的图书馆技巧

① 认识信息需求；

② 寻找辨别方法；

③ 创建查找信息的策略；

④ 寻找并获得信息。

（2）IT 技巧

① 比较评价从不同来源获得的信息；

② 以合适的方式组织信息、运用信息，并与他人交流信息；

③ 在现有信息的基础上综合信息，创建新的知识。

该模型只是勾勒了一个从学习图书馆基本技能和 IT 技能的新手到熟练的信息素养专家所需能力的概略，但对各项指标没有进行细化，因此实际操作性还不够强。

3. 澳大利亚和新西兰信息教育

2001 年澳大利亚大学图书馆员委员会（CAUL）发布了《信息素养标准》第一版，第二版由澳大利亚和新西兰信息素养学会于 2004 年联合发布，改名为《澳大利亚和新西兰信息素养框架》（以下简称《框架》）。在继承之前信息素养内涵的基础上，《澳大利亚和新西兰信息素养框架》对信息素养能力补充了以下三点：[①]

① Australian and New Zealand Information Literacy Framework: principles, standards and practice. [2008–11–08] http://www. caul. edu. au/infoliteracy/InfoLiteracyFramework. pdf.

① 利用信息进行有效学习、创造新知识、解决问题并作出决策的能力；

② 利用信息和知识承担起公民角色及社会责任的能力；

③ 利用信息进行自主学习、终身学习的能力。

澳大利亚和新西兰的高校信息素质联合工作组（ANZIIL）颁布了由6个一级指标、19个二级指标和67个三级指标组成的高校信息素质能力指标体系。它包括如下内容：

信息需求：能确认信息需要并决定所需信息的种类和程度；

信息获取：能够迅速、准确地获取所需要的信息；

信息评价：能对搜索到的信息做出正确的判断；

信息组织管理：能够管理所搜集到的或采集到的信息；

信息创新：能将初始的信息和新信息应用到构建新概念或创新知识中；

信息道德：使用信息时，必须了解和遵守使用信息的相关道德、法律、文化和社会问题。

《澳大利亚和新西兰信息素养框架》对信息素养作出了如下的描述：

“具有信息素养的人能够识别自己对信息的需求，决定所需信息的范围，有效地获取信息，严格地评估信息及其来源，分类、存储、使用并加工所得的信息，能将所选信息融入自身知识体系中，高效地利用信息来学习、创造新知识、解决问题和作出决策，懂得使用信息过程中的经济、法律、社会以及文化问题，能够合理合法地获取和使用信息，能够在参与公民和社会责任事务中使用信息和知识，并把信息素养当成独立学习和终身学习的一部分。”① 《框架》也认为信息素养是一个辨明需求、理解、检索、评估和利用信息的智力框架，在承认信息技术对信息素养作用的同时，强调信息素养所需要的推理、判断等智力因素。

《框架》基于美国ACRL的《高等教育信息素养标准》，让人感觉似曾相识。但是它较ACRL的标准有一些重要的改变和增加，如ACRL标准中描述的是“具有信息素养的学生”，而CAUL的《框架》中描述了“具有信息素养的人”，《框架》更具广泛性。

4. 日本的信息素养教育

日本是亚洲较早重视学生信息素养教育的国家。“信息运用能力”这一

---

① Australian and New Zealand Institute for Information Literacy. Australian and New Zealand Information Literacy Framework: principles, standards and practice. Adelaide. http://www.anzil.org/resources/Info%20lit%202nd%20edition.pdf.2006-10-02.

概念在日本最早是在 1986 年 4 月的临时教育审议会上提出的。

1991 年 7 月日本文部省公布了《信息教育指南》，这个具有指导性的文件指出了“信息运用能力”包括四个方面的内容：

① 信息判断、选择、处理的能力和信息创造、传递的能力；

② 对信息社会的特性以及信息化对社会与人类影响的理解；

③ 对信息重要性和信息的责任感的认识；

④ 掌握信息的科学基础以及信息手段（特别是计算机）的特性和基本操作。

1996 年 7 月，日本中央教育审议会议在其首次咨询报告《展望 21 世纪日本的教育发展趋势》中，详细论述了信息化教育，将培养学生信息综合利用能力的必要性放在首位，并把信息教育基础展望学校教育作为一大目标来抓。1997 年 10 月日本“协力者会议”发布了题为《面向体系化信息教育的实施》的报告，就信息教育的现状、今后学校教育中信息教育的作用以及对修订学习指导要领等展开了详细的论述，并提出了信息教育的目标。

（1）信息运用的实践能力

包括适当地运用信息手段，对于必要的信息主动地收集、判断、表现、处理和再创造的能力以及能够根据对方的情形来发送、传递信息的能力。

（2）对信息的科学理解

包括对信息运用基础和信息手段特性的理解，对适当地处理信息、自我评价与改善信息运用的基础理论与方法的理解。

（3）参与信息社会的态度

包括理解社会生活中信息和信息技术所起的作用及其影响，理解信息伦理的必要性、信息的责任性以及主动参与创建理想信息社会的态度。

1998 年 7 月，日本课程审议会发表了题为《关于教育课程基本的方向》的咨询报告，进一步以法规的形式明确了信息教育的有关细节。在实际教学中，从小学到高中都开设信息技术课，小学开设《计算机综合学习时间》，初中开设《情报基础》必修课，高中设置《情报》必修课。大学阶段信息素养教育要求每个大学毕业生具备上网查询资料的能力。[①]

---

① 董玉琦，姜志兴. 日本中小学信息教育的现状与课题［J］. 中国电化教育，1999，（1）.

3.1.2 国际化信息素养教育

1. 联合国教科文组织（UNESCO）

伴随着信息技术和互联网技术的迅猛发展，信息素养教育在世界各国如火如荼地开展起来，备受重视，相关国际组织积极主张和支持信息素养教育，在促进全球信息素养教育研究和推广方面起着积极的作用。

联合国教科文组织（UNESCO）一直致力于信息素养教育的推广和普及工作。联合国教科文组织（UNESCO）在信息素养领域的主要策略就是促进和提升各个层次的教育过程对信息素养重要性的认识，包括基础教育、初中和高中阶段的教育、技术和职业培训及终身教育，并为在课程中整合信息素养提供指南，同时注重教师信息素养的培养以及图书馆与信息素养课程的合作。

1972 年，联合国教科文组织（UNESCO）从多学科多方位视野研究世界教育发展问题所撰写的研究报告《学会生存》，全名为《学会生存——教育世界的今天和明天》，自始至终贯穿一条主线，教育应该扩展到人的整个一生。《学会生存》一书中还指出：“未来的文盲，不再是不识字的人，而是没有学会怎样学习的人。”

1989 年，联合国教科文组织（UNESCO）在北京召开了题为“面向 21 世纪的教育”的国际研讨会。在讨论分析研究 21 世纪人类面临哪些挑战的问题时，被列为第一的是道德、伦理、价值观的挑战，因此将会议主题定为“学会关心：21 世纪的教育”。

2003 年，联合国教科文组织（UNESCO）与美国图书情报委员会（NCLIS）、国家信息素养论坛（NFIL）联合发表了《走向信息社会》的布拉格宣言，以推进信息素养的国际化。2004—2005 年，联合国有关信息素养的项目着重于培养具有信息素养的公民，鼓励在世界范围内进行有效的信息素养实践，支持信息素养创新课程，促进政府官员、研究学者、图书馆员与媒体专业人员之间的合作。

联合国教育科文组织和国际图联联合举办的信息素养 Logo 设计竞赛，于 2008 年 11 月 8 日揭晓了竞赛结果。Logo 设计得主是古巴的年轻艺术家，名叫 Edgar Perez。此标志由三幅色彩不同的相同图形构成，其含义为：个人通过两种方式搜寻及获取信息：一种是传统的遍及全球的图像资源，图中用书籍和圆形表示；另一种是利用信息传播技术 ICT。第一个图形表示学习，第二个图形代表通过情报学手段可方便获取的知识和信息，其社会目标是交流与传播。用圆形和一本打开的书构成一个人的造型，寓意通过使用各种认知工具的人以快捷、智慧的方式获取信息，同时愿意与他人分享信息产生的成果。①如图 3–1 所示。

Logo 用简单的图形概括了信息素养能力的核心内容，即获取和利用信息，并终身学习，同时强调了交流与传播在信息素养中的重要地位。它将作为信息素养的国际性标识在全球推广，任何图书馆及信息机构都可免费使用。此 Logo 的创立表明国外信息素养教育发展的新阶段，今后世界各地的组织或机构将在统一的标志下开展信息素养教育。这将有利于信息素养在全社会的推广以及在全球的普及，提高信息素养的国际化程度，同时也说明信息素养教育正朝着更加规范、科学的方向迈进。②

（a）（b）（c）

图 3–1 Logo 标志

注：原图为彩色，为区分色彩，作者对原图进行了处理。图 3–1（a）中斜杠在原图中为黑色；图 3–1（b）中交叉斜杠在原图为深蓝色；图 3–1（c）中的黑色在原图中为亮蓝色。

2. 国际图书馆协会（简称国际图联或 IFLA）和机构联盟

国际图联在信息素养研究和教育推广方面也一直起着重要的作用。2002 年 8 月，国际图联专门成立了信息素养分委会，该分委会涉及的主要内容包括用户教育、学习方式、网络资源、教育计划中的教学合作、远程教育、信息及技术能力教育等。该分委会的重要任务是发布有关的信息素养计划及发展趋势，同时进一步促进各类信息素养教育的国际交流和合作。

（1）国际图联在 2004—2005 年的发展策略包括 4 个目标

① 着重培养和发展具有技术的、批判性思考技能的信息素养公民，使他们能够通过识别、获取、管理和使用信息来丰富各方面的工作和个人生活；

② 促进各个社会阶层和各个国家将信息素养作为终身学习的基础；

③ 促进和跟踪图书馆在教育和培训方面的发展；

① Information Literacy Int ernational Logo. [2008–11–08] http://www .infolitglobal . info/logo/.

② 王雯. 国外信息素养研究最新动态［J］. 高校图书馆工作，2009（4）.

④ 鼓励全世界各个类型的图书馆在信息素养方面的有效实践。

2004 年，国际图联在阿根廷布宜诺斯艾利斯召开了第 72 届国际图联大会，以图书馆作为教育发展工具为会议主题，会上来自世界各国的专业人士相互交流各国图书馆情报机构在信息素养教育方面的研究和实践，信息素养分会在会上讨论了拟订的《信息素养指南》。

2005 年，国际图联与联合国教科文组织联合发布了《信息社会在行动，图书馆亚历山大宣言》。

（2）2006—2007 年，国际图联的发展策略包含了 3 个目标

① 促进社会各个阶层对信息素养的重要性的认识；

② 跟踪和交流世界范围的信息素养教学发展中最好的实践；

③ 为从事信息素养教育职责的专业人员提供知识和能力提高的机会。[①]

3. 布拉格宣言

（1）布拉格宣言发布的背景

2003 年 9 月，联合国教科文组织（UNESCO）与美国图书情报学委员会（NCLIS）、国家信息素养论坛（NFIL）在捷克首都布拉格联合召开了国际信息素养专家会议，来自 23 个国家和地区的 40 位专家参加了这次会议，会议发表了题为《走向信息社会》的布拉格宣言。

（2）宣言提出的信息素养基本原则

① 在 21 世纪，信息社会的创建对国家、社会、文化和经济发展以及对团体、研究机构和个人是至关重要的。

② 信息素养包括一个人的信息需求以及寻找信息、评价信息、组织信息并能有效地创造、使用和交流信息来解决手头问题的能力。它是有效参与信息社会的先决条件，也是终身学习的一部分基本人权。

③ 信息素养通过在多文化和多语种环境中信息的使用，在减少国家和组织之间的不公平，促进相互间的宽容和理解中起着引导作用。

④ 各国政府应当制订强有力的跨学科计划，促进全国范围内信息素养的提高，通过培养有信息素养的公民，形成有效的文明社会、有竞争力的劳动力，作为缩小数字鸿沟的一个必要步骤。

⑤ 信息素养涉及社会各个方面，应该根据每个特定的需求和环境来应用。

⑥ 信息素养应该成为教育整体的一部分，它对实现联合国千年发展目

① IFLANET Information Literacy Section. http://www.ifla.org/VII/s42/index.htm.2006.

标和尊重全球人权宣言是至关重要的。[①]

宣言指出了信息素养是人的一种能力，是终身学习的一种基本人权。信息素养正成为全社会的重要因素，是人们投身信息社会的一个先决条件。如果没有信息素养，信息社会将永远不能发挥其全部潜能。

布拉格宣言在全球信息素养教育推广方面具有里程碑的意义。

4. 亚历山大宣言

2005 年 11 月，国际图联（IFLA）和联合国教科文组织（UNESCO）在埃及亚历山大联合召开了信息社会世界峰会突尼斯阶段会议的预备会议，会议发布并通过了题为《信息社会在行动，图书馆亚历山大宣言》（Alexandria Manifesto on Libraries，the Information Society in Action）。宣言指出：

图书馆和信息服务机构应致力于无处不在的信息社会的合理运作，通过提供对各类媒体、思想和作品的跨国界信息，实现知识自由；反对任何形式的审查，协力捍卫民主价值和全体公民权利。图书情报服务与众不同的特质就是能对特殊问题和个人信息需求做出反应，这是对媒体一般的知识传播的补充，使图书馆和信息服务成为民主开放的信息社会的关键部分。[②] 信息素养是终身学习的核心因素，在人生旅途中，它增强了人们寻求、鉴别、使用、创造信息的能力，有效地帮助人们实现个人、社会、职业、教育的目标。它是数字时代属于人的基本权力，并提升整个民族的社会归属感。信息素养包括以下几方面的能力[③]：

① 在文化和社会背景下，洞察需求，搜索、鉴别、使用并创造信息的能力；

② 影响个人、企业（尤其是中小型企业）、地区，甚至国家竞争优势的关键因素；

③ 影响对信息的有效搜寻、利用以及创造、支持经济的发展，并为健康、教育和大众服务；

④ 影响到当代生活的各个方面，并为实现千年宣言和信息协会峰会的论点，提供坚实基础；

⑤ 其影响延伸至现代技术领域，增强学习能力、思辨能力，以及打破

---

① The prague declaration “towards an information literate society”. http://www.portal.uneson.org/ci/cn/file_download.php/ Ofee090 d5195b370999e02f7b2f5d52b Prague. Declaration.pdf.2006–05–30.

② Alexanddria Manifesto on Libraries, the Information Society in Action.http://www.ifla.org/III/wsis/AlexandriaManifesto.htm.2006–05–30.

③ Alexandria Proclamation. [2008–11 –08] http://www. bibalex. Org/infolit2005/AlexProclamation.htm.

专业壁垒的能力，并增强个人和社区的能力。

图书馆和信息服务机构通过促进信息素养，提供对信息资源（包括信息和通信技术）有效使用方面的支持和培训来建设社会能力，这对于促进社会发展尤为重要。图书馆在消除数字鸿沟和信息不公平方面作出了重要贡献，他们协助实现千年发展目标，包括消除贫困的目标，用不多的投资来获得较好的回报。

在人类追求信息存取权利这一目标的过程中，国际图联支持版权方面的平衡和公平。同时，关注多语言内容的发展，关注文化的多样性、本土化及少数民族群体特殊需求的问题。

国际图联敦促国家、地区、政府和国际组织做到以下几点：

① 将投资图书馆和信息服务机构作为信息社会的战略、政策和预算的重要元素；

② 更新和扩展现有的图书馆网络，尽可能为公民和团体谋求最大利益；

③ 支持无限制地存取信息和自由地表达信息；

④ 推动对信息的开放获取，解决存取中存在的结构和其他障碍；

⑤ 认识信息素养的重要性，强力支持培养有素养、有技能的民众的策略，使他们能够推进全球化的信息社会发展并从中受益。①

3.1.3 我国的信息素养教育

自 1996 年原国家教委颁布了《计算机教育五年发展纲要》以后，我国的信息化教育开始在中小学开展并逐渐普及。

1998 年教育部提出了题为《中小学信息化教育发展与实施纲要草案》报告，指出中小学信息化教育是中小学素质教育的重要内容，它对于培养中小学生的信息素养、提高其适应信息社会的能力、促进素质教育的发展具有重要的意义。

1999 年 6 月，《中共中央国务院关于深化教育改革全面推进素质教育的决定》要求在高中和有条件的初中、小学普及信息技术教育。

2000 年 11 月，教育部又发布了《中小学信息技术课程指导纲要（试行）》，对中小学信息技术教育的课程任务、教育目标、教学内容等作出明确而具体的规定。

---

① Alexanddria Manifesto on Libraries, the Information Society in Action.http://www.ifla.org/III/wsis/AlexandriaManifesto.htm. 2006–05–30.

“九五”计划期间，我国中小学主要以信息技术教育为主，学习的重点只是计算机基础知识和实践，还缺乏注重对学生信息运用能力的培养，并未将知识和技能迁移到其他课程学习中去，这基本处于信息素养教育的初级阶段。

进入新世纪以来，我国基础教育的信息化教育目标开始突破单纯的计算机素养能力培养，并逐步向信息素养能力培养转变。

2000 年 11 月，我国《中小学信息技术课程指导纲要（试行）》的发布，提出了 21 世纪我国对学生信息素养教育和培养的目标，包括培养信息意识、信息获取能力、信息判断能力、信息加工处理能力、信息传递交流能力、协作意识和信息应用能力等。

2000 年，我国开始在中小学全面开设信息技术课程，在个别示范性重点中学还开始开设专门的信息检索课程。[①]

相对于中小学生信息素养教育问题而言，我国的大学生信息素养教育问题在 20 世纪 80—90 年代开始提到认识日程上来。

1984 年，教育部作出了具有历史意义的决策，在《关于在高等学校开设〈文献检索与利用〉课的意见》通知中，要求高等学校开设文献检索课，教授大学生如何利用图书馆，培养文献检索的能力。该通知发布后，文献检索课在全国高校系统之间发展和普及，图书馆员的教育作用也逐渐显现出来。这是我国信息素养教育的最初实践，也是信息素养教育的一部分重要内容。在大学里，文献检索作为一门独立的通识课程，由图书馆员担任课程教师，这样的实践似乎比美国或其他国家的信息素养教育还要早些。

20 世纪 80 年代，我国的文献检索课程还只是以传统的手工检索为主，以教授纸质印刷型文献检索的能力为主。随着计算机和网络的逐渐普及，“手工文献检索”课程在 90 年代逐渐演变成“计算机文献检索”课程，光盘数据库检索、国家联机检索技术出现在文献检索课程的实践中。

进入 21 世纪，随着网络数据库、各类电子资源在我国各大高校大幅增长，文献检索课程在某些高校更名为“数字信息资源检索”。

2002 年，教育部颁布的《普通高等学校图书馆规程（修订）》总则第 3 条明确规定，当前高等学校图书馆五项主要任务之一就是“开展信息素养教育，培养读者的信息意识和获取、利用文献信息的能力”。这是我国首次在政府文件中对大学生信息素养教育问题作出明确规定。

---

① 全国《中小学信息技术课程指导纲要（试行）》. http://www.edu.cn/20020327l3023657.shtml.

随着大学课程体系教学改革的推进，培养大学生的自主学习能力、独立研究能力和创新能力成为大学教育的目标，同时，随着国外信息素养教育热潮的兴起，很多大学意识到文献检索课程单一检索能力的培养已经不能满足新的教育发展目标的需求，向更完善的信息素养教育转变成为大势所趋。

北京地区在我国信息素养教育研究和实践中起到了先锋的作用，研究并制定了《北京地区高校信息素养能力指标体系》。清华大学对信息素养教育课程进行了改革，分别对本科生开设了《文献检索与利用》《图书馆概论》等课程。对研究生开设了《信息存取原理与技术》《信息获取与专题应用》《文献检索与论文写作》等课程。在某些大专院校，也开设了与专业课程相结合的信息素养教学活动。但总体来说，当前较高层次的信息素养教学实践还不多，促进信息素养与高校学科课程的全面整合是我国当前高等教育的重要任务。

3.2　信息素养教育现状

国际上，无论是中小学、大学还是职业教育领域，都对信息素养教育给予了高度重视，认为信息素养教育对专业，对社会文明程度，对个人成长及生活、学习都是极为有利的。

信息素养教育在发达国家正规教育的各级层面已经全面展开，尤其是对本科生和研究生的教育，它为学生提供了各种机会去寻找、评价、管理和应用所获得的信息。这些信息来自多个信息源，并且应用于每一学科专门的研究方向。

目前我国的信息素养教育还没完全展开，大学的信息素养教育也主要是通过文献检索课或信息检索课进行，专业课教师则缺乏对学生进行信息素养教育的意识。国外专家早在 10 年前就提出，信息素养教育必须与专业课密切结合，应该融汇到每门功课的内容之中、每门课程的结构和结论之中。只有经历了一系列的主题学习，才能培养出具有信息素养的人。

3.2.1　应试教育与素质教育的思考

21 世纪是一个机遇和挑战并存，竞争更加激烈的世纪。中华民族要想在这场激烈的竞争中立于不败之地，就必须全面地提高全民族的科学文化素养，这是基础教育，也是高等教育的根本任务。

面向少数人还是面向多数人，是应试教育和素质教育的最大区别。

我们先来阐述一下应试教育和素质教育的概念。

应试教育是一种以分数为唯一标准，以考试为检测手段，以筛选为前提，以牺牲大多数学生公平竞争的权利为代价的一种教育模式。在人才选拔上，它追求单一化和顶端化，在管理模式上具有松散性和随意性，在评价体系上具有单向性和片面性。而素质教育则弱化了教育的筛选功能，强化了教育的培养功能，它以全面提高学生的素质为教育的根本目的，是工业化教育的教育模式。

我们这样说，并非人为地、客观生硬地把应试教育与素质教育对立起来、割裂开来。我们提倡素质教育，不赞成应试教育，并非要取消考试，而是不赞成把升学考试作为教育的唯一目的，以升学考试为教育核心。我们赞成通过考试的形式来检验学习效果，但这并不等于把考试变成科举制度。这种以考试为中心，为考试而进行的教育，将教育的手段——考试异化为目的，完全违背了教育树人、教育育人的宗旨。

应试教育赋予了基础教育所不应有的强烈的竞争性和筛选功能，用层层考试的办法，选拔出一小批“优胜者”，从而使大多数人成为教育的失败者，打击和挫伤了他们的自尊心、自信心、进取心，乃至使他们丧失对学习的兴趣。20 世纪 80 年代恢复起来的重点校制度进一步加剧了中小学教育的失衡和升学竞争，在许多地方，以学校的升学率高低来分配教育资源和教育经费，少数重点校占用了多数的教育经费，这又加剧了教育资源的分配不均，人为制造了一大批“差校”，即所谓“后娘”养的学校，这严重违背了教育公正、教育机会均等的原则。现在，这种竞争又层层下移，从重点高中到初中、进而到重点小学和重点幼儿园，出现了高额收费的“赞助生”“择校生”，而且堂而皇之地明码标价，从而严重败坏了教育的内在品质和风气。

1999 年召开了全国教育工作会议，颁发了《中共中央、国务院关于深化教育改革，全面推进素质教育的决定》，教育部下达了“减负令”，使中小学生着实过了一个愉快的春节，可是家长们可过得一点儿也不轻松，开始着手应急，请家教，请一对一辅导，各种培训机构如雨后春笋般蓬勃发展，应对各种名目的考试培训措施纷纷出台。有需求就有市场，各种商业教育培训机构赚得盆满钵满，不亦乐乎。家长们“望子成龙”的心态正好迎合了这种需求，谁都想在有限的教育资源这块“蛋糕”上抢得“一杯羹”。

我们必须清醒地认识到，“减负”的深层目的是推动应试教育向素质教育转变，减负的前提和归宿是提高学生的学习质量。所谓“减轻学生的课业负担”，只是一个表面现象，实际上是增加竞争负担。只要竞争压力存在，没有减轻，改应试为素质测试，学生同样会为所谓的“素质”之试而疲于奔命。面对“减负”，高考制度也应“软着陆”，如果我们现在仍在维持精英教育的模式，适龄青年中只有3%～5%的人能上好大学，那么无论考试制度如何有效，这种激烈的考试竞争，“千军万马挤独木桥”的现实也是无法改变的。在现行教育体制下，家长“望子成龙”“望女成凤”的心态十分迫切，人才市场上对高学历的需求，使得高校升学竞争空前激化。如果高考门槛不放低，只能加剧考试的激烈竞争。考试的激烈竞争，源于教育资源的短缺，如果不改变这一教育局面，只是弱化或取消考试，就会出现“非考试竞争”，如拉关系、走后门、搞特权……这对学生不是更残酷吗？因此，重要的是增加教育投入，广泛发动社会力量办学，在资源有限的条件下，放低高考门槛，高筑大学毕业门槛，实施“宽进严出”的办学思路，从而改变孤注一掷式的考试竞争为平缓竞争，使高考步入一个良性竞争的态势。

只有突破高校招生的“瓶颈”，使更多的学生能够进入大学，才能有效地缓解升学竞争压力，为中小学创造一个比较宽松的环境以实施素质教育。

我国素以重视道德、礼貌和人伦关系而著称于世，而今经过长期的发展和演绎，已经发生了深刻的变化。据1995年零点调查公司参与的“世界公民文化与消费潮流调查”显示，我国国民的价值观与其他国家明显不同。各国公民普遍认为讲究礼貌、责任感、宽容和尊重别人是最重要的价值；而中国公众认为最重要的依次是独立、学识、讲究礼貌；对责任感、宽容和尊重别人、与他人沟通等的重视程度远远低于其他国家，有30%的家长重视培养孩子的责任感，处于世界各国最低的位置；只有不到30%的中国人重视容忍和尊重别人，比世界平均水平低约10个百分点，到目前为止，这个情况的改善也不明显。这说明我们的教育出现了缺失，削弱了教育“树人”“育人”的作用。对人的教育退化为知识教育，甚至沦为应付考试的训练，到如今，还不得不对在校大学生做起码的“文明修身教育”，出现了有违教育规律的严重倒错。

1918年，美国改革中等教育制度，明确中学不应该成为大学预科，而是提供一种适合大多数人学习，面向大多数人的教育：“为生活作准备的教育”。这一现代教育的理念在我国也曾产生过重要影响。我国建立新教育之初，鲁迅先生提出：“对儿童的教育，主要是培养他们有耐劳作的体力，纯洁高尚的道德，广博自由能容纳新潮流的精神，也就是能在世界新潮流中游泳，不被淹没的力量。”蔡元培认为：“教育是帮助被教育的人给他能发展自己的能力，完成他的人格，于人类文化上能尽一分子的责任。”其原则是“展个性、尚自然”。蒋梦麟认为：教育的产出是造就“活泼的个人”“能改良社会的个人”“能生产的个人”。陶行知的“生活教育”、陈鹤琴的“活教育”为现代教育的发展作出了创造性的贡献。由于复杂的历史原因，这一过程被中断。现在，我们提出大力推进素质教育，是接续一个已经中断的传统文明，将缺失的这一课补上。

今天我们应该对这一问题有更深刻的认识，全面推进素质教育改革。

我们提倡素质教育，主张基础教育要面向全体学生，使全体受教育者都能够热爱祖国，成为会做人、会学习、会劳动、会创造、会生活，心理健全、体格健康、善良博爱，各个方面都能得到协调发展的人。

21 世纪的到来，让我们看清了国际的竞争，归根到底是民族素质的竞争，是民族科技、文化水平的竞争，是信息素养教育的竞争，而决定这一切的竞争正是教育。教育兴，则国家兴；教育兴，则民族兴。大力推进素质教育，全面提高学生的道德素质、科学文化素养以及身体与心理素质等综合素质。我们相信，在不久的将来，伟大的中华民族必将以崭新的面貌自立于世界民族之林。

3.2.2 义务教育阶段学生信息素养的构建

义务教育阶段学生信息素养应从人的全面发展角度出发，体现“促进人的全面发展，适应社会需要”这一要求基于这样的目的，学生的信息素养应该是涉及学生知识、技能、情感、态度和价值观等多方面能力的要求，是个体能够适应未来社会、促进终身学习、实现全面发展的基本保障。这些素养不仅能促进个体发展，同时有助于形成运作良好的社会。

信息素养的含义比“知识”“技能”要宽泛，“知识”和“技能”具体指某一学科领域的知识或者具有“听”“说”“读”“写”“算”等基本技能，强调的是满足个人基本生活需要，能够通过这些能力解决日常生活、学习和工作上的基本问题。而信息素养并非指向某一学科知识，而是强调个体能够积极主动并且具备一定的方法获得知识和技能，它的目的不仅限于满足基本生活需要，更有助于个人追求生活目标、促进个人发展和有效参与社会活动。

信息素养的内涵也比“能力”的意义要深远，既包括传统的教育领域的知识、能力，还包括学生的情感、态度和价值观。这一超越知识、技能的内涵，可以矫正过去重知识、轻能力，忽略情感、态度和价值观的教育偏颇，更加完善和系统地反映教育目标和素质教育的理念。同时，信息素养并非与生俱来的，而是可以通过后天学习和培养的，且信息素养强调促进个人发展和形成运作良好的社会；而能力的形成是由先天基因和后天努力共同作用的结果，更倾向于有益于个人、社会的作用。

信息素养的功能超越了“学校”和“职业”的范畴，信息素养的获得可以使学生升学或是更好地进行未来的工作，但是它的功能不仅仅包括升学和就业，信息素养的获得是为了使学生能够发展成为更为健全的个体，能够更好地适应未来社会的发展变化，为终身学习打下良好的基础。

信息素养在指引未来基础教育改革方向的同时，并不满足于学生已有的学业能力水平，还包括放眼未来，让学生有较高的能力要求。它的着眼点是促进学生更好地适应未来社会和自我的终身发展，所以它的站位更高，不仅对当前基础教育的发展起到指导作用，同时也为未来的基础教育改革指引方向。

构建以人为本的信息素养教育理念，它对于每一个个体和整个社会都具有积极意义。信息素养教育不仅面向现在，而且面向未来的学习、社会适应及终身发展，同时包括团队合作、语言沟通与交际能力、自主发展、数学素养、问题解决与实施能力、创新与创造力、主动探究能力等方面。这些新教育理念与我国基础教育政策、人才培养目标、新课程改革的趋势和理念相一致，只是落实还不到位。

信息素养并不是先天秉承的，需要通过教育和学习来获得和发展。基础教育阶段的培养不仅仅局限于学校范围内，一些基本的素养及态度价值观等都是在家庭中养成的，因此，建议把家庭教育纳入信息素养教育中来，并且把社会学习、终身学习等理念及教育机制也纳入其中，共同配合学校教育达成良好的结果。同时完善信息素养的测量与评价体系，推进其服务教育评价领域。

3.2.3 高等教育阶段学生信息素养的培养

高等教育阶段对于开展信息素养教育具有不可替代的战略地位，大学生信息素养的培养工作是一项综合工程，是一个没有止境的、系统的、螺旋式上升的发展过程。大学图书馆是知识的殿堂，是科学的宝库，是文化信息的海洋，在开展信息素养教育方面具有得天独厚的资源优势，是培育信息素养的摇篮；大学生是接受信息素养教育的最佳受众群体，并将最快成为开展信息素养教育普及工作的生力军和后备力量；大学图书馆有一支从事文献信息检索的、具有专业素养的师资队伍；大学教师具有广博的专业背景知识和深厚的专业理论，适宜从学科和专业的视阈适时融入信息素养的培育内容。这样就形成了一股合力，促进高校信息素养教育的全方位开展。

我国新一轮教育改革注重培养具有创新意识和创新能力的人才，培养他们的批判性思维能力，这就需要将信息素养的培养纳入教育体系中，尤其是在高等教育阶段，信息素养不应仅仅作为独立的教学培训课程，更应该作为教育整体的一部分，融合和贯穿于教育的全过程。

当前，信息社会需要的不是信息的简单传递者或使用者，而是具有较强信息意识和能够熟练运用现代信息技术手段，将大量支离破碎的信息与数据进行归纳与综合，使之条理化的有较高信息素养的人才。可见，信息素养不仅是现代人文化素养、整体素质的一部分，更应把它当作素质教育的灵魂来培养。

同时，信息素养是创新活动的助推器和催化剂。信息素养的培育过程同时也是创新思维的培养过程，两者共存互动、相得益彰，对培养学生的科研能力、创新能力具有重要作用。从信息素养的定义看，具有信息素养的人是那些知道如何进行学习的人。信息素养作为终身学习的基础和促进因素，它是所有学科的学习都需要的。拥有信息素养，不仅能使学习者更好地掌握学习内容，拓展研究范围，而且能使学习者对自己的学习进行自我指导和自我控制，也就是终身学习所强调的“自我导向学习”。

我国较规范的大学生信息素养教育是从 20 世纪 80 年代中期开始起步的。1984 年教育部颁发了《印发〈关于在高等院校开设文献信息检索与利用课的意见〉的通知》指出：对文献检索课，“凡有条件的学校可作必修课，不具备条件的学校，可作选修课或先开设专题讲座，然后逐步发展、完善。”随即，各大专院校相继开设了文献检索课。1985 年原国家教委又颁布了《〈关于改进和发展文检课教学的几点意见〉的通知》，1992 年原国家教委再以高教司（1992）44 号文件的形式，印发了《文献检索教学基本要求》。上述三个文件的出台，为我国大学生信息素养教育奠定了坚实的政治基础。

目前，我国各高校图书馆自动化、网络化系统全面铺开，具备了计算机、网络检索的条件，专业图书信息工作者也重组教学内容，进行多媒体教学模式的探讨，文献检索课已经过渡到信息检索课。2000 年，全国高校图书馆将不定期召开的文献检索课研讨会改名为“信息素质教育研究会”；2002 年 2 月，教育部颁布的《普通高等学校图书馆规程（修订）》总则第 3 条明确规定，当前高等学校图书馆五项主要任务之一就是“开展信息素质教育，培养读者的信息意识和获取、利用文献的能力”。这是我国首次在政府文件中对大学生信息素养教育问题作出的明确规定。2002 年年底，武汉大学成立了我国第一家信息素质教研室，初步开发设计了针对本校各个校区的课程体系，可谓开辟了中国信息素养教育课程的先河。开发此课程的目的是尽快提高大学生的信息素养意识以及获取信息和利用信息的能力，以良好的信息素养服务于社会和国家建设。

然而，信息素养教育在高等教育阶段开展得并不尽如人意。据笔者调查，当代大学生信息素养状况主要表现为：

1. 信息能力亟待提高

目前，许多大学生虽然对信息资源有一定的认识，但其获取和利用信息资源的能力还处于较低水平，具体来讲有以下几点：

（1）获取信息的能力参差不齐

有的学生对如何获取文献资源尤其是电子信息资源较为陌生，以至于变得越来越“不会使用现代图书馆了”，具体表现是不能“广、精、准、快、新、全”地查找自己所需要的真正信息。

（2）利用信息盲从无目的

调查表明，大学生有目的地利用信息资源和积累信息资源的能力较差，许多学生通常没有目的和计划地阅读书刊。大部分学生还不具备鉴别、筛选、利用信息的能力，往往不知从何下手，造成盲目借阅的局面。

（3）对信息的需求存在应急心理

许多学生为适应某一阶段的需要或完成某一任务、某项活动而去选材、收集资料，应付了事后便万事大吉。

2. 信息道德和信息法规意识尚需培养

据调查，在对信息道德和信息法规内容，诸如对“计算机犯罪”“对知识产权的侵犯”“对个人隐私权的侵犯”“网络上的人为恶习”的认识上，有相当多的学生仅认为“计算机犯罪”属违法问题，只有少数学生了解“对知识产权的侵犯”“对个人隐私权的侵犯”和“网络上的人为恶习”等也是违法或不道德范畴。再如，有的学生不清楚或不遵守信息行业的网络社交安全规则，以致网络欺诈、网络成瘾以及进入网恋误区等网络社交不安全的情况屡屡出现。这种状况一方面说明大学生对信息道德和信息法规内容的认识和了解不够全面；另一方面主要反映了信息化社会信息道德内容的更新和变化发展还处于较低水平。

总之，上述分析从一个侧面反映了当代大学生信息道德水平等还处在一个较低的层次，当前迫切需要对他们进行信息道德素养的培育。

在 21 世纪，信息素养教育的重点是加强信息伦理道德教育，积极利用计算机网络，运用形式多样的教育模式，传承中华文明，普及信息素养教育，提高生存技能，提高信息免疫力，养成上网“自省”和“慎独”的优良品格。

迄今为止，我国高校信息素养教育的内容与大学生专业学习联系得不太紧密，比较注重应用性信息科学知识，教育形式主要包括信息检索课、计算机文化基础课，其他门类的课程对信息素养的教育涉及的非常少，综合类大学的信息检索课注重对信息资源的了解和获取信息技能的培训，计算机课程则重在对信息处理原理、操作技能和编程能力的掌握。但在某些文科类院校，一直未曾开设过文献检索课程，教师和学生对“信息素养”这个词汇都比较陌生，即使有人听说过“信息素养”，也认为是比较虚化的词汇，没有什么实质性的研究内容，以致申请这类项目的校级课题也惨遭“枪毙”。在这样的状况下，还奢谈什么开展信息素养教育的话题？这种对于信息素养内涵及信息素养教育理解上的偏差不得不令人深思。许多高校虽然在人才培养方案中提出了信息素养的要求，但是，相关的理论研究主要集中在很难对教育决策产生影响的图书馆界。

信息素养教育是一种终身教育。1996 年 6 月党中央发布的《关于深化教育改革、全面推进素质教育的决定》指出：“培养学生的科学精神和创新思维习惯，要重视培养学生收集处理信息的能力，获取新知识的能力。”教育部在《面向 21 世纪教育振兴行动计划》中明确提出建立终身学习体系的目标：到 2010 年在全国建立起终身学习体系。现在已经是 2017 年了，这个目标距离实现还有点遥远。

3.3 信息素养教育缺失的原因

我们常听说一句话：“再穷也不能穷教育，再苦也不能苦孩子。”这话听起来很动听，感觉教育很受重视，但后来发现，国家的政策导向很清楚，但基层在执行的过程中往往变了样。越是口号叫得响的，往往越是执行不了，或是执行的难度很大，这也正是信息素养教育缺失的原因。

人们都在讲教育是一个国家持续发展的基础，甚至说，如果教育出了问题，它将动摇整个国家、整个社会生存、发展的根基。据报道，发达国家之所以有今天的发达，在于他们当初重视教育投资，发展教育，提高全民族素质，直至今天，发达国家的政府依然将发展教育作为政府工作十分重要的内容。为什么在我们国家，教育却变得有点次要了呢？

20 年来，一种看不见的势力造成今天这种状况，你说你的，我做我的，教育的很多弊端，很多问题，依然存在。

我们批评某个教育问题，哪怕是局部问题，但这一问题往往体现为全国所有学校的问题。正所谓有“前因后果”，今天的种种问题，我们要去找前因，乃至前因的前因。

所以，在今天，在信息化和全球化背景下，我国的信息素养教育任重而道远。

3.3.1　教育的弊端

现在的绝大多数教育不是在爱孩子，而是在害孩子。

我们更多地把教育作为一种工具，作为经济竞争、生存竞争的工具，不是把教育作为一种真正“人”的事业。“不能让孩子输在起跑线上”已经在家长的心灵上刻下深深的烙印。

这是一个真实的场景：

“欢迎×××局长致辞！”“请×××处长讲话！”“请×××科长讲话！”

某幼儿园在庆祝“六一”儿童节，首先是讲话的领导一个一个地祝贺小朋友节日快乐，感谢幼儿园的老师、叔叔、阿姨们为培养祖国花朵付出的辛勤汗水。讲话的时候，会场闹哄哄的，准备看孩子表演节目的家长也不耐烦地听着，来回走动。听不懂叔叔、伯伯讲话的 3 岁孩子也不领情地哭起来。接下来的是孩子们的才艺表演，基本与玩无关：有的表演背诵《三字经》《弟子规》，有的现场作画、弹钢琴、拉乐器，有的做速算等，主题基本成了教育成果展示。这估计是表演给大人看的，你看幼儿园办得多好，孩子会背、会算、会画、会拉、会弹，这样的起点怎么会输在起跑线上，今后升入好学校肯定没问题。这同时也是给领导看的，现在的幼儿园比以前的强多了，中班孩子就相当于小学一年级水平了！殊不知，这是牺牲了孩子们多少童年幸福的时光，甚至是牺牲了多少睡眠和玩乐时间换来的成果。

这样的教育，有时想想，如果不接受可能会更好，因为对于每个孩子来说，一生中最重要的东西——健全的人格塑造，也许正是在这种教育中丧失的，而失去的就再也找不回来。

是不是我们的教育思想出了问题？甚至有人看不出我们的教育政策有什么真正的教育思想、教育观点，认为它只是一系列“政策”、一系列“硬性规定”，那不是思想，不是观点。

“减负”这个词汇想必大家听起来都不陌生，这是20世纪90年代以来，中国教育界出现频率最高的词汇之一。我们从20世纪90年代就开始喊“减负”了，可是减到现在，孩子们的书包却越减越重，一个书包有20来本课本，有十几斤重①。现在我们经常可以看到孩子们在用拉杆箱拖着书包去上学，这对孩子的身心发展简直就是摧残。学习对孩子来说，并不是一件快乐的事，而是一件痛苦不堪的事。记得有人说，教育让中国人挺起脊梁，现在看来，有些教育正在折断中国未来的脊梁。

这又是一个真实的事件：某小学四年级课堂上，老师在宣布一件事情：“晓丽的爷爷去世了，今天晓丽不能来参加考试了。”话音未落，孩子们表情亢奋，又是敲桌子、又是跺脚②。原来，这节课进行数学考试，晓丽是全班的第一名，以前考试同学们谁都超不过她，这次大家终于有了机会。

这件事听起来让人心寒、齿冷、毛骨悚然。不要责怪孩子们这么冷血，这是畸形教育使然。为了在竞争中获胜，他们可以蔑视亲情、友情，顾不上良知和道义，他们会把别人的伤痛当作给自己的机会，甚至有的学生会想方设法创造“偶然事件”，以便自己在竞争中取胜。可是，这不正是我们的教育所推崇和提倡的吗？“好好学习，考第一名！”“你们一定要努力学习，今后才能有好的前程！”“考高中，少一分，一操场的人就出局了！”“考大学，少一分也没戏！”……从小，我们的孩子就在这种语言氛围中生活着。

3.3.2 疯狂的培训

现在许多地方的教育是“见分不见人”，甚至不把人当人。教育沦为纯知识、纯技能的教育。谁考出高分数，谁才有话语权。“德智体美劳”只剩下“智”了，其他的内容也全部淡化了。所以，这种教育不是使人格完善的

① 张晓嵘. 小学生的书包有多重［N］. 新安晚报，2004-06-01.

② 周云龙. “幸灾乐祸”折射的不仅仅是冷漠［N］. 中国青年报，2005-05-11.

教育，而是破坏人格的教育。

要是没有所谓的“好幼儿园”“好小学”“好中学”，我们义务教育阶段的教育就不可能这样没有“人性”。

可话又说回来，要是没有这么没“人性”的教育，如何催生如此疯狂的教育培训机构？

2006 年是中国民营教育培训机构发展的转折年。这一年，新东方在美国上市了。它不仅开创了中国民营教育培训机构赴海外上市的先河，更打开了一个培训创富的魔盒。财富是根魔棒，新东方的财富神话引得无数英雄、草根、混不下去的“海龟”人士涌入这一行当。

就在这一年，北京的教育机构如“雨后春笋”般蓬勃发展，先后诞生了 1 700 多家教育培训机构，全国更是诞生了大大小小共 4 万多家培训机构，真是“忽如一夜春风来，千树万树梨花开”。此后，中国培训行业进入狂飙式的发展阶段。据调查，2010 年时，我国教育培训机构数量就猛增到 40 万家，市场总值约 7 600 亿元。其中面向中小学的培训项目主要是小升初、中考、高考；面向大学生的项目依次是考研、考公务员、出国留学、管理技能等。这在当时占据了绝对的市场份额，各种教育培训机构赚得是“盆满钵满，不亦乐乎”。为这些教育培训埋单的中坚力量是广大学生家长，也包括没有经济来源的在校大学生。

有限的优质教育资源这块“大蛋糕”，谁都想分得“一杯羹”，想有回报就得先投入，“有投入才有产出”，可这投入价格确实不菲，现在时兴个性化辅导，所谓“一对一”辅导，每小时从几百元到上千元不等，金牌教师要价更是高得离谱，家长、孩子都在疯狂血拼，目的就是让孩子上一个好初中、好高中、好大学。而且现在愈演愈烈，已经下移到幼升小甚至到幼儿园了。

2014 年 5 月 3 日，北京育才学校、育民学校与中科院联手开办第一批超常儿童班，一大早学校门口人声鼎沸，前来给孩子报名的家长络绎不绝，可谓盛况空前。他们都是有备而来的，孩子们早在半年前就报名参加了超常儿童预备培训班，学费 9 800 元/18 次课，且不说学费昂贵如何，难道这超常儿童是通过报培训班培训出来的？我们的教育培训机构也太“神奇”了！这是教育的“怪胎”！

这些教育培训机构也在疯狂。他们为了抢夺生源，夸大培训效果是他们惯用的手段。家有考生的父母每天都在接受“狂轰滥炸”，垃圾短信铺天盖地，各种不明来路的电话不绝于耳，而且变本加厉，不容你说话，上来就直接播放录音，甚至有些外教都加入了这一行当，不管你的时间是否方便接听电话。他们提供一条龙服务，有严密的组织分工，按业绩分红，到处都在买卖信息、泄露信息，处于一种完全无序的状态里。各种教育培训机构良莠不齐、乱象丛生，无人监管，他们把你的学费“忽悠”到手，你再想从他们那里要回来，比登天还难。

他们有很多隐秘的手段，令人防不胜防。最常用的招数是包装和神话老师，如今培训机构的老师都要弄几个唬人的头衔，并攒几套“彪悍”的理论。如果没有，你都没法在这个行当里混。

就拿北京地区为例，在北大、清华、北理工等高校集中的区域，教育培训机构林立，为了争夺生源，许多机构都在户外挂起巨幅招生广告牌，除了户外，还有各种各样的招生传单派专人散发，日夜轰炸。往往是这边上午刚打出“15 天搞定 Toefl 单词”，那边下午就会将“10 天搞定 Toefl 单词”的传单发到你家门口。

现在的大学生就业压力大，他们特别热衷于培训。目的是想进入国家部委或央企国企，享受高额垄断利益，想一劳永逸地捧得“金饭碗”，至于自主创业，那得付出多少艰辛和汗水啊！所以说，现在的他们根本没有时间获取相对完备的知识储备，建立相对健全的独立人格，更谈不上培养独立思考的能力和相对成熟的情商。学校也很少告诉他们做人之道和职场相处的法则，夹在校园和职场之间的他们，彷徨而且孤独，这样的一群人，怎能不疯狂？

据媒体统计，2010 年有将近 140 万大学生报考公务员、130 万选择考研、28 万选择出国。这些人有将近 3 成的考研者接受过培训机构的服务，而选择留学的人中接受培训机构服务的比例最高，达到了 8 成，现在不少中学生也加入了留学培训大军的队伍，为了逃避应试教育的摧残和折磨，他们选择了背井离乡，去寻找适合他们个性发展的“乐土”。现在的大学生深知，僧多粥少，要跑赢对手，必须请个好教练。他们热衷于培训，并非因为好学，实乃就业压力所致。通过培训，他们希望能快速掌握一项超越对手的技能，而培训的过程就像是买了自信药丸，服用之后，就意味着在人生和职场的道路上能甩开别人一大截。

有人说毁掉中国人的是两样东西：一是成功学；二是消费主义。而培训机构正是这两样东西的结合体。

大学生参加培训，完全是功利化行为导向，从每一门课程的设置到每一本教材的编辑，甚至是每一种话语交流方式，无不透露着一个信息：要成功、

要成功、要成功。可是，每一个人的成功是不可复制的。

是的，每个时代的人都渴望成功，可是没有哪个时代的人比我们这代人更迫切急于成功，因为成功意味着拥有一切：有钱、有房、有车、有权力、有地位、有荣誉、有尊严，能满足羡慕嫉妒恨的心理需求；而最重要的是这一切要快，最好是立等可取。至于什么是真正意义上的成功，为什么成功，可不可以不成功，他们一概不知不问。

培训机构正是迎合了这种需求，有需求就有市场。培训机构建立了一套自己的价值观和话语体系，并巧妙地使用比喻和励志故事来"忽悠"、包装，再以"成功人士"的经验"秘籍"和"现身说法"方式讲出来，从而吸引人们来参加培训。参加培训的人都有这种心理，他们希望达到的理想状态是：25 岁买车、26 岁买房、27 岁谈婚论嫁、28 岁当老板、29 岁任上市公司老总、30 岁退休可以环游世界。对于成功的追求犹如吸食上了鸦片，简直欲罢不能。

其实，无论是考研、考公务员还是出国留学，他们的底色都是成功学。因而，培训机构抓住了这个"软肋"，捕捉到了这种信息和需求，通过满足他们的欲望来赚钱，原本也无可厚非。但在中国，可怕的不是培训机构商业化，更不是自我教育的产业化，而是不规范的商业化和产业化。这导致的直接后果是：丛林法则和强盗逻辑盛行。所以才会有宋山木、黄波之流，他们不仅采用类似传销的手段来欺骗和精神控制学员，甚至曝出猥琐的犯罪行为。

在中国，我们正面临一种机械化、官本位、急功近利的缺乏人文气息的教育机制。许多行业没有建立健全的规则，即使有，多数人也不遵守，就像"中国式过马路"行为，而这终有一天会毁灭我们自己。正如圣雄甘地所说的那样，毁灭人类的只有 7 件事情：

① 没有原则的政治；

② 没有劳动的富裕；

③ 没有良知的快乐；

④ 没有是非的知识；

⑤ 没有道德的商业；

⑥ 没有人性的科学；

⑦ 没有牺牲的崇拜。

如此疯狂的教育培训，都是以应试教育为指挥棒，是一种断送几乎所有层面教育的思维方式。教育已经沦为教师与学生谋生和竞争的工具。以标准化考试为重要表征的"非人性"教育方式正在破坏我们几乎所有层面的教育，更为严重的是，以这种教育培训我们的孩子，将会永远割断一个民族人文情愫的传递。

让我们来浏览一下有关中高考培训机构两天内的短信疯狂"轰炸"实录：

① 海淀中高考家长：人大附中几名老师自办中高考全托救命班。15 年课辅经验，40 天全封闭。最高全科提高 200 分，可试学三天。电话：135525……87，2014-05-10 18:13:44。

② 海智鑫提醒：语文满分学习法讲座。下午三点半，凭预约号领取讲义入场。中国铝业大厦一层 102 室（军博站 D 口出左边就是），电话：597……18，2014-05-10 17:23:36。

③ 本周日下午 3 点半，名师详解阅读 50 个标准答案和满分作文的写作技巧，《中考语文 119 分秘籍》讲座，学生当堂直接提高 20 分，凭预约号领取提分讲义，预约电话：597……318，2014-05-10 14:41:27。

④ 人大附四中名师 1 对 1 授课，先试听，确保师资后再签约，全封闭 30 天，提高 150 分，不达标，全额退费，名师一模试卷深度汇总剖析。电话：4009……577，2014-05-09 14:07:24。

⑤ 40 天全封闭托管教学，保证中高考全科提高 60～180 分，中高考达到目标后再收费。几名人大附中老师自办辅导。电话：826……15（可住宿），2014-05-09 14:05:34。

⑥ 物理有问题，就找物理王！10 次课突破中考压轴——电学综合、力学综合、电学探究、力学探究。只做物理，京城独家，电话：682……07、528……81，发信人：1326……589 2014-05-09 13:55:39。

⑦ 北京新东方优能中学明星教师与优秀助教强强联手，密切关注学习和生活，彻底解决知识死角，为新学期成绩保驾护航！详询电话：826……18，【新东方】2014-05-09 06:31:36。

⑧ 周六下午 3 点半，连续多年押中中考作文老师主讲《中考语文 119 分答题技巧》讲座，当堂提高 20 分，凭预约号领取提分讲义，预约电话：597……18，2014-05-09 07:25:16。

⑨ 一模已经结束，填报志愿是现阶段的重要任务，本周日杰青教育特邀著名志愿填报专家为家长解析新政策新形势下的志愿填报。订座电话：512……62，2014-05-09 11:07:08。

⑩ 人大附四中名师 1 对 1 封闭辅导，熟悉出题考点及规律，签约保目标，成绩迅速提高 50～200 分，不达目标不收费。热线电话：536……08，2014–05–09 10:56:44。

⑪ 一模结束，请迅速给孩子报学冠教育，《完美冲刺课》，把中考成绩再提 70 分！全部由多年参加中考命题教研员主讲，直击中考。电话：620……78，【学冠】2014–05–09 10:45:38。

⑫ 距离中考还有 40 几天，如果你的分数还在 400 分左右徘徊，如果你还想考重点学校，全封闭托管不是最佳而是最后选择，提 80 分以上。电话：512……62，【育才】2014–05–09 10：22:58。

⑬ 一模考试后，海淀名师本周日上午专家门诊，初三组每科目共 8 个名额，一模考后 1 对 1 分析，当堂解决疑难，透析中考！电话：597……99，2014–05–09 09:52:07。

⑭ 本周日下午 3 点半，连续九年带出中考状元的老师主讲《中考语文 119 分答题技巧》，学生到场直接提 15 分，凭预约号领取提分讲义，预约电话：597……28./826……03，2014–05–09 08:11:22。

⑮ 本周日下午 3 点半，连续九年带出中考状元的老师主讲《中考语文 119 分答题技巧》，学生到场直接提高 15 分，凭预约号领提分讲义，预约电话：826……03，2014–05–08.14:29:47。

⑯ 北京优师达家教教师资料翔实，上课时间地点灵活，方便您按需选择，在职一线教师，上门辅导，省时省钱效果好。572……616，2014–05–09.18:46:13。

⑰ 四中、人大附老师，资历可查，学费一次一付！三次作文课进一类，英语 1 次完形 2 次阅读写作，物理以不变应万变，化学实验推断不丢分！电话：57418092，2014–05–09.20:37:04。

⑱ 一模考试后再提 30 分，速记难词，清除语法盲点，掌握完形、阅读、听力、写作满分技巧。帮你突破中考 115，高考 144，电话：56278129，【杨晨英语】2014–05–09.22:14:11。

我们没有思考教育究竟为人做了些什么，常常听到“知识改变命运”这句口号，在这里有人把教育沦为求生的工具，改变命运的工具。农村的孩子听到的最多的一句话就是，不好好读书，就一辈子在农村挖泥巴。在学校，老师说的最多的也是：只有考上大学，才有出路，并总是拿某某某考试状元来激励学生。农村孩子接受教育的目的就是“跳出农门”，如果没有达成这个目标，接受教育的目的就没有什么意义了。这不但会使超过90%的农村、贫困地区的孩子成为教育的“失败者”，也会使所有“成功”了的学生不再为自己的家乡发展服务。换句话说，现在这种升学教育模式，以考试分数说话，葬送了不少孩子的命运，现在甚至有小孩子动不动就自杀，就拿刀捅向自己的亲人的现象，这在以前是绝无仅有的事情，这就反映出我们的教育出了问题，教育没有对准人。

3.3.3 网络的诱惑

1. 教育环境背景和网络因素

由于繁重的升学考试和课业压力，有些孩子承受不起，他们开始寻求“出口”，厌学、弃学、逃学、上网乃至于染上了网瘾，以标准化考试为重要表征的“非人”的教育方式正在破坏几乎所有层面的教育，更别奢谈什么信息素养教育了。

我们对人的培养，仅仅让他有一些知识是不够的，更重要的是让他具备一个现代人应该具备的最基本的信息素养，同时包括文化素养、人文素养、道德素养、媒介素养、计算机素养和最基本的对人、对社会的态度。如果没有这种素养和态度，仅仅有知识，非但没用，反而十分可怕。

网络（Internet）是信息化时代的必然产物，它在带给人类福祉的同时，也给人类的心理健康、伦理道德带来巨大的冲击和挑战。网络的全球性、交互性、开放性、匿名性、零成本性等特点使得网上信息良莠不齐，同时导致一些用户无节制地使用互联网，影响其学习、工作或生活，损害其身心健康。这种现象已经引起了许多社会学家和心理学家的广泛关注，有人也做了大量研究，将其命名为“网络成瘾”（Internet Addiction，IA）、“网络成瘾障碍”（Internet Addiction Disorder，IAD）或者“病理性互联网使用”（Pathological Internet Use，PIU）。①

Patr icia Wallace 说：“伴随互联网走入千家万户的同时，人们也听到了由于上网引起行为问题的不和谐之音。‘上网成瘾’已成为人们辩论和夸大的题目。”② 确如其所言，从美国的 Dr. Ivan Goldberg 提出“网

---

① Davis R A. A cognitive-behavioral model of pathological internet use (PIU). Computers in Human Behavior. 2001，17(2): 187–195.

② ［美］Patricia Wallace. 互联网心理学［M］. 谢影，苟建新，译. 北京：中国轻工业出版社，2001.

络成瘾"这个概念后，它便引起了国内外学界的广泛关注。在我国已有数百万青少年沉迷网络不能自拔，网络成瘾已成急需防范和治理的"社会病"。

英国大不列颠心理学会的近期调查结果显示，年龄在 20～30 岁，受过良好教育的学生群体是网络成瘾的易感群体。坎德尔（Kandell）的研究同样表明，青少年尤其是大学生，比其他群体更容易产生诸如网络成瘾等问题行为。[①]为什么青少年会成为易感群体呢？这除了他们具备丰富的网络知识外，还与他们的心理特点有关。青少年时期是个体生理不断发育和心理趋向成熟的特殊阶段，他们的身体发育出现了剧烈变化，并以一定的方式影响着心理发展，从而呈现出一些显著的心理发展特点，正是这些特点在一定程度上推动了青少年陷入网络成瘾之中。

2. 大学生网瘾调研

我们对北京某高校在读大学生做了一项关于网络成瘾现象的随机抽样调查，调查问卷对象为 1～4 年级大学生，一共 180 人。其中有效问卷 158 份，有效率为 87.8%。被试者覆盖文科、理科和工科，平均年龄 21.48（±1.61）岁。上网率为 92.6%，其中男生上网率为（94.15%），女生上网率为（90.23%），1 年级上网率为（93.59%），2 年级上网率为（94.06%），3 年级上网率为（91.38%），4 年级上网率为（90.76%）。

（1）调查问卷

1=完全不符合；2=不太符合；3=一般；4=比较符合；5=完全符合。

① 我发现自己上网的时间越来越长。

② 如果不上网，我的生活毫无乐趣。

③ 从上学期开始，我平均每周上网的时间比以前增加很多。

④ 我曾多次努力控制自己减少上网的时间，但都不成功。

⑤ 上网的时间虽然和以前一样，但我内心对上网的需求却在增加。

⑥ 老师和家长曾多次告诫我花了太多的时间在网络上。

⑦ 我会因为上网到深夜而减少睡眠。

⑧ 我更愿意在网上结交朋友。

⑨ 下线没多久，我还想上网。

⑩ 我只要有一段时间没上网，就会觉得很不舒服。

⑪ 网络出现问题时我会焦虑不安。

---

① 衣新发，俞国良. 青少年网络成瘾研究述评［J］. 中国青年研究，2003（12）.

⑫ 当有人干扰我上网时，我会非常恼火。

⑬ 我习惯牺牲睡眠时间来上网。

⑭ 每次下线后，我都盼着下次上网，体会上网的愉悦感觉。

⑮ 我觉得自己完全投入网络中了。

⑯ 频繁上网使我的精神萎靡不振，身体虚弱。

⑰ 我曾因为上网的原因影响了上学。

⑱ 下线后有时还想着网上的事。

⑲ 由于上网耽误了写作业和复习考试。

⑳ 因为上网，我平时锻炼身体的时间减少了。

㉑ 和以前相比，我上网的频率增加了很多。

㉒ 我只要有一段时间没上网，就觉得生活中缺了重要内容。

㉓ 我曾因为上网感到身体不适。

㉔ 生活中没有了网络，我会觉得生活乏味、空虚。

㉕ 上网对我的学习生活造成了负面影响。

㉖ 和以前相比，我必须花更多的时间上网才能得到满足。

㉗ 我不能控制自己上网的冲动。

㉘ 我每次下网后，本打算学习，可还是忍不住再上网看看别的。

㉙ 我因为上网时间太长而影响了学习。

㉚ 我晚上睡觉时常常会梦见网上发生的事。

（2）分析

通过分析和调研我们发现，总分在 85 分以下的大部分学生为网络使用正常群体，总分在 85 分以上的大学生为网络使用成瘾群体。90 分以上的为网络成瘾高危群体。完全没有网络依赖的占 68.19%，轻度网络依赖的占 24.68%，严重网络依赖的占 4.98%。同时有 13.75%的大学生对网络有过度使用的现象，而且出现了负面效应。

大学生是社会生活中文化程度较高的群体，他们思维活跃、善于接受新生事物。在中国网络发展的过程中，大学生由于其自身所处的环境，自觉走在了第一线，一直都是网络使用的主体和先锋，与此同时，高校中普遍存在的因迷恋网络而影响正常学习和生活的现象也引起了广泛关注。通过调查发现，大学生群体中确实有一部分因为过于依赖网络而偏离了正常的生活轨道，呈现出人际关系淡漠、交际范围变窄、社会适应性较差、日常时间管理混乱、在学业及个人发展问题上存在障碍等问题。毫无疑问，随着互联网的日益普及，“网络成瘾”现象将成为一个社会关注的焦点问题，它对大学生的身心健康会造成巨大的伤害，所以，我们要帮助他们摆脱网络依赖，树立正确的网络使用观，进而使他们顺利完成学业，实现良好的社会适应。同时这也为网络心理学的研究进一步完善和发展提供了理论和实证支持。

第4章

信息素养教育调研

本次信息素养现状抽样调查可以反映当前高校师生信息素养的普遍状况，特别是网络环境下大学教师和大学生的信息素养状况，明确高校开展信息素养教育的方向，据此可以分析产生这种现状的原因，进而为研究和制定信息素养策略提供依据。

信息素养是网络信息时代人们必备的基本素质之一，有关信息素养的理论研究也随着人们的日渐关注而不断深入，国内有关大学教师和大学生信息素养现状研究的文章日渐增多。这些文章从不同侧面反映了教师和学生目前的信息素养状况，但其中有些文章缺乏事实依据，仅凭主观想象，就对教师和学生的信息素养做出判断；有些文章虽然进行了调查，但仍然缺乏一定的力度和深度。

本次主要针对在京的三所高校的大学教师、大学生的信息素养展开调查，调查内容包括信息技能、信息意识、信息道德等几个方面。调查结果表明，教师和学生的信息素养状况不容乐观，尤其是大学生的信息素养敏感度不强；文献检索课程没有受到学校的足够重视，大学生的图书信息检索能力、信息分析与评价能力、创造性运用信息能力、教师的信息整合能力、沟通交流与合作的意识有待进一步提高等。具体见数据分析。

4.1　调研问卷设计

本次调查问卷对象为在京三所高校大学生，共发放问卷 160 份，回收问卷 156 份，有效问卷 148 份，回收率达到 92.5%。

1. 问卷的基本信息

（1）个人基本信息

（2）性别

① 男（21%）；② 女（79%）。

（3）上网时间

① 少于 2 小时/天（4%）；② 2～4 小时/天（38%）；③ 4～6 小时/天（42%）；④ 6～8 小时/天（15%）；⑤ 8 小时以上/天（1%）。

（4）地点

① 公共场所（11%）；② 家里（17%）；③ 图书馆（15%）；④ 宿舍（54%）；⑤ 网吧（3%）；⑥ 其他（0%）。

2. 问卷主要涉及的问题

① 上网的目的；

② 对于信息的需求；

③ 对于互联网新闻报道的态度；

④ 对英语的掌握程度；

⑤ 对于计算机网络知识的了解；

⑥ 对自己文件的分类管理；

⑦ 对于自己专业领域的网上信息资源熟悉程度；

⑧ 在信息技能方面；

⑨ 对百度知道功能的认识；

⑩ 在计算机常用软件的操作方面；

⑪ 从信息道德方面看；

⑫ 关于在网上引用文章而不注明出处的情况；

⑬ 从在网上谩骂攻击他人的现象看。

3. 调查问卷内容

① 是否会用搜索引擎或数据库中的“高级搜索”功能？

A. 很少使用　　B. 没有使用过　　C. 经常使用

② 是否经常使用百度、谷歌等搜索引擎解决学习或生活中的问题？

A. 经常　　B. 偶尔　　C. 没有

③ 是否在网上使用过布尔逻辑运算符检索信息？

A. 很少使用　　B. 没有使用过　　C. 经常使用

④ 是否熟悉自己所学专业的网上资源？

A. 非常了解　　B. 了解一些　　C. 不了解

⑤ 在使用谷歌或百度等搜索引擎时，使用的关键词是否与要查找的信息匹配？

A. 是　　B. 否

⑥ 是否会管理自己的文档？

A. 会　　B. 不会

⑦ 百度知道对自己帮助有多大？

A. 非常大　　B. 有一点帮助　　C. 没什么作用

⑧ 对 Excel 软件使用的熟练程度如何？

A. 熟练使用　　B. 会一些基本操作　　C. 不会使用

⑨ 能否阻止病毒或黑客对电脑的攻击？

A. 不能，因此常常受到干扰　　B. 能采取措施避免干扰

C. 不清楚

⑩ 能否把新接收的信息纳入自己的知识体系中？是否愿意与别人分享自己搜集到的信息？

A. 愿意　　B. 愿意，但不知道怎么做

C. 不愿意

⑪ 对浏览网上新闻的态度。

A. 经常进行深入思考　　B. 有时思考一下

C. 只是随便看看

⑫ 对信息需求的态度。

A. 总是主动查找　　B. 很少主动查找

C. 有些时候能主动　　D. 多数时候能主动

⑬ 对信息素养的理解。

A. 非常了解　　B. 听说过　　C. 不知道

⑭ 上网的目的（可多选）。

A. 看新闻　　B. 玩网游　　C. 学习

D. 聊天　　E. 交友　　F. 获得免费资源

G. 网购　　H. 论坛　　I. 其他

⑮ 信息迷航即上网查找信息时，是否偏离最初的目的？

A. 从来没有　　B. 偶尔　　C. 经常

⑯ 对英文网站的内容。

A. 能看懂一部分　B. 能看懂大部分　C. 能看懂少量

D. 能完全看懂　　E. 完全看不懂

⑰ 对计算机网络的基本原理掌握的情况。

A. 熟悉　　B. 知道一点

C. 知道大部分　　D. 不了解

⑱ 对 Word 软件的使用情况。

A. 熟悉　　B. 知道一点

C. 知道大部分　　D. 不了解

⑲ 是否上过文献检索课？

A. 上过　　B. 没上过　　C. 上过几次，但效果一般

⑳ 是否参加过数据库检索等相关培训？

A. 参加过　　B. 没有　　C. 参加过几次，但效果一般

㉑ 是否浏览过暴力或色情网站？

A. 经常　　B. 偶尔　　C. 没有

㉒ 是否举报过非法网站？

A. 想举报，但不知道怎么举报　　B. 举报过

C. 没有

㉓ 是否在网上发表过对他人人身攻击的言论？

A. 经常　　B. 偶尔　　C. 没有

㉔ 是否有引用网上的文章而没有注明出处的情况？

A. 经常　　B. 偶尔　　C. 没有

㉕ 是否清楚网上哪些资源是免费或付费的？

A. 清楚　　B. 不清楚

㉖ 给别人发邮件时是否注意过格式？

A. 注意过　　B. 正式的会注意　　C. 从不关注它

4.2 调查问卷分析

1. 大学生调查问卷分析

1）从上网的目的看

在校大学生上网的目的主要是以娱乐、消遣为主，如图 4–1 所示。

据调查了解发现：大学生对网络有着比较消极的需求，比如追求感官刺激，满足急功近利的心理需求；在虚拟网络世界发泄不满、逃避现实；在虚拟世界满足自我实现的心理需求，获得成就感。但大家应该知道，网络的作用不应该仅限于少数娱乐功能，大学生应该利用网络强大的平台进行有益的活动，开展交互式学习等，对网络要有健康的心态，不能过分依赖网络，更不能沉迷于网络去寻求所谓的“超脱”。

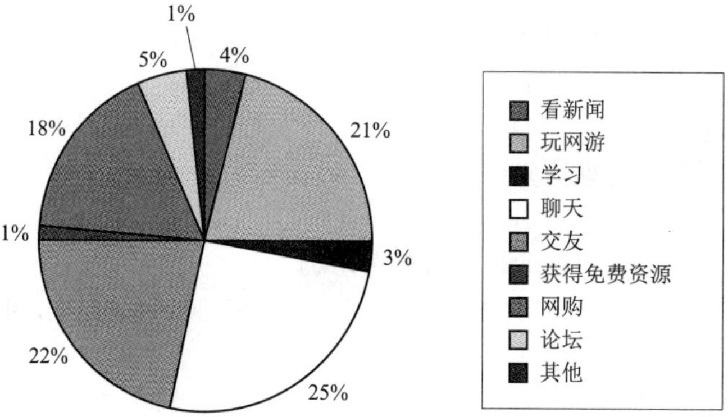

图 4–1 上网的目的

2）对于信息的需求

表明大学生总体上有着积极的信息需求，如图 4–2 所示。当他们需要信息的时候能够积极想办法解决，通过上网向别人请教、咨询、去图书馆查阅资料等获取信息，这进一步印证了信息在当今社会的重要性。如果不能有效地采取措施查找信息，就寸步难行。

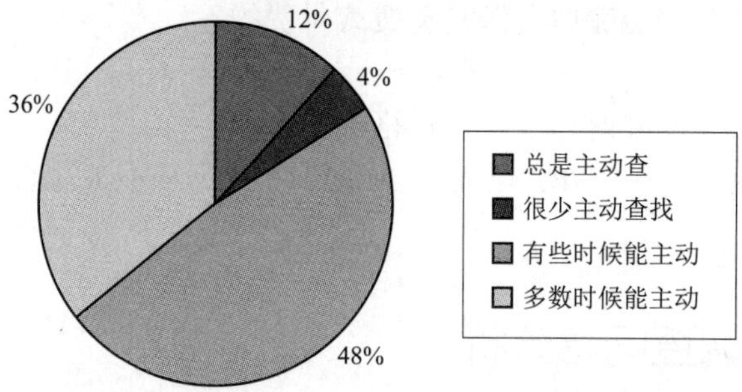

图 4–2 对信息需求的态度

3）对浏览网上新闻的态度

多数学生表现出对新闻不敏感，不能深入思考，无法发觉新闻的潜在价值，如图 4–3 所示。同时，容易网络迷航，当在网上寻找信息时，经常会被无关信息吸引，迷失自己，忘记当初上网的初衷。

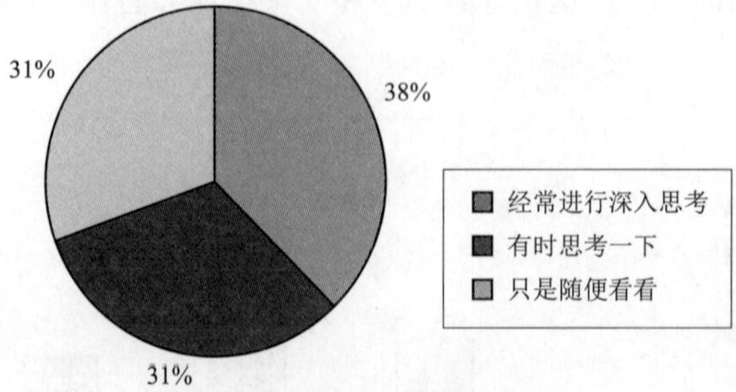

图 4–3　对浏览网上新闻的态度

4）从对英语的掌握程度方面看

大多数大学生只能看懂少量的英文网站的内容，这无疑会对知识的获取产生影响。如图 4–4 所示。目前，中文网站只占所有网站内容的极少部分，几乎 80%的内容是英文的，大学生之间英语能力存在着很大的差异：一是专业的问题；二是兴趣导致的差异。我们在强调英语阅读能力的同时，不能放松对英语听说读写能力的培养，毕竟信息交流是全面的，要想有效获取信息并与人交流，这也是一个重要环节。

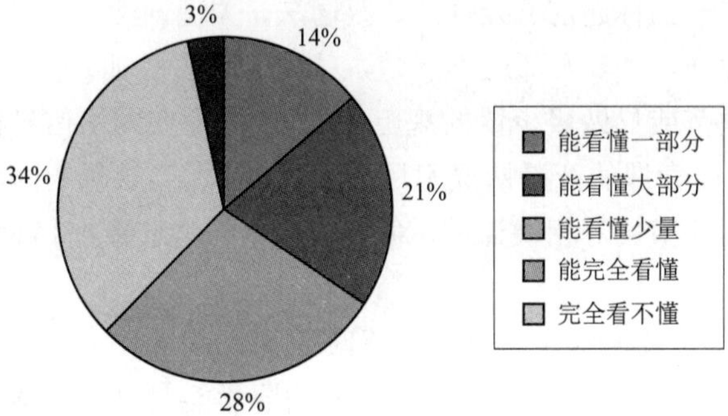

图 4–4　对英语的掌握程度

5）对于计算机网络知识的了解

大多数大学生对网络有所了解，但掌握的程度还不太令人满意。

① 城乡存在差别，来自城市的大学生接触网络知识比较早，比来自农村的学生有优势；

② 对计算机比较感兴趣的学生掌握的比一般的学生要好，导致对计算机网络知识了解的程度不一；

③ 性别的差异，据调查，女生往往对技术方面的知识不太感兴趣，包括对网络知识的学习，这也导致男生和女生在这方面存在差距。如图 4–5 所示。

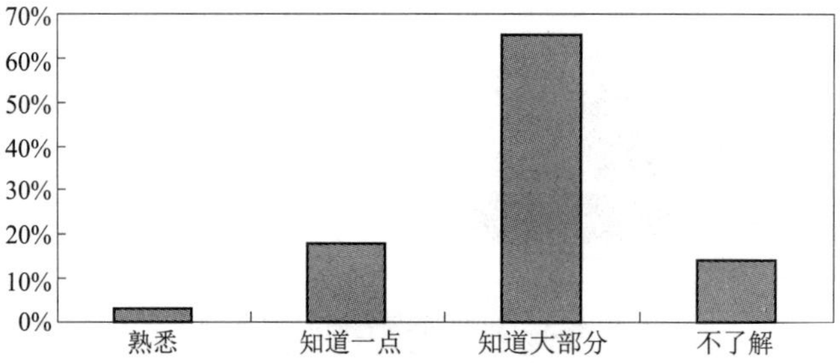

图 4–5　对于计算机网络知识的了解

6）对自己文件的分类管理

大多数同学对自己电脑中的文件不会按分类法或主题法组织分类，尤其对网站内容编排遵循分类法或主题法的思想不太了解。一些学生在获取信息时，常常借助网上资源，而减少去图书馆的次数，这说明图书馆的职能作用也受到网络信息资源的很大冲击。从文献检索课程的开设情况来看，也不容乐观，一般学生对图书馆书籍分类法也不十分了解，比如主题法按其词语标识的构成方法分为标题法、元词法、叙词法、关键词法等几种，前三种方法由于其专业性强，很多人都还不清楚，对关键词法相对了解一些，但因其使用的词组不规范或只做极少量的规范化处理，因而在网络信息检索中应用较多。高校文献检索课的开设情况不尽如人意，有相当数量的同学没有上过文献检索或数据库检索等相关课程，对一些常见的信息源，大部分学生只知道其种类和特点。

7）对于自己专业领域的网上信息资源熟悉程度

大多数学生了解程度不足，有近三成的同学能对自己所学领域的网上信息资源有所了解，其余的只是知道一点或者根本不了解。主要原因是，本科阶段的培养目标是宽口径，拓宽知识面，为今后的学习和工作打下良好的基础，而研究生阶段研究的层次比较深，方向比较专一，因而对所学专业的网上资源掌握较多。网上资源虽然丰富，但不是只要你需要的网上信息资源，打开电脑就一一呈现在你面前，而是需要你掌握一定的检索技巧，需要你一一去发掘和查找才能获取，这与个人的信息能力有关，这时检索能力强的同学可能会掌握更多的网上信息资源。对于大学生是否参加过数据库检索等相关培训的情况如图 4–6 所示。

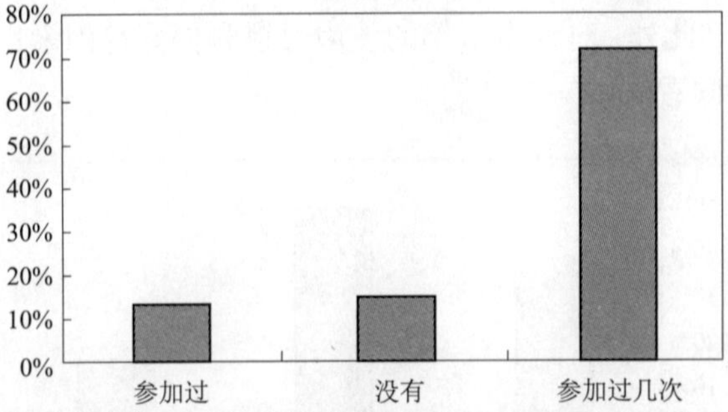

图 4–6 是否参加过数据库检索等相关培训

8）在信息技能方面

对于用数据库或搜索引擎进行检索，学生的使用情况很不理想，很多人很少使用过高级检索或布尔逻辑检索，有的甚至从来没用过。如图 4–7 所示。这可能与大部分人不了解该检索方法有关，或者是一些搜索引擎和数据库对布尔检索符的使用标准不统一有关，造成用户必须记住它们之间的差别才能有效使用，从而影响用户的使用。

随着搜索引擎的日益完善和普及，多数学生能利用百度、谷歌等解决实际学习和生活中的问题，但使用效果并不理想，原因在于缺乏对搜索引擎功能的了解，同时受检索水平的限制，对检索技巧的掌握程度有限，对关键词把握不准，造成查全率和查准率下降，因而很难获得自己想要的信息。

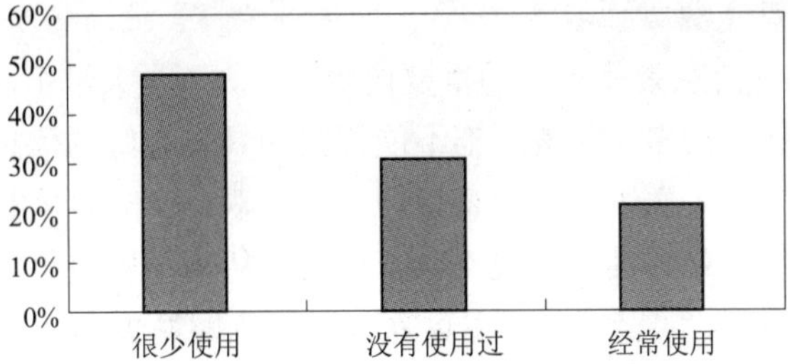

图 4–7 是否会用搜索引擎或数据库中的高级搜索功能

9）对百度知道功能的认识

百度知道功能强大，但调查结果出乎意料，大多数学生认为它发挥着一定的作用，但认同度存在着差异，大约三分之一强的同学认为作用非常大，有近一半的学生认为有帮助，如图 4–8 所示。这可能与用户的体验有关，如果用户借助百度知道功能查找到所需要的信息资源时，便感觉到它的方便快捷，这种正面体验增强了对它的依赖，并且以后遇到问题，首先想到的是求助百度知道。此外，对搜索引擎的使用习惯和偏好等因素也会造成对百度知道功能的不同看法。

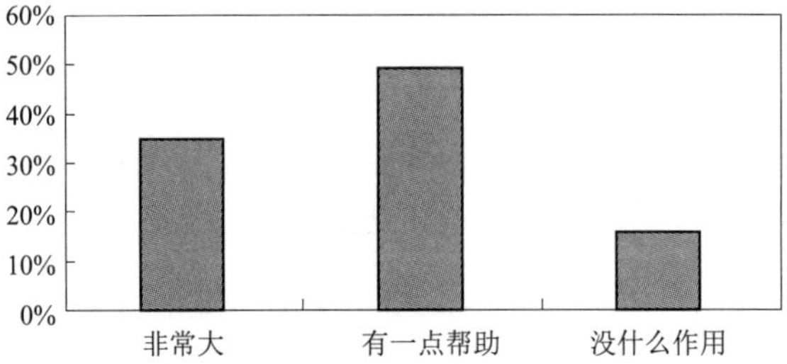

图 4–8　百度知道功能对自己帮助有多大

10）在计算机常用软件的操作方面

在计算机常用软件的操作方面，一些同学的水平有待提高。比如由于受到计算机操作水平的限制，有些同学的计算机经常遭受计算机病毒的干扰，对于 Office 的操作，多数学生还处于初级阶段，不会使用其系统提供的高级功能。据调查反馈，在信息获取方面，大多数学生能够在准确性、时效性、权威性等方面对信源作出合理的评价，并且多数学生能考虑到获取信息的成本和收益。在信息的共享意愿方面，大多数同学愿意与别人分享自己获取的信息，但由于技术或其他方面的原因，有些人无法做到这一点，还有的表示不愿意与人分享。

11）从信息道德方面看

信息道德是信息素养包含的重要内容之一，一个大学生，没有好的道德品质，无论其他方面多么优秀，都不能称其为具备良好的信息素养。据调查结果反馈，45%的大学生信息道德情况不容乐观，38%的学生浏览过包括暴力、色情内容的网站，具体情况不一，有的是从来不知道此类网站，由于受到一些流氓软件的“侵袭”，把主页篡改为黄色网站页面，或者用户电脑中安装广告插件，使得电脑上不时蹦出淫秽色情等广告，面对此种情况，有的人抵制不住诱惑，受到好奇心的驱使顺着链接偏离“轨道”、误入歧途，逐渐养成浏览此类网页的习惯，一发不可收拾；有的是经人介绍，在别人的诱惑和指导下开始浏览此类网站；有的同学是为了寻求感官刺激，“主动上门”在网上搜索类似网站，满足自己的猎奇心理。

出现上述情况，有大学生个人的原因，但社会的大环境也为其大开方便之门。随着网络的普及和泛化，人们受到各种文化思潮和道德观念的冲击，一些不健康的价值观和思想观念开始沉渣泛起，许多人的思想也逐渐变得

“开放”起来。现在网络、媒体、电视、报纸上到处充斥着“裸露”的“艳星照”，以及供人们阅读的“成人文学”，这令一些不经世事的大学生禁不住诱惑，有的甚至走上犯罪道路。

网络时代改变了大学生的生活方式，更为他们抄袭剽窃他人的论文提供了便利条件。如果打开百度搜索引擎，输入关键词“论文网”，能返回超过 600 万的相关网页。这些网站可以提供免费的学术论文做“参考”，有的还可以代写各种文章，像学位论文、职称论文、工作总结、年度报告等。校园网上有图书馆论文资料库，也为他们提供了方便快捷的条件。越是快捷方便，越需要大学生提高信息素养道德。

12）关于在网上引用文章而不注明出处的情况

这种情况时有发生，59%的同学明确表明自己经常这样做。出现该状况的原因主要是急功近利的观念弥漫整个校园，面对就业的巨大压力，许多同学不想把太多的精力投入其中，于是便通过各种途径拼凑论文。另外，有些学校对论文的质量监督也不严，总之，出现这种现象，既有学生本人的问题，也有社会大环境的问题。

13）从在网上谩骂攻击他人的现象看

这种现象在大学生中比较普遍，据调查，有 67%的大学生曾经在网上发表过对他人进行人身攻击的言论。这虽与大学生个人素质不高的原因有关，但也存在社会因素。网络聊天室中各种不文明的语言、街头流氓混混的各种污言秽语、电影中不健康的台词对白等对当今大学生的不文明言行举止都起到了推波助澜的作用。网络上如此，现实世界也不乐观，在校园中经常能听到各种令人生厌的口头禅，这些都出自受过高等教育的大学生之口，可见当前大学生的道德素质亟待提高。

综上所述，当前大学生的信息素养既有令人满意之处，也存在不少问题。大学生对信息的重要性认识比较充分，有积极的信息需求，并且能够利用自己掌握的信息技能去解决实际学习和生活中的问题，在信息获取中能够考虑到成本和效益等问题，在信息交流中能够有效传递自己的观点和看法，大多数学生愿意与别人分享自己获取的信息；不足之处是，有许多大学生对信息的敏感度和关注度不够，对信息技术的掌握不深入，对于信息处理的一些常用软件不能熟练使用，对与自己专业有关的信息源了解不够，检索技能有待提高，在信息交流方面无法准确传递有效信息，在信息伦理道德方面还有诸多方面需要改进。这在一定程度上制约了大学生创造性的发挥。

2. 大学教师问卷调查分析

说到大学生的信息素养状况，就不能不提到高校教师的信息素养现状。

1）高校教师的信息素养现状

信息素养对人的素质提升起到决定性的作用，已被看成是国与国之间竞争的关键因素，成为评价人才综合素质的一项重要指标。信息素养的研究最为关键的意义是能有效地提升民族的素质，进而提升整个国家的竞争力，提升我国在国际中的地位，提升青少年的信息素养对提升整个民族的信息素养起到关键的作用，而教师则是这一关键因素中的关键。

教师的信息素养应该包含三个发展层面：信息意识、信息技能和信息专业发展层面。教师的信息素养实现专业化需要经历几个过程：即基本技能的掌握、运用，把信息技术与课程教学相整合，创造性地运用信息技术等。教师具备的信息素养应该包括：通过在信息环境中应用信息技术工具，获取对信息环境中社会、伦理、文化的一般性了解和认识，将信息技术应用到教学科研工作中，使信息技能成为专业发展的一部分，并且内化为个人内在的一种素质。同时，教师信息素养的发展受到教育信息化环境的影响和制约，这里的环境主要指社会环境和学校环境。

2）调查问卷

本次调查问卷采取了问卷法和个案访谈的方法，并以分层随机抽样的方式进行了调查。共发放问卷 60 份，回收 56 份，回收率 93.3%，有效问卷 55 份，问卷有效率 91.6%。

（1）基本信息

性别：A. 男 B. 女

年龄：A. 30 岁以下；B. 31～35 岁；C. 36～40 岁；D. 41～50 岁；E. 50 岁以上。

专业：A. 理科 B. 文科 C. 工科 D. 商科 E. 其他

学历：A. 本科 B. 硕士研究生 C. 博士研究生 D. 其他

职称：A. 初级（助教） B. 中级（讲师） C. 高级（副教授、教授）

从基本信息反映出，某大学教师的年龄梯队比较合理，有 52%的基本在 30～50 岁，主要是承担学校教学中坚力量的中青年教师。学历主要集中在硕士阶段，其中博士研究生 9 人，硕士研究生 39 人，本科 7 人，分别占被调查人数的 14.5%、70.9%、12.6%。

在职称方面，被调查者中有高级职称的占 46%（25 人），中级职称的占 44%（24 人），初级职称的占 10%（6 人）。可见，中高级职称占绝对多数，初级职称人数较少。此外，被调查者中男性教师为 12 人，女性教师 43 人，显示女性教师明显多于男性教师的特点。专业以文科为主，占被调查人数的 71.4%（39 人），理科占 23.4%（13 人），工科、商科及其他占 5.2%（3 人）。

（2）问卷设计突出的问题

① 教师对信息技术认识的程度；

② 高校教师掌握信息技术知识和技能的程度；

③ 信息技术运用中的合作情况；

④ 高校教师对培训内容的要求；

⑤ 提升信息素养的手段和方式。

（3）设计问卷题目

① 您认为哪种因素是制约教师发展的最主要因素？

A. 教师的信息素养　　B. 教师的信息技能

C. 教师的信息技术运用　　D. 其他

② 您是否能跟上信息时代发展的步伐？

A. 总能掌握新的技术

B. 能基本了解一些新的技术

C. 不能及时更新自己的信息技术知识

D. 能将信息技术有效地整合到自己的课堂教学中

③ 您在教学中使用现代信息技术手段来改进教学活动吗？

A. 经常使用　　B. 有时用

C. 偶尔用过　　D. 从不使用

④ 您在运用信息技术进行教学的过程中与其他同事经常合作吗？

A. 经常合作　　B. 偶尔合作　　C. 从不合作

⑤ 您期望接受哪种信息技术培训？

A. 在职培训　　B. 岗前培训

C. 将信息技术整合到课堂中　　D. 案例分析

E. 实践操作

⑥ 您认为培训的不满意之处是什么？

A. 时间短

B. 缺乏培训后的支持

C. 培训方法单一，没有调动教师的积极性

D. 培训不够具体和系统

（4）样本的选择

在样本的选择上，采取年龄与学科层次搭配的方法，好处如下：

① 从总体上客观地反映教师信息素养的现状。

② 用比较的方法，通过不同年龄的比较以及不同学科任课教师的比较，发现和掌握教师信息素养的现状差异，从而全面认清教师信息素养存在的问题。

3）问卷分析

（1）从信息意识方面调查显示看

① 从对国家、学校教育信息的关心程度看，选择“比较关心”的占57.6%（32 人），超过半数以上。

② 从获得信息的主渠道看，选择“网络”的占到 71.8%（39 人），占据绝对优势。

③ 从使用计算机网络的目的看，选择“查找资料、写教学科研论文”的占 90.4%（49 人），选择“收发电子邮件、看新闻”的占 81%（45 人），选择“制作课件”的占 75%（41 人），选择“购物和娱乐”的占 33%（18 人）。

可见，高校教师群体对信息的关心度还是很高的，获取信息的主渠道是网络，上网的目的主要在于自己的工作和学习。如图 4–9 所示。

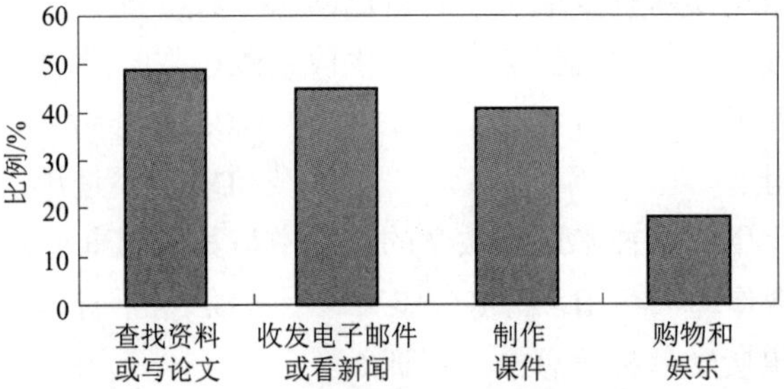

图 4–9 使用计算机网络的目的

（2）从信息知识方面调查显示看

① 对 Office 办公软件的使用情况：对 Word 的使用水平，55%（30 人）的教师能够熟练使用，超过半数；对 Excel 的使用水平为一般的占41%（23 人），较熟练的占 15%（8 人），对 Powerpoint 使用水平为一般的占 19%（10 人），较熟练的占 36%（20 人）。

② 从图像处理能力看，熟练使用的仅占 14%（7 人），会一点，但不太

熟练的占 71%（39 人）；在视频和音频处理方面，只有 7%（4 人）的教师能熟练掌握，60%（33 人）的教师会一点，但不熟练；还有 33%（18 人）的教师不会用；制作课件情况，53%（29 人）的教师会一些，但不熟练，能熟练制作的占 29%（16 人）；使用网上教学平台进行教学的教师仅占 13%（7 人），72%（40 人）的教师则从来没用过。

由此看出，对 Office 办公软件的使用大部分教师比较熟练，对图像及音频、视频的掌握不太理想，对制作课件，大部分会一些，但不熟练，使用网上教学平台的能力有待提高。

（3）从信息获取能力方面调查显示看

查找资料的主要途径，有 42%（23 人）的教师利用网上教学资源，76%（42 人）的教师通过互联网查找，25%（14 人）的教师利用图书馆；从网上查找所需信息的情况，能很快找到的占 19%（10 人），比较快的占 48%（26 人）；使用搜索引擎的情况，经常使用的占 74%（41 人），较多使用的占 22%（12 人）；以上数据表明，大多数教师都有通过网络搜集信息的网络使用能力。如图 4–10 所示。

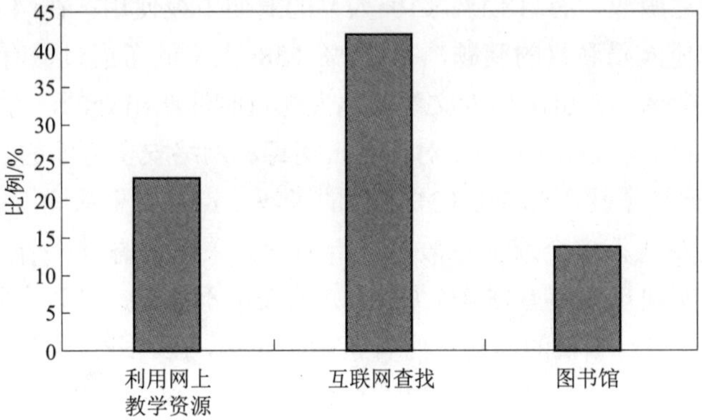

图 4–10　查找资料的主要途径

（4）从信息分析、评价、应用及交流合作方面调查显示看

判断信息来源的真伪，20%（11 人）的教师能较快地作出判断，67.2%（37 人）的表现为一般；在把握文章的主旨方面，有 34.5%（19 人）的能迅速把握主旨，54.5%（30 人）的能比较迅速地掌握主旨；在对获取的信息能科学地归类方面，有 58.1%（32 人）的能做到，有 21.8%（12 人）的偶尔会做；从获取的信息中提出自己的新观点，52.7%（29 人）的有时能做到，30.9%（17 人）的能经常做到；将自己的新观点应用到工作中去的情况，有

36.3%（20 人）的可以经常做到，50.9%（28 人）的有时能应用到工作中。合理利用网络资源进行自我终身学习，40%（22 人）的能够做到，34.5%（19 人）的表现一般；通过 QQ、BBS、微博、微信等讨论教学问题，有 32.7%（18 人）的有时能够做到，14.5%（8 人）的很少使用；和其他人交流经常用的途径，有 76.3%（42 人）的经常用电子邮件，74.5%（41 人）的教师发手机短信，81.8%（45 人）的使用 QQ。

（5）教师在信息分析能力方面调查显示看

大多数教师能够把握文章主旨，对信息真伪能够做出正确判断，能够对自己存储的信息进行科学归类。一部分教师能够从获取的信息中提取出自己的观点；近半数的教师可以把形成的新观点应用到工作中去；大部分能够合理利用网络资源进行终身学习；教师进行信息交流的途径主要有网络通信工具（QQ、BBS、微博、微信等）、手机短信、电子邮件、电话等。这些都说明教师之间的合作与交流意识不强，合作交流的能力不足，有待加强。

（6）从信息道德和安全情况方面调查显示看

从网上下载免费软件和文章的情况，有 70.9%（33 人）的教师下载使用，但能注意版权，有 18.1%（10 人）的随便下载使用；在网上搜索信息时考虑触犯他人隐私权的问题，有 69%（38 人）的考虑过，有 10.9%（6 人）的很少考虑；在引用他人文章或他人观点时注明出处的，有 98.1%（54 人）的教师在参考文献中列出；对计算机病毒和网络安全方面的知识，45.4%（25 人）的比较了解，56.3%（31 人）的了解一点；对于从网上违法获取他人隐私或危及他人安全或蓄意散发病毒的行为采取的态度，有 94.5%（52 人）的表示坚决反对，有 5.4%（3 人）的表示不提倡。从以上数据可以看出，大多数教师对版权的问题已经有正确的认识，在转载或引用他人成果时都能够做到以参考文献的形式列出。对他人的隐私权有一些了解，对非法获取他人隐私或危害网络安全能够坚决制止，可见大部分教师对信息道德有正确的认识，对计算机病毒的问题没有太多认识，或接触过也不会处理。

（7）存在的问题

① 虽然大部分教师都已经认识到信息技术对教学的重要性，但从实际教学应用来看，教师的信息技能还停留在计算机的基本操作阶段。

② 对学习和应用信息技术的意识不够强，教师整合信息技术与课程的积极性不高，这对更新教学观念，改进教学方法，提高教学效果很不利。

③ 教师对信息的分析、应用能力欠缺，能把新观点创造性地应用到实际教学当中的教师就更少。经常利用信息促进自我发展的也不足 50%。正

因为如此，造成教师利用信息进行科研的能力不强，在信息分析和应用方面的能力亟待提高。

④ 在信息交流方面，只有少数教师具有经常与人交流合作的良好习惯，多数教师还是习惯于独立工作，缺乏与同事和专家在教学和科研方面进行信息交流与合作的能力和意识。

⑤ 在信息伦理和道德方面，多数教师具备一定的伦理和道德，能够自觉做到尊重他人的知识产权和版权，同时加强对学生进行信息道德方面的教育。但是对计算机病毒和网络安全方面的问题了解不深，急需加强这方面的学习。

（8）问卷情况分析

从回收的有效问卷中，反映出以下问题：

① 教师已普遍地认识到信息技术的重要性，但不能有效地整合到现代课堂教学中去。在问卷题目 1“您认为哪种因素是制约教师发展的最主要因素？”中选择“教师的信息素养和信息技能”的占 56.3%（31 人），还有其余 43.7%（24 人）的人选择“信息技术的运用”和“其他”；题目 2“您是否能跟上信息时代发展的步伐？”中持肯定回答的占 43.5%（24 人）；在题目 3“您在教学中使用现代信息技术手段来改进教学活动吗？”中选择“常使用”的占 41.3%（23 人），选择“有时使用”的占 31.7%（17 人），选择“偶尔用过”的占 22.8%（12 人），选择“从不使用”的占 4.2%（3 人），如图 4–11 所示。

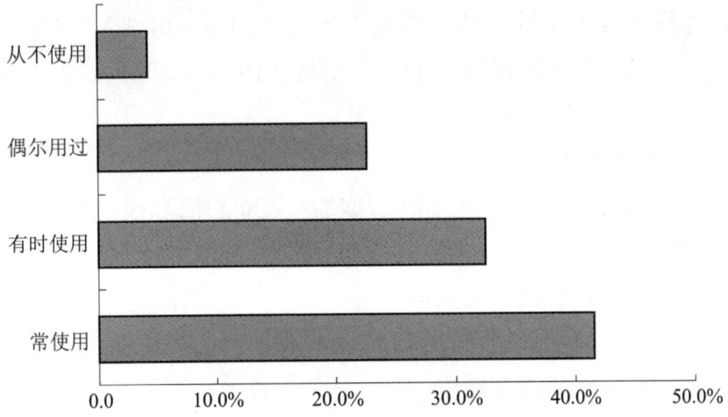

图 4–11　在教学中使用现代信息技术手段来改进教学活动

② 教师在运用信息技术进行教学的过程中合作意识不够。在问卷题目 4“您在运用信息技术进行教学的过程中与其他同事经常合作吗？”中教师选择“经常合作”的有 21.6%（12 人），选择“偶尔合作”的有 30.4%（17

人），选择“从不合作”的有 48%（16 人），表明教师之间零距离合作意识不够，如图 4–12 所示。

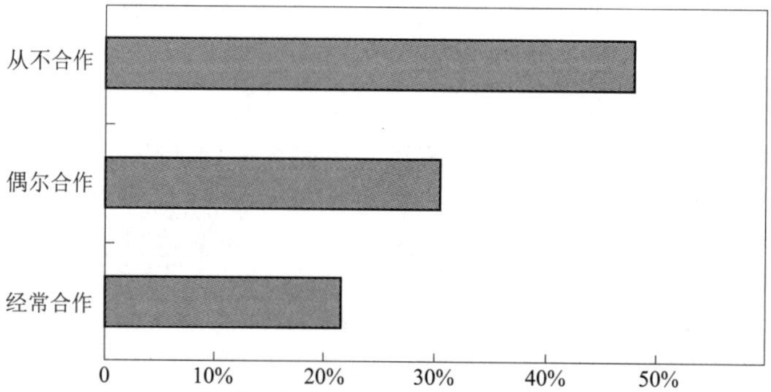

图 4–12　教师在运用信息技术进行教学过程中合作意识

③ 教师对信息技术的培训期望值较高，但满意率较低。问卷题目 5“您期望接受何种信息技术培训？（可多选）”中，发现有 90%以上的教师接受过正规的信息技术在职培训，且有 80%的教师认为对掌握信息技术帮助最大的是“在职培训”，有 14.5%（8 人）的教师认为是“岗前培训”；在培训内容上，认为重点应该放在“把信息技术整合到课堂中”的占 86.5%（48 人），选择“案例分析”的占 11.2%（6 人），选择“实践操作”的占 2.3%（1 人）；在问卷题目 6“您认为培训的不满意之处是什么？（可多选）”中，选择“缺少培训后的支持”的有 87.2%（48 人），选择“时间短”的占 83.6%（46 人），选择“培训不够具体和系统”的占 65.4%（36 人），选择“培训方法单一，没有调动教师积极性”的占 34.5%（19 人）。可见，教师对培训充满信心，但培训却没有达到预期的效果。

（9）各方面比较的情况

① 在年龄方面，随着教师年龄的增加，教师的信息技术理论功底加深，在学习新的信息技术知识上，年轻教师接受新事物的能力更强，从而运用信息技术与课程整合的积极性更高。

② 在学科方面，理科教师对信息技术新知识的接受能力更强，而在运用信息技术与课程整合的过程中，具有表现力的学科更容易采用信息技术来辅助教学，而逻辑思维性更强的学科则相对弱一些。

③ 在性别方面，在信息技术运用过程中，无明显的性别差异。

通过调查问卷和访谈的数据结果分析，当前高校信息素养存在诸多问题，而比较突出的问题在于：在职培训不到位、培训方式过于单一、培训目标不明确、培训管理制度不健全、合作意识不够等。

我们所倡导的高校教师具有的信息素养是以“知识共享”“合作研究”“协同发展”为内核的素养。它可以形成一种精神，使高校教师突破现实的功利和障碍，促进学科间的交流与沟通，相互取长补短，实现共赢。它还可以形成一种动力，促进新知识、新信息的产生与传播，形成校际的研究合作团队，从而为整个社会的发展贡献智慧和力量。从这个层面上看，高校教师间的合作在实现高等教育信息化和高校科研发展中起着关键的作用，这反过来又进一步提升了教师的信息素养。

高等教育信息化将改变高校教育的目标体系、评价体系和高校之间的竞争规则。从以教师为中心的教学模式转变为以学生为中心的教学理念，以建立适应信息化社会发展为目标的教学观和学习观，学生不再是单纯的受教育者，师生互动，共同创造新型的大学文化，从高校教师个人单独制作课件，进行“责任田”劳作式的教学转变为跨学科、跨学校共同创建教学资源，利用网络化的学习来补充、提升传统教学的缺陷，使教师的教学行为不再是纯粹的输出，而成为能够获得自我学习和相互学习的一种能力，形成一种互相促进和共同提高的机制：从学校各自为政的竞争模式转变为教学研究的校际合作模式，促进科研的合作与协作，推动科技的进步。所有这一切能否如愿以偿，都依赖于教师自身信息素养的提升，依赖于教师间的“零距离”合作意识。

4.3 调研问卷的思考

1. 信息技术发展突飞猛进，学生掌握的信息技能却相对滞后

信息技术的发展、更新速度太快，许多学生掌握的相关知识却相对滞后，不能完全跟上信息知识和技能发展的要求。自从1965年英特尔公司的创始人戈登·摩尔提出了著名的摩尔定律后，他预言微处理器上集成的晶体管数，每隔18个月就会翻一番，微处理器的计算能力也相应地成倍增长。这条定律现在依然在起着作用，从1946年第一台电子计算机ENIAC，到第二代晶体管计算机，再到第三代集成电路计算机，到现在的超大规模集成电路的64位计算机，发展速度之快，远远超过了其他技术。同时计算机的操作系统也经历了从原来的DOS操作发展到Windows3.1、Windows3.2、Windows98、Windows2000和WindowsXP、Windows7.0、Windows8.0、

Windows10.0 等视窗操作。另外，各种软件也有非常大的发展，许多新功能软件不断推出，原有的软件业在逐渐升级，功能变得更加强大，安全性也更加增强，信息技术的发展对信息技能提出了更高的要求，但学校的教育却相对滞后，跟不上形势的发展，有些学校的计算机教材还在使用 Windows98 版本，上机操作使用的电脑配置还处于 6 年前的水平，学生所使用的软件版本也比较落后，这明显制约着大学生信息技能的提高。

2. 应试教育的模式忽略了信息素养教育的培养

在现行教育体制的影响下，应试教育严重制约了信息素养教育的培养。学生在进入大学之前受到的教育完全围绕着中考、高考指挥棒展开，学校只看重学生的成绩，只关心数理化、文史哲等与考试直接挂钩的学科，相应地便忽略了对学生信息素养的培养教育，使得信息素养教育在中小学得不到根本的重视和落实，流于形式，尽管它有着迫切的现实需要，尽管目前很多学校开设了信息技术课，尽管很多中小学的孩子们会上网、会玩网游，但与我们提出的信息素养教育相去甚远，甚至背道而驰。

在中小学，同样是老师，教语文、数学和外语的老师就很受重视，很吃香，而其他科目的老师就比较受歧视，为什么？因为你教的课程不是升学考试要考的科目。大学科和小学科在中小学教学中有很大的不同，中考、高考要考的科目就变成“大学科”，中考、高考不考的学科就成了“小学科”，考什么就重视什么。怎么评价老师呢？也是拿成绩说话，谁教出来的学生考试成绩高，谁就是好老师，甚至到区教委开会，老师们坐的座位都是按颜色来区分的，红颜色的是成绩最好的，绿颜色的其次，黄颜色的是给黄牌警告的，黑颜色的是升学率最低的，这叫给你点儿“颜色”看看。现在我们所有的中学录取学生都是按分数高低来进行的，重点中学把最优秀的学生都招去了，次一点的学校把差一点的学生招去了，最差的学校只能招到最差的学生。我们认为，不同学校不同班级学生的基础和素养也不同，所以没有必要将分数作为衡量老师好坏的唯一标准。当然，我们不是说分数不可参照，但把它作为唯一的尺度来衡量，就没有意义了。

我们处处强调生存竞争的法则，却忽略了信息素养的“人性化”教育。有一些教育举措，比如分快慢班，美其名曰“因材施教”，按成绩把一个年级分成好几个班，取名为实验班、普通班，尤其是初三、高三时，实验一、二班全是学习成绩好的学生，实验三班是走后门进来的，但都是实验一、二班的老师教，剩下的四、五、六班就是普通班，汇集了老师认为的“差生”（考试成绩不好，没有多大升学希望的学生），甚至连考试考场的安排也按成绩分教室、分座次排序，一目了然。

但根据多元教育理论，每个人的潜质都有差异，你语文不行，可能数学很好；数学不好，可能外语很棒；外语不行，可能体育很厉害；体育不厉害，可能在文艺方面是个天才。因此，我们可以分层次教学，要让学生根据自己的情况选择不同的学科，选择不同的层次。要把选择权利交给学生，学生可以自我评价学习能力，自己选择相应的班级，这是国际上很多国家比较成功的做法，我们直接拿来用就行了。可事实上，我们的教育“目标”和“国际”并不接轨，我们的目标很鲜明，就是考好中学、好大学，所以老师的教学“目标”也很明确，不是要把学生培养成有益于社会的、能自食其力的正常人，而是要培养成“精英”“优秀人才”上好学校，这是我们分班的主导思想。现在这类分班，学生没有选择权，权利在老师手里，而且在分班过程中存在腐败现象，存在用钱、权交易进好班的现象，其他没钱、没权的学生只能变成陪读生了。与这种分班思路类似，还把学校区分为重点校、示范校、普通校来建设，人为地将优质教育资源集中，提供给所谓的“聪明”的，家境富裕的，有钱、有权、有势、有背景的，能出得起赞助费的学生。殊不知，这些做法，让那些出生在农村、家境贫困的学生一出生就遭遇教育不公平、社会不公平的待遇，因为所有的好学校几乎全分布在大中城镇，所有的好教师也都集中在这里，如果你想接受好的教育，你就要搬到这些地方，要交各种名目的赞助费。我们每个人都有平等接受教育的权利，包括接受同样质量的教育，尤其是在义务教育阶段。现在连进幼儿园，小孩都要考试，都要托关系，提前教孩子识字、算术、英语，争取挤进好的幼儿园，这还只是求学的第一站，以后还要争着进好小学、好中学、好大学。

现在政府采取措施解决义务教育阶段择校的问题，比如就近入学，电脑摇号，这是无奈之举！貌似公平，实则造成更为激烈的竞争。就近入学，有人就举家租房搬迁，或者在好学校附近不惜血本购置房源，据媒体报道，好地段的学区房卖到了每平方米 34 万元；也有人质疑电脑摇号，电脑是死的，人是活的，有关系的人早在摇号前就摇好号了！因此，这种做法带来了更大的教育不公平。

要是没有所谓的好幼儿园、好小学、好中学，所有的幼儿园、小学、中学，至少在同一区域中具有大致相同的教育质量，我们的义务教育阶段就不可能这么没有“人性”。所以，在人说，在这样的义务教育阶段谈什么信息素养教育，纯属奢谈。

在家庭中，由于绝大多数父母衡量子女是否优秀的标准主要是学习成绩，对于其他方面的教育则排在其次，这在一定程度上也制约着信息素养家庭教育的开展，造成家庭信息素养教育的缺失。由于父母是孩子的第一任老师，父母的一言一行直接影响着孩子的行为习惯，因此，家长的信息素养水平的高低在一定程度上影响着孩子的信息素养水平的高低。在实际生活中，家长的信息素养状况也不容乐观。暂且不说家长的信息素养水平如何，即使这些家长同意为他们或孩子开展信息素养教育，但面对升学的巨大压力，他们往往会放弃这些暂时看不到收获的耗时费力的教育内容，而将精力集中到高考科目上，提高了孩子的成绩才是硬道理。中考、高考被众多考生和家长定位在“决定命运”的高度上，谁还敢拿决定命运的事情开玩笑？谁能在决定命运的问题面前镇定自若？一场考试，考的不只是学生，更是整个家庭。且看从考试前几个月的名家复习讲座，到临场前的心理调适和疏导，以及考试期间的社会民众如何帮助考生赶考，家长如何齐心协力维护考场秩序，家长如何紧张地等候孩子走出考场，考后第一时间的考试题目分析和点评等，真可谓“全民皆考”。所有这一切都传递给大家这样一个信息：这是一场性命攸关的考试，容不得半点“闪失”。如此看来，作为信息素养教育的重要一环——家庭教育的效果也大打折扣。这样，本应在中小学就进行的信息素养教育，不得不转移到了高校中。

3. 高校信息素养教育意识淡薄

我国高校的信息素养教育现状与国外的信息素养教育相比不可同日而语，存在着很大的差距。虽然高校图书馆界早在十几年前就有学者进行了研究，提出信息素养教育的理念，但并未得到应有的重视。尽管国内高校信息技术教育开展已经十多年了，也取得了一定的进步，但它始终是信息技术教育的一部分，不能取代信息素养教育，直到近几年才引起社会的关注，才提到议事日程上来。目前，不少高校大学生的信息素养教育问题仍然没有引起足够的重视，虽然学校已经感受到了来自社会、来自基础教育等方面的压力，但还没有采取具体措施，依然没有把信息素养教育问题纳入学校的评价体系中去，使之流于形式，认为培养信息素养就是开设文献检索课、计算机技术课等，忽视其他活动的开展，把信息素养教育简单化。教师在课堂上还是采用传统填鸭式的教学方式，而新的教学手段和教学模式往往被束之高阁，即使学校有现代化的多媒体教室、网络信息设施，也常常因为不会使用或不愿意花费时间去探究新的教学互动模式而放弃使用。

4. 高校的文献检索课程缺乏新意

目前高校进行信息素养教育的主要途径是开设文献检索课程。按照国家教育部颁发的《文献检索课教学基本要求》的规定，该课的教学任务是“让学生了解各自专业及相关专业文献的基本知识，学会常用检索工具与参考工具书的使用方法，懂得如何获得与利用文献情报，增强自学能力和研究能力”。令人遗憾的是，作为一种较好的培养学生信息素养的形式，其开设还只限于部分专业，并没有惠及大多数学生。另外，文检课虽然开设多年，但教学内容依然陈旧，一些检索课程的内容还限于工具书检索年代，缺乏现代信息技术的教育；同时，文检课的理论讲得太多，实践太少，甚至有的内容根本没有实习。

5. 图书馆的职能作用未能充分发挥

高校图书馆是提高大学生信息素养的重要场所，但在校大学生利用图书馆学习的意识和能力都还亟待提高。这除了与教师的课堂教学模式有关外，图书馆自身的不足也是重要原因。一些高校的图书馆只注重外在的硬件设备建设，而忽视图书馆内在的软件建设，比如馆藏资源的建设和图书馆馆员业务水平的提升不够，服务手段滞后，服务意识淡薄，服务质量不高，这与图书馆所应起的作用还有一定的差距。

6. 部分教师的信息素养亟待提高

一些高校教师本身信息素养就不高，信息意识淡薄，加上学校对教师的信息素养培训不够重视，造成教师知识老化，对现代信息技术特别是计算机网络知识了解不多，大多数教师是知其然，不知其所以然，能够对信息检索技术和检索策略进行准确评述的就少之又少。北京师范大学王淑君、师书恩等人近年针对我国高等师范院校的教育技术应用情况对在京五所高师院校的教学过程进行问卷调查。调查结果表明，高师院校的教师普遍认为新的信息技术对自己的教学观念影响不大或根本没有影响：能够应用信息技术组织新的教学方式的教师不到 20%；绝大多数教师期望教育技术给自己的教学带来变化，但能够把现有的教育资源如多媒体计算机、互联网、CAI 等应用到教学过程中的教师不多；绝大多数老师不知道如何把现代信息技术整合到教学中。可见，教师的信息意识、信息情感及信息技能堪忧，这种状况已经远远不能适应 21 世纪对大学生信息素养培养的要求。

7. 网络文化内容复杂，学生自律能力以及对信息的选择判断能力有待提高

由于互联网信息传递的快捷性、自由性、流动性，使得网络中出现的不健康信息可能对阅历浅、涉世不深的大学生的思想和行为产生误导，对他们的价值观、道德评判标准产生一定的影响。网络的虚拟性可能会造成大学生跨文化交际能力的低下，网络的隐蔽性也会造成他们的道德感、责任感的弱化等。面对网络文化对信息素养教育的全方位冲击和挑战，如何加强大学生的信息素养教育，提高教师自身的信息素养，提高他们对异域文化的审美鉴赏能力，帮助学生对形形色色的多元文化信息进行筛选、处理和鉴别；以抵制不良文化、信息垃圾的渗透和入侵，这是当前信息素养教育迫切需要解决的问题，也是网络时代给我们提出的新课题。

目前，高校大学生上网并不是真正利用网络，而是为了好玩和满足好奇心，把大量时间花在“聊天”和“神侃”上，或在网络游戏中“遨游”，尝试“虚拟人生”带来的满足感和成就感，或者是毫无目的地在网上“漫游”。很多人不知道如何挖掘、搜集和利用对自己有用的信息，信息利用率低下。更有甚者，有的学生信息道德意识淡薄，认为上网就是为了访问色情网站以满足自己的猎奇心理，还有的学生对在网上制造混乱的黑客敬佩不已，并学习和效仿，以此来证明自己的技术实力。面对大学生群体中出现的信息活动方面的诸多问题，许多院校的主管部门并未引起重视，缺乏对学生信息活动的监管和引导，使之流于自然，这不利于学生的健康成长和良好信息素养的形成。

网络作为一个多元化、无序化、无中心、多元价值观共存、信息资源共享的社会，各种信息充斥其间，法律法规和防火墙无法实时监控和过滤。这种情况非常容易让一些意志薄弱的学生沉迷其中不能自拔。自律包括道德自律、学习自律、时间自律、欲望自律，也就是不放纵本我欲念，不偏离人生轨道，明白自己应该在什么时候、什么情况下，做好自己的事情。在这种情况下，自律能力差的学生往往抵制不了网络中一些不健康内容的诱惑，甚至会触犯道德的底线。对于自律能力的培养，仅仅依靠学生自我约束是不够的，还要靠学校和教师的人文底蕴发挥作用，尤其是对理工科的大学生，更要加强信息素养的培养，防止重理轻文、重技术轻素质的唯技术、唯网络倾向。

在网络文化背景下，大学生的选择和判断力受到很大挑战。遗憾的是，我们大多数的教师还没有意识到这一点。怎样指导学生选择和判断，学会拒绝和抵制，这不仅仅是网络环境下生存的技能，更是做人之道、为人之本。在多元文化的冲突中，无论是道德标准的选择还是文化模式的判断，都需要一定的文化底蕴作为基础和支柱。由于网络社会的无序运行，文化模式的选择、认同和吸纳，全靠学生的自我选择与判断。因此，培养大学生在网络文化环境下的选择和判断能力是不容忽视的任务。

总之，信息素养教育的内容非常丰富，涉及面也十分广泛。对此，我们应按照信息素养教育的内在逻辑，制定信息素养培育目标，明确信息素养教育内容，构建信息素养教育模式，加快文检课教学改革，发挥图书馆的教育职能。

（1）制定信息素养教育目标

信息素养教育应达到以下目标：提高学生的信息关注程度，形成“信息就是资源”“信息就是效益”“信息就是生存权”的价值观念；培养学生用一定的信息伦理与道德准则规范自身行为的能力；培养学生能够主动确定所需信息的种类、范围和价值的能力；培养学生建构和完善科学的信息策略，从而能够有效获取所需信息的能力；培养学生能够批判性地分析、评价信息资源的能力；培养学生能够独立、有效、准确地利用信息资源创造性地完成某一任务的能力；培养学生能够进行自我教育和终身教育的能力等。

（2）明确信息素养教育内容

信息素养教育主要包括信息能力教育、信息意识教育、信息道德与信息法规教育等。其中，信息能力教育是信息素养教育的重点，包括信息认知能力、信息获取能力、信息处理能力和信息利用能力等。信息意识教育主要培养人们对信息的敏感度，或捕捉、分析、判断和吸收信息的自觉程度，包括信息需求意识、信息获取意识、信息时效意识、信息超前意识、信息创新意识等。信息道德和信息法规教育要求人们防止信息垃圾与信息污染，不制作、不传播、不使用不良信息，不借助网络进行人身攻击，不侵犯他人的知识产权、商业秘密、隐私权，不利用信息技术进行违法犯罪活动等。

（3）构建信息素养教育模式

大学生的信息素养教育宜采用三级教育模式，即将大学生的信息教育分为初级培养、中级教育和高级培训三个层次。如针对刚入学的新生，进行信息基础知识和信息利用基本技能的教育，着重培养学生良好的学习习惯、学习兴趣以及最基本的信息获取能力与信息接收意识。针对二、三年级的学生，进行专业类检索工具和信息资源利用能力的培育，着重培养学生的信息获取能力及学习的主动性。对于四年级和研究生阶段的学生，进行信息理论教育，应着重结合专业学习进一步培养学生的专业信息收集、利用与评价的能力，使他们能够承担研究课题，为理论研究、应用研究提供信息依据。

（4）加快文检课教学改革

① 应当提高文检课的地位，把它作为对学生进行素质教育的重要手段，列入公共必修课，给予充分的学时保证；

② 要进行文检课内容的改革，以适应信息时代发展的要求；

③ 将信息素养教育渗透到相关课程教学中；将文检课与学生的具体专业相结合，促使文检课教学内容具体化。

（5）发挥图书馆的教育职能

现代高校图书馆既是学校教学、科研的重要组成部分，也是典型的信息集散地和信息资源中心。在对学生实施信息素养教育的过程中，高校图书馆应责无旁贷地成为主要的承担者。具体来说，高校图书馆应充分发挥自身在信息资源提供、信息查询、信息网络、信息人才等多方面的优势，采取多种形式，大力推进学生的信息素养教育。

第 5 章

信息素养教育对策

信息素养教育不仅是某个阶段的培养目标，而且是每个信息社会成员终身追求的目标和基本生存能力。信息素养教育也是未来教育改革的方向之一。尤其是在网络环境下，我国的信息素养教育，应以信息技术教育为基础，以信息加工能力、信息伦理道德和创新能力的培养为核心，在学校各门学科的教学活动中注重学生伦理道德、文化、社会责任感等方面的发展，培养学生的批判性思维、创造性思维和解决问题的实际能力，提高学生对网络信息的心理控制能力和对不良信息进行过滤的能力。使学生在求知中与信息世界互动，只有这样，终身学习才成为可能。

同时，信息素养教育是一个需要各界协同合作的参与过程，包括教育界、图书馆界、信息产业界及国家政府和全社会共同合作，在信息素养教育发展过程中，行业间的合作、跨行业的合作，地区、国家间以及世界范围的广泛合作，能有力地推动和促进信息素养教育的研究和实践。

5.1 信息素养教育措施

本书针对我国的具体国情，同时借鉴国外经验，特此提出适合中国特色的信息素养培养策略，以飨读者。

1. 加强信息素养理论研究，完善评价标准体系

随着信息技术的不断发展，社会环境的日益变化，如何顺应信息时代的要求，深入研究学生在信息素养培养过程中不断出现的新情况、新问题和新矛盾，探索实施信息素养教育的新思路，推动信息素养教育向深层次发展，已成为一个崭新的、重大的课题。

在网络环境下，学生要善于将网络上新的知识信息与课本上的信息有机地融合起来，不断了解和掌握本学科及相关学科的前沿动态，以新的知识信息开阔视野，启迪思维。

在网络环境下，学生的信息素养培养要与时俱进，要重视信息素养的理论研究，不断总结新经验、发掘新规律，指导教育信息化的新实践。

作为信息素养教育理论研究内容之一的信息素养评估指标体系，是开展信息素养测评的依据，它的制定和使用，能够形成对人们信息素养水平的定性和定量描述，科学而客观地呈现人们真实的信息素养水平。评估指标体系的研制和使用能够为教育部门提供工作支持，并在操作上予以指导，因为只有了解在校学生的真实信息素养水平，才能够根据现有水平，调整培养方案，开展有针对性的教育，从而提高学生现有的信息素养水平。

美国早在 20 世纪 90 年代就制定了相应的信息素养评价标准，在高等教育领域最为详尽，这就是美国大学和图书馆协会制定的《高等教育信息素养标准》，共有 5 项标准、86 项详细的指标。这一标准后来成为高校大学生信息素养培养的出发点和目标。

我国学者陈文勇、孙建军、刘美桃、杨林等人均从不同角度提出信息素养的评价标准。其中陈文勇和杨晓光老师曾就《高等院校学生信息素养能力标准》作了初步探索和进一步研究，是目前国内在这一研究领域成果比较多的学者，他们通过研究制定的评价信息素养能力的十大标准，成为大学生毕业时评价信息素养的指南。

另外，尽管《北京地区高校信息素养能力指标体系》是我国第一个比较权威的高校学生信息素养评价指标体系，但其制定的依据只限于北京地区，并且该指标体系的操作性还有待检验和验证。鉴于此，我国高等教育相关部门应尽快组织全国各地的专家学者，根据我国国情和高等教育的特殊性，制定出适合中国特色的、最具有权威的、适应网络环境的信息素养评价标准体系。

1）信息素养评价体系的特点

信息素养评价体系的构建之所以难以出台，源于其自身的几个特点：

（1）动态发展性

主要体现在信息技术的发展给信息能力的评价带来的难度，技术日新月异，社会对人才的要求也日益增高。

（2）综合性

信息素养的综合性表现在它所具有的伦理道德、技术和人文的要素。这个决定了评价必须从理论和实践两个方面综合评价。

（3）周期长，主观性强

这一特性体现在对信息意识和信息伦理道德的评价方面往往很难在短时间内进行客观的评价，所以导致这两个方面成为评价时最容易忽略的问题。

2）在建立评价体系时要依据的基本原则

（1）要科学、合理

① 作为一个评价体系，必须符合教育的客观发展规律，不能主观臆断和猜测，或者迎合某种短暂的需求；

② 要经得起时间和实践的检验。这也证明评价体系本身必须是一个不断发展的体系。

（2）内容要全面、系统

既然评价体系是培养学生质量和规范化的重要保证，并为学生接受信息素养培养后的评价和认证提供参考。因此，标准的内容应全面、系统地反映对学生信息素养方面的要求，包括需要具备的信息概念、基本知识、技能、态度以及信息化教学所需要的能力等。

（3）具有可行性和开放性

实施起来要有可行性，要求评价体系的各项内容一定是可以观察记录下来的现象或测评的结果，同时各项评价指标应该比较详细而又完整地体现信息素养的价值描述，而且结果最好易于统计和处理。实施起来还要有可行性，它既要体现信息素养教育的一般特征，又要为不同地区和不同条件的学生留有可变通的余地，应具有因时、因地、因人的开放性和可行性。

（4）要进行综合评价

信息素养培养是一个技术、人文、伦理的综合体系，因此对它的评价应该是定量与定性相结合、传统评价与表现评价相结合。

“路漫漫其修远兮，吾将上下而求索。”评价体系的建立不是一朝一夕的事，它任重而道远，需要我们进一步努力和探索。

2. 加强和完善信息素养教育的物质基础

信息素养的教育离不开一定的物质基础，而在网络信息时代，学生对计算机和网络的了解及运用是信息素养教育的重点。试想一下，如果大学生处在一个电脑配置落后、学生上网不方便、信息资源不能充分共享的校园网络环境，这对信息能力的提高会造成多大的影响。为此，高校应该努力提高校园网络化、信息化水平，力争为学校建成一个网络化、数字化、智能化有机结合的新型教育、学习和研究的校园平台，该平台以高度发达的计算机网络为核心技术支撑，以信息和知识资源的充分共享为手段，以培养能够获取、加工、处理和利用信息与知识的学生为主要目标。我国高校信息化、网络化建设发展迅速并已具备一定的规模，高校为此投入了大量资金。目前全国高校中绝大多数已经建立了不同层次和规模的校园网，许多高校校园网采取了千兆以太网技术，网络也已经连接到校内主要办公楼、教学楼、图书馆、实验楼等，建立了网络中心和多媒体教室。不过，虽然我国高校在网络信息建设方面已经取得了一定成效，但其中也存在重视硬件投入、忽视软件投入、资源共享不充分、网络存在安全隐患、网上资源建设落后等一系列问题。

与此同时，我们还应看到信息资源建设是校园网络信息化建设的核心，各个高校应对网络信息资源实施统一管理，最大限度地开发和利用学校各类信息资源并使其充分共享，向校内和社会提供全方位的公共信息服务。

校园网络信息化建设是高等学校建设的重要部分，它是一项基础性、长期性和系统性的工作，必须充分规划、逐步实施，共享应逐步完善信息设施、信息资源和信息服务，同时在信息设施、信息资源和信息服务运行中要努力充分调动各方面的积极性，引入现代企业机制，吸引筹措社会资金。贯彻全方位、多渠道加强教育信息化的方针，加大对信息基础设施的投资力度，加快网络信息化校园建设步伐，使之逐步走上良性、高效的发展轨道，为学生信息素养的培养教育奠定物质基础。

3. 将信息素养教育融入教育管理中

信息素养不是任何一门独立学科的学习目标或学习结果，而是一种积累式的结果，信息素养教育应广泛地在各门学科中开展，这样既可利用信息技能帮助学生更好地掌握专业知识，促进自学能力，同时又能让学生潜移默化地掌握信息检索、加工、筛选、获取、利用和交流的技能，从而逐步提高学生的信息素养。

目前，美国、加拿大、澳大利亚和新西兰等一些发达国家基本上运用了将信息素养教育与学科课程相整合的模式。我国学者也已经开展了整合式教学的探索与研究，将信息素养教育整合到其他学科的教学中，有力地推动了学校在教育思想、教育目标、教学内容、教学方式、教育评价等各个环节的全面改革。美国艾奥瓦大学的 TWIST（Teaching With Innovative Style and Technology）项目是图书馆员与学科教师成功合作的结果，该项目将信息素养整合到学科的课程教学中，为信息素养与学科课程整合的教育模式树立了一个典范。正是由于信息素养与学科教育整合的这一成功经验，使一些教师充分体验到了其对学科教育及学生能力培养的作用，因此他们决定充分采用这种整合的教学模式，他们认为信息素养的教学必须与专业课程的教学相结合，在进行信息素养教学的过程中给学生与专业课程有关的任务，这样才能激起学生的学习兴趣，否则，即使有了一时的兴趣，这种兴趣也不会长久。

任务驱动式教学法，就是一种探究式的学习形态，它以“真实任务”为中心来促使学习者主动吸纳、调整、重组自己的知识结构，从而在整个学习过程中不断完善自我、提升自我。任务驱动式教学首先要将学生置于问题环境中，让学生在实际环境中自主地发现问题，再让学生根据问题去确定自己所要解决的课题，制订出计划，包括所研究课题的目标、方法、过程、人员、分工等。在整个过程中学生借助信息技术解决问题，并对解决问题的过程、方法、结果进行评价。在研究、评价的基础上，学生对课题及其解决方法有了一定的认识，基于这种认识，应对课题进行再认识、再探究。如此反复，最后完全解决课题。课题完成后，总结、发表、交流。在整个学习过程中既培养了学生的信息能力，又培养了他们的分工合作的团队精神。

借助网络进行交互式学习或教学，这是当前的网络信息环境使然。多媒体计算机、网络已作为一种认识工具和学习资源进入了课堂学习和教学，这将进一步提高学校信息化教育水平，促进教学理念的革新，也为信息素养教育提供了良好的技术基础和支持环境。在网络课堂上，互联网以其强大的交互功能、开放的空间和广泛的信息来源，特别有利于学生进行自主探究或协作式学习。在网上学习，学生可以充分展示自己的观点，阐述其在研究过程中的各种设想及研究结论，并对教师或同学的提问进行答辩，对质疑问题也可在网上进行分组讨论和交流意见。课后学生还可以使用电子邮件、即时通信工具、聊天室等网络工具与教师进行交流，实现网上辅导和答疑。在整个教学过程中，教师不仅是知识的传授者，更是学生在信息世界中遨游的导航者，学生始终处于以现代技术为中心的学习、探索、研究的氛围中，完全改变了以课本知识为主，以教师讲授为主的教学环境和教学模式；学生学会的不仅是单纯的课本知识，而且是通过各种现代信息技术获取信息、处理信息、探索研究、解决问题的能力。

知识经济时代的大学生不仅要善于接受知识，更重要的是善于应用知识，进行探索和创造。学生参与科研活动不仅能深化所学到的理论知识，而且能培养学生的创新能力与研究能力。通过科研活动，学生可以将学到的抽象理论应用到实践中去，结合所学专业，获取信息，对所学专业的有关信息有更全面、更深刻的了解。让学生参与科研活动是培养其信息素养的重要途径。

虽然许多教育工作者就如何提高在校大学生的信息素养教育开展了有益的尝试，但综合起来看，文献检索课仍然是培养学生信息能力的主要手段，是我们研究和试验信息素养教育的平台。传统的文检课主要关注文献信息的检索和利用，采用的是以检索为主体的教学模式，网络环境下的文检课要根据现代化信息技术和网络资源环境进行授课。因此要改革授课内容和形式，增加数据库和互联网资源的检索利用，增加信息评价、网络道德等。目前，传统的文检课正逐步向包含更多信息素养教育的课程模式转变，新的信息技术和教育环境对文检课的理念和方式提出了许多新的要求，相关的教育者及图书界人士应不断进行理论和实践的探索，顺应新形势下的发展要求。

4. 提高教师的信息素养水平

信息时代网络技术的飞速发展，引发了教育、教学过程基本要素的置换和重组，改变了教师和学生交流、传递信息的方式，使得传统教育者的角色向现代教育者的角色转变，从而对教师的信息素养提出了更高的要求。同时，在网络信息时代，学生信息素养的提高除了一定的教育设施、教育环境外，教育者的信息素养也是一个重要的因素。教师既要掌握一定的计算机基础知识和网络操作技能，学会使用一些工具性软件，更要转变教学观念，培养和强化信息开发意识，并利用网上的信息为教学服务，学会创设信息环境，在教学活动中组织和引导学生增强信息意识。教师是教学活动的组织者和实施者，在教学中起着主导作用，建立一支具有信息素养的高素质的师资队伍，为在校学生信息素养的提高提供了保障。

教师信息素养的提高主要包括四个方面。

1）教师应该加强自身的基本信息素养

即掌握传统的信息基础知识和计算机基本技能。教师必须了解信息技术的基本理论、知识和方法，了解现代信息技术的发展与学科课程整合的基本知识；必须掌握计算机基础知识、操作系统、Word、Excel、Powerpoint 等信息交流、处理软件及一些基本的编程语言，并能熟练应用计算机处理学生考试成绩、编写测试题等。只有具备了基本的信息素养，才能培养信息处理的能力。

2）教师应该学会使用多媒体进行教学

信息时代为我们提供了丰富的资源条件，为提高教育教学质量，教师应该根据不同的学科内容特点和教学对象，围绕教学目标、授课内容选择和使用不同的媒体。此外，教师还应当掌握计算机教学的基本过程并尽量学会使用 Powerpoint、Flash、Authorware 等应用软件制作多媒体课件；再者，网络信息时代的教师应该具备网络的基本知识和素养，教师应当掌握电脑网络的一般原理，学会利用网络搜索数据、传输文件并进行网络交互式教学，能利用电子邮件跟同事或学生进行交流，利用电子公告牌或自己制作的网页发布自己的认识和观点，同时必须具备尊重知识产权和遵守网络道德的素养。

3）教师要努力推进信息技术与学科课程的整合

教师必须具备把信息技术和不同媒体优化组合，将信息技术有机地融入学科教学过程中的能力和素养，真正发挥信息技术的作用，从而提高教育教学质量。

5. 营造信息素养教育的良好社会家庭环境

网络信息成为继报刊、广播、电视之后的又一重要媒体，深入社会家庭生活的各个领域。如今，信息教育的普及率是影响社会学习利用率的重要因素。然而，信息素养的教育是一项系统工程，社会负有不可推卸的责任，只有公民信息素养的提高才能使社会信息化具有更高的实际意义。各所高校固然在培养学生的信息素养方面起主导作用，但不容忽视的是社会家庭中的信息素养教育本身就是一种培育信息素养的环境，是信息素养教育的一条重要途径，是对学校信息技术教育的有益补充，良好的社会家庭信息环境对学生信息素养的培养也有着一定的促进作用。

1）发挥家庭在信息素养教育中的作用

家庭是社会的细胞，家庭教育是人一生当中最先经历的教育环境，可以说从人的启蒙教育到终身教育几乎与家庭都是密不可分的，父母是孩子的榜样，父母的一言一行对子女的影响相当深远，因此可以通过父母所具有的特定信息素养去影响与感染下一代。网络信息时代计算机、网络已越来越多地介入家庭中，家长应该树立正确的信息观、人才观和教育思想，掌握科学的教育方法，开展丰富多彩的家庭教育活动，减少或避免网络信息对孩子的负面影响，同时家长也应当不断学习，掌握信息基础知识，努力营造和谐的家庭氛围，与子女共同探讨学习信息技术，共同做好学生信息素养的教育工作。

2）动员全社会关注和参与信息素养教育活动

（1）要确立网络主流价值观的主导地位

要通过正确的舆论导向营造健康向上的网络道德氛围，加强网上文明行为规范，维护良好的网络秩序，同时要大力宣传正面典型，发挥榜样的作用。许多网站论坛制定的网络文明公约增强了网民的道德意识，使用户自觉对上网行为进行规范，这为社会创造良好的网络氛围具有重要意义。

（2）要采取有效的措施来加强网络信息的管理

运用技术、行政、法律手段加强对我国所有骨干网、局域网和校园网的管理、规范运作，控制信息源头，防止有害信息的侵入。着重加强对高校周围网吧的监管。因为网吧大多是私营的，由于利益驱动，对网上人员通常没有任何约束，所以大学生在这里沉迷于上网聊天、打游戏，甚至光顾色情网站。这种放纵对于意志薄弱、自控能力差的学生是一种诱惑，所以必须加强对网吧的监督与管理。通过严格有效的管理与引导，使网吧业主遵循应有的规范，引导他们积极参与到开展创建“放心网吧”“绿色网吧”的活动中去，为广大学生提供健康文明的网络信息环境。

（3）要进一步加大网络立法的力度，健全网络法规

近年来，我国先后发布了《互联网上网服务营业场所管理办法》《关于维护互联网安全的决定》等一系列法规。这对规范我国互联网信息服务活动、促进互联网信息服务健康有序发展，发挥了重要的作用。但现有的法规对迅猛发展的互联网还是显得相对滞后，因此，一方面，要根据现实需要，对已有法规进行修改、补充和完善；另一方面，要进一步加大立法的力度，把网络文明纳入法制轨道，逐步建立适合我国国情的网络法律法规体系，为大学生提供一个良好的社会网络环境，促进大学生信息素养的提升。

6. 注重校园网络道德文化建设，注意引导学生合理使用网络

将大学生的网络道德教育作为一门功课来开设，这在我国的高等教育中还基本处于真空状态。在网络信息时代，我们应该加大对在校大学生进行生活方式、思想道德方面的信息素养教育，需要深化课程改革，调整课程内容。

1）增设专门的网络道德教育课程

比如《网络道德与文化》《网络与文明》等课程，重点进行网络道德规范、网络法律法规、网络礼仪、网络安全及网络管理等方面的教育，使大学生掌握网络道德规范，增强网络道德意识。

2）加强高校校园的网络建设和管理，建立起网络安全的“防火墙”

高校应该紧跟时代潮流，注意对网络设备进行更新，建立和完善校园网络防卫系统，充分发挥互联网的优势，努力抵制负面效应，促进大学生健康成长。

① 要成立专门的管理机构负责校园网络的建设与管理，对大学生加强网络知识培训。

② 要建立和完善有关规章制度，加强网络信息监控，营造健康有利的校园网络环境，为大学生提供一个健康文明的网络空间，阻止各种不良信息进入校园网。

3）通过合理的途径发挥大学生的网络才能

学校可以开设相关的选修课，举办学生个人主页、班级主页设计比赛。此外，学校里的各种社团组织也可以开展一些网上竞赛，比如模拟炒股比赛、虚拟创业大赛等，鼓励、引导在校大学生合理使用网络。

4）重视网络心理教育，搞好网络心理咨询

网络心理教育和心理咨询对普及大学生的心理健康知识，增进大学生的全面素质，完善大学生的人格和心理品质具有重要作用。因此，可以在网上设立心理咨询主页，定期更新有关大学生维护心理健康的知识，帮助大学生正确地评价自己的发展状况，更加全面地了解自己。同时，还可以通过电子邮件，开展心理问卷调查，形成有关大学生心理状况的技术统计资料。与一般意义上的心理咨询相比，这种网上心理服务功能强大、安全、便捷、保密性好，且不受时间、地点、环境的限制，同时，也体现了对学生个人的尊重，有利于消除学生的顾虑，因此也容易取得明显效果。

5）通过舆论来实现高校网络道德教育

学校应该就网络道德问题开展专题讨论活动，营造正确的舆论氛围。通过舆论的力量，发扬善举德行，谴责不道德行为，从而使整个高校的网络环境形成惩恶扬善、扶正祛邪的良好道德动力，随时引导、激励、敦促人们作有德之人。

5.2　信息素养教育途径

信息素养是可以通过教育进行培养的，信息社会教育工作者的主要任务就是通过各种途径，有效地培养学生的信息素养，使人类社会能够健康持续地得到发展。信息素养不是与生俱来的，是通过后天培养养成的。正像听说读写算等技能和文化修养是通过教育才能获得一样，信息素养也是通过学校教育有意识、有目的培养的，还可以通过个人自我学习、自我提高的方式获得提升。

1. 统一认识，从思想上重视信息素养教育

弗洛伊德说过："思想是行动的预演。"有什么样的思想，就会有什么样的行动。信息素养教育在我国起步比较晚，可以说是一个新生事物，开展信息素养教育，首先，要解放思想、改变传统观念，尤其是改变急功近利的教育观念，把信息素养教育贯穿到整个教育教学的全过程中。其次，要认识到信息素养是一种高级的认知技能，是一种综合性的素质教育。

1）信息素养教育是传统文化素养教育的延伸和拓展

信息素养包括诸多方面的内容：了解自己的信息需求，能在已掌握信息的基础上系统阐述问题，具有识别潜在信息的能力，能制定成功的信息检索策略，具有评价信息的能力。信息素养的核心是提高学生面对各种信息的解释、批判、防范与筛选的能力；并能把筛选出来的信息整合到原有知识体系中去，内化为自我意识。提高学习素养，就等同于培养了人的独立自主的学习态度和方法，因此，信息素养的培养日益成为世界各国教育界所关注的重大理论与实践课题。

2）信息时代不仅带来教育形式和学习方式的最大变化，更重要的是对教育的思想、观念、模式、内容和方法产生了深刻的影响

从某种意义上说，大学应该是人文荟萃之所，是以研究为主的知识生产机构，而不应该"沦落"为靠政府授权，开展"专业"培训，发文凭的行政机构。因此，高校对学生信息素养的教育不应该停留在操作技术层面，应该实施完整的信息素养教育。

3）应该认识到信息素养教育是一种综合性素质教育

信息素养不是具体哪一门课程所能够涵盖的，进行信息素养教育，不能只在计算机学科教学中实施，而应该渗透到各门课程的计算机辅助教学和计算机教育管理的应用中。

① 将信息技术的培养目标整合到各门课程的教育目标与评价体系中，将信息教育贯穿到教育的全过程。信息技术与其他课程的整合，既有利于其他课程内容的学习，也有利于信息技术的学习。不仅如此，它对学校的教学

改革、学生创新能力的培养也是十分重要的。

② 把信息技术作为教学手段与认知工具渗透整合到每一门学科教育中，以信息技术促进其他课程的学习。

2. 发挥图书馆在信息素养教育中的作用

在培养学生的信息素养方面，图书馆有着得天独厚的有利条件。尤其是高校图书馆，它们信息资源充足，文化氛围浓厚，有着良好的阅读环境、完善的信息检索工具以及具有丰富经验的信息检索专业人员，使其成为大学生信息素养教育的重要基地。

1）应该加强图书馆馆藏文献信息资源建设

丰富的馆藏信息资源是对大学生进行信息素养教育的物质基础。高校图书馆要保证信息资源的数量和质量，首要的是内容要全面，根据学校自身特色，重点加强优势学科的馆藏资源，同时保证多数其他学科包括书籍、报刊、音像制品及其他材料等建设的齐全、规范，形成规模化的藏书体系。各大高校图书馆应该积极参加学校间的资源共享活动，比如高校图书馆联盟、CALIS 项目等，加强校际的合作，充分实现文献资源的共享以及资源互补。还要保证资源的及时更新，这就要求学校图书馆应关注各领域的学术发展、科技动态，保证学生和教师能查阅到本学科领域的最前沿资料。加强数字图书馆建设，在充分考察清楚学生需求的基础上购入各种国内外数据库，能够让师生通过网络平台找到所需要的电子文献资源。

2）为全校学生开设文献信息检索课

目前，绝大多数高校图书馆在实施信息素养教育中开设了文献检索课，但多数学校开课范围比较窄，有的只限于部分专业，如管理、计算机、医学等。对此，有必要让文献检索课惠及全校大多数专业，同时着重开展网络信息检索的教育，让学生了解信息处理的思想、基本方法和实际操作能力，使其在面对新的学习内容时，也能根据学校处理的方法来解决实际问题，交给学生网络信息检索的钥匙，加强学生的信息意识，提高学生的信息能力。

通过各种途径，开展各种活动，为在校大学生服务，提高学习素养。图书馆可以吸纳大学生们作为志愿者参与图书馆信息服务工作。比如跟随正式馆员参与为学校重点学科教学、科研以及学科信息导航服务的活动，让他们接触从课题立项到课题成果鉴定的整个过程，并学会提供对口的信息检索、信息分析等服务。学生通过参与图书馆的信息工作，增强了信息意识，提高了信息能力，使信息素养得到提高。同时图书馆还可以充分利用自身的资源优势定期开展读书活动，比如开展馆藏印刷型文献、计算机阅读型文献的导读，馆藏机读书目查询、光盘数据库查询、网络信息查询；观看相关电影、电视、录像、网络视频点播，听各种讲座、报告，参加朗诵、演讲比赛，写征文、评论，开展各种展览等活动。学生通过一系列活动的熏陶，对图书馆各种资源的使用更加了解，有助于提高自身的信息素养。

3）提高图书馆馆员的信息素养，使其更好地服务于读者

图书馆馆员在培养学生的信息能力和信息意识方面起着非常重要的作用。因此，加强自身的素质建设，提高网络的信息检索和利用能力，加强信息分析能力和研究能力，提高教育能力，有效指导学生进行文献检索和信息分析，这是图书馆馆员当前面临的重要课题。

4）图书馆可以将对学生的信息素养教育贯穿于用户培训、参考咨询等工作之中

随着社会的发展，用户已经成为提供商的重要因素，是图书馆存在的内在动力。到了信息时代，随着数字化和网络化的发展应用，互联网已成为知识制作、存储和阅读的主要场所，用户对互联网的依赖正在日益增长，此时图书馆馆员应该肩负起对用户进行培训和指导的任务，使用户正确地检索信息、甄别信息、获取和利用信息。同时图书馆馆员应该掌握先进的网络工具和服务系统，在网上开展参考咨询工作。信息检索是信息资源开发和利用的关键。信息检索方法或检索技术是组织信息素养教育的重要课程。当前，信息检索方法已经从传统的检索方法向超文本、多媒体、网络化等新型检索技术发展，作为图书馆参考咨询人员，要对用户和读者承担起全部咨询工作，教育他们如何使用各种网络资源；如何通过网络进行各种信息检索，如全文文本检索、多媒体检索、网络信息资源检索等；使他们掌握正确的信息检索、采集、分析方法，充分利用网络资源和图书馆拥有的馆藏数据库资源。

3. 合作化信息素养教育

合作化信息素养教育是一个大趋势。它包括图书馆联盟之间的合作，不同类型图书馆之间的合作，图书馆员和学科教师之间的合作等。

20 世纪 90 年代以来，国外大学图书馆之间开展信息素养教学的合作项目开始出现，并迅速发展起来，我国在这方面开展得比较晚。这些合作项目在很大程度上是随着网络教学的发展而兴起的，因为网络教学不受时空的限制，为这种跨机构的合作提供了可能与机遇，它基于图书馆联盟或大学系统。相当数量的大学图书馆之间的信息素养教学合作项目都致力于合作开发基

于 Web 的在线信息素养教学课件或课程。

美国大学图书馆和中小学图书馆一直都比较注重信息素养教学，往往将信息素养教学融入整个学校的教学活动中。在不同类型图书馆之间的合作中，大学图书馆与中小学图书馆的合作最为密切，目的是培养中学生终身学习的基本技能。其他类型图书馆之间的合作还包括大学图书馆与公共图书馆、专业图书馆以及公共图书馆与中小学图书馆的合作，更多的项目中参与的合作者往往包括多个不同类型的图书馆。

由于图书馆员可以为基于资源的学生提供有关信息资源使用的专业技能和经验，因此，在信息素养与学科课程教学相整合的教学改革中，图书馆员成为教师重要的合作伙伴。图书馆员与教师的合作是基于共同的目标、共同的视角和相互信任、相互尊重的环境。合作在于教师可以带来对学生的兴趣、态度及对学科课程内容强弱的理解，图书馆员则可加上信息技能的知识与课程整合的方法。图书馆员是开展信息素养教学不可或缺的教育者，图书馆员应该积极主动地与专业教师取得联系。成功的合作要求由图书馆员和教师共同制定综合性的计划，首先，图书馆员要了解教师的专业需要，提供切实的帮助；其次，二者共同教授相关知识，但有所分工。图书馆员侧重介绍基本的信息检索、利用和评价技能，教师则介绍与学科研究紧密相关的研究方法和技能。这就要求图书馆员与教师共同参与课程材料的设计、课程计划的讨论、与课程相关资源的选择等多方面的合作。

“他山之石可以攻玉”，国外的信息素养教育实践告诉我们，合作是推进信息素养教育的必由之路。我国当前新一轮的教育改革，把开展研究性学习、培养学生终身学习的能力放在十分重要的位置。但是目前我们的信息素养教学合作还没有有效开展，原因不一而足，其中之一是学校的教学管理者、图书馆管理者和教师还没有对这种教学合作引起足够的重视。因此，我们需要快速转变观念，借鉴国外的经验，积极倡导信息素养教育与学科教学的整合，加强各类机构在信息素养教育方面的合作，通过全社会的共同努力，来提高全民的信息素养水平。

5.3　信息素养教育的必要性

在 21 世纪，人类以令人难以置信的速度跨入信息社会，在这个全新的信息化社会中，应重视对信息主体进行信息素养教育。当代大学生是民族的希望、国家的栋梁，担负着科学研究、科技发展的重任，大力培养他们的信息素养应被视为一项战略性举措。

1. 培养大学生的信息素养是信息化社会的迫切需要

1）培养大学生的信息素养有利于提高国家的竞争力

全球信息化的浪潮正在引发当今世界格局的变化，信息化最终靠的是人才，一个国家国民信息素养的水平是评价该国信息化水平的最重要指标，也是影响该国国际竞争力的重要因素。大学生是国家未来发展的中坚力量，他们的信息素养水平在很大程度上决定着国家能否在全球信息化过程中占有一席之地。因此，培养大学生的信息素养对增强我国的国际竞争力意义非凡。

2）培养大学生的信息素养有利于建设创新型社会

高等院校是培养创新人才的重要基地，是国家高素质人才的摇篮，大学生的创新能力必须以具备信息素养为前提，没有良好的信息素养，很难实现创新。因此，对大学生进行信息素养教育是在为国家储备创新人才，具备创新能力的大学生在走上工作岗位后才能发挥其创新能力和创新精神，把学到的各种技能和创新意识运用到实际工作中，从而为建设创新型国家提供重要的人力支援。

3）培养大学生的信息素养是社会可持续发展的需求

人才资源已成为社会可持续发展的根本，网络化急剧发展，推动社会经济快速发展的核心动力是 Internet 和教育，而掌握 Internet 和教育的正是人才。目前，互联网+时代已凸显了信息素养人才的缺乏。因为只有这种人才，才能获取有价值的信息，才能有创新意识，才能显现出无限的发展潜力。社会的可持续发展迫切需要大力培养当代大学生的信息素养。

4）培养大学生的信息素养有利于构建终身学习型社会

学习型社会以全民学习、终身学习为主要特征，终身学习以学习者具备自学能力为前提，终身学习和自主学习都必须以良好的信息素养为基础，作为大学生，培养他们的信息素养，也就是在培养大学生实践终身学习所应具备的品质，能够对构建学习型社会起到一定的推动作用。

2. 信息素养培养是大学生自我发展的需要

不断学习的过程就是不断获取和利用信息的过程，如何准确把握学习方向，涉猎、鉴别、采纳、利用知识，实质上是信息能力、信息素养的问题。信息获取可以扩展人的感觉器官功能，为人们有效探索世界的深层奥秘提供技术支持，为人们认识世界和科学决策提供强大的智力支持，为人们改造世界提供强有力的工具。主要体现在以下几个方面：

1）信息素养培养有利于提升大学生的创新能力

良好的信息素养是培养大学生创新能力的基础。没有良好的信息素养，根本谈不上真正的创新，只有具备良好的信息素养，才能少走弯路，避免重复劳动，才能提升创新能力。伴随着高校的教育改革，对大学生创新能力的培养也日益被提上了日程。创新首先要有知识的积累，具备足够的信息知识和信息能力，并且要遵守信息伦理道德。所以，在一定程度上，培养大学生的信息素养，实际上是培养他们将创新思维变为现实的能力。因此，信息素养的培养在创新能力的培养中起着举足轻重的作用。

2）信息素养培养有利于提高大学生的自学能力

培养大学生的自学能力是高等教育的重要目标之一。从教育者的角度出发，应当从"授人以鱼"转变为"授人以渔"。信息社会，知识更新的速度日新月异，如果不能与时俱进，就会被社会淘汰出局，大量新知识的获得主要靠自学。具备良好的信息素养，是提高自学能力的基础，自学能力的获得要求学习者有强烈的获取知识和信息的意识，并掌握筛选、提取、整合信息的方法和能力，这正是具备良好信息素养的学习者具备的。通过对知识、信息重要性的介绍，使大学生树立正确的信息概念，通过对获取信息技能的训练，培养他们过硬的信息能力，并使他们在信息社会中遵守信息伦理道德，从而赋予他们获取自学能力的武器。

3）信息素养培养有利于大学生个人的自我发展

在信息社会，谁掌握了信息，谁就掌握了主动权、话语权。因此，培养大学生的信息素养对他们个人的发展非常重要。在这样日新月异的信息社会，信息素养日益成为影响人们幸福感的重要因素。单就大学生就业这点来说，如果缺乏对各种就业信息的了解，不能及时关注就业信息动向，欠缺获取、筛选和整理相关信息的能力，缺乏信息意识，就很难抓住机会，相反，越是最先了解信息的人，越容易把握机会。培养大学生的信息素养，使他们具备主动获取信息的意识、对信息加以分析筛选的能力，这样有利于他们按照自己的兴趣、爱好和专业，制定合理的职业生涯规划，并能及时做出调整，对于他们及时把握就业机会，或者进行自主创业都有很大益处。从个人长远发展来看，还可以让大学生更深入地掌握专业知识，并有所创新。同时还促使他们广泛涉猎其他领域的知识信息，对其日后的人生规划会有很多帮助。良好的信息素养可以帮助大学生养成自主学习的习惯，获得终身学习的能力。

4）信息素养培养有利于提升大学生的思想政治素质

由于信息社会的多元化，各种信息通过媒体、网络等途径传播、碰撞、交流，其中不乏不良信息的传播，大学生很容易接触到各类良莠不齐的信息，由于他们的人生观、价值观、世界观还不完全成熟，辨别力不高，极易受到非主流文化的影响，从而造成思想的混乱和立场的妥协。另外，网络的虚拟性和交互性成为弱化大学生意志品质的重要因素，甚至导致大学生道德感和责任感滑坡，主动散播不良信息或制造虚假信息，严重影响大学生的思想政治素质，这个状况十分令人担忧。面对这样的困境，要培养大学生的信息素养，提高他们自身的免疫力，教会他们正确看待信息的价值，避免负面影响，学会如何面对不良信息和虚假信息。所以，培养大学生的信息素养有利于提高他们的信息伦理道德，加强大学生的思想政治素质。

3. 大学生的信息素养培养是高等教育发展的要求

实施素质教育是高等教育改革的主要目标，信息素养教育是实现素质教育的重要内容之一。对大学生进行信息素养的培养，对高校素质教育的改革具有积极的促进作用。素质教育的显著特征是主体性，以教师为主转变为以学生为主体的自我教育；全面性，促进学生德智体美劳全面发展的教育；全体性，面向全体受教育者；开放性，注重学生创造性思维的培养；发展性，注重培养学生的自我发展能力。因此说，培养大学生的信息素养是高等教育发展的要求。

培养大学生的信息素养是与教育信息化过程同步的，有助于推动高等教育的信息化进程。良好的信息化环境对大学生的信息素养培养起着至关重要的作用。校园网络化、数字图书馆、远程教育的开展都是对大学生进行信息素养培养采取的策略，都有利于大学生进行自主学习。高等教育信息化与大学生信息素养的培养相互促进，同时进一步深化高等教育信息化改革。

培养大学生的信息素养有助于改进高校传统的思想政治教育工作。在信息时代，信息的开放性和交互性使得大学生具有更多的主动性和开放的自主空间，他们很容易接触到各类信息，如果高校的思想政治教育跟不上形势发展的需要，不能与时俱进，不加强大学生的信息素养教育，仅仅从外部采取措施抵制不良信息的影响，显然是不够的。

那么如何应对这个挑战呢？

① 要加强正面舆论宣传，增强大学生自身免疫力。

② 要加强大学生信息素养道德的培养，就是积极引导大学生吸收正面信息，学会评价信息，自觉抵制不良信息的诱惑，并保证自己的信息活动符合道德规范和法律法规，这在一定程度上弥补了传统思想政治教育工作的不足，也是应对新环境下高校思想政治工作的良策。

第6章

信息素养教育评价

在信息素养教育的研究过程中，一个重要的问题是如何评价信息素养，这就涉及用什么样的标准来评价、采取什么评价方法以及依据什么原则的问题。国外信息素养的评价标准已经确立，我们在借鉴国外先进经验的同时，也在不断探索和制定适应中国国情的信息素养评价体系。

信息素养的评价，可以是对一个国家或地区的群体评价，也可以是对具体人的评价。我们这里着重评价学生的信息素养的程度与水平，衡量这些信息素养对于学生在信息社会中学习、生活与未来工作的价值与意义。

信息素养教育是在大众传媒时代，针对多种媒介对人的影响而提出的一种教育思想和方法。它以培养人的信息素养为核心，以培养人们正确使用媒介和有效使用媒介的能力以及独立判断信息价值的知识结构为目标，力图使人具备再生产、传播信息的能力。

大众传媒作为一种重要的社会力量，在监测环境、传播信息、反映社会、提供娱乐等方面起了重要的作用，它不但改变着人们的价值观念和生活方式，也在塑造着人们的品格。大众传媒进入人脑的信息大概可分为认知信息、情感信息、审美信息和道德信息。这四种信息对于人格的形成、素质和品格的提高都具有重要意义，这四种信息的获取都依赖大众信息素养的提高。可见，加强信息素养教育，进行信息素养教育评价，提高公众的信息素养意义重大。

6.1　信息素养教育评价方法

1. 评价要素

评价是按照预定的目的、确定的研究对象的指标，并将这种指标变为客观定量的计值或主观效用和行为。评价包括以下两个要素：

1）指标体系

指标是指描述评价对象功能的量。随着人们对世界认识的不断深化，描述评价对象功能的量的指标往往不止一个，而是若干个，它们一起构成一个多指标系统。

2）评价方法

对多指标系统中的不同对象，无法直接比较其优劣，必须借助于某种评价方法，将多指标系统转化为单指标系统，再进行比较。评价是人类行为自觉性与反思性的反映，促使人类的各种活动逐渐完善，是人类有意识活动的一个表征。

处于数字化信息时代，信息的收集、处理和应用已经成为构成一个国家综合实力的一部分，信息素养已然成为一个人除了读、写、算之外的一项基本技能，作为信息时代的大学生信息素养成为其生存发展的基本技能，同时也奠定了其信息素养的基础。在国家大力提倡素质教育的今天，评价是教育活动中一个重要组成部分。大学生信息素养评价就是对大学生进行信息素养教育或培养过程中的自觉性与反思性的反映。信息素养评价标准是用来衡量个体信息素养达到了一个什么水平，个体之间信息素养差异水平。

2. 评价方法

过去我们评价信息素养的方法侧重于考查学生的信息知识与信息能力，而且采取的主要方式是通过测验，也就是说以笔试的形式进行。这样就产生了一系列问题：

① 对信息意识和信息道德这两部分的程度和水平没有认真进行判断；

② 依靠笔试来衡量和判断，比较难以判断学生的实际操作能力；

③ 通过笔试检测，容易产生部分学生只重视知识方面的训练而忽视动手能力的培养。

3. 信息素养教育的评价内容

1）信息知识

这部分是信息素养评价中最适合用笔试来完成的测试，许多知识都可以通过提出问题与检查学生的回答来判断学生掌握的程度和水平。同时，有条件的还可以通过计算机辅助检测来完成。一方面，可以减少烦琐的阅卷工作，避免错误的产生与干扰；另一方面，也是培养信息素养的一项实际行动。

2）信息能力

目前对于信息能力的判断还主要以笔试来进行。我国有部分省市配合使用了上机操作考试来判断学生的信息素养能力，这样比较客观地评价学生使用信息系统进行操作的能力。

3）信息意识

信息意识和情感是信息素养的重要内容，但这部分评价操作比较困难。目前还没有这方面的专门论述，笔者认为可以采取观察的方法，通过实践来完成。比如，可以通过观察学生使用信息技术的态度，记录学生使用计算机的频率，能否主动应用信息技术去解决学习中产生的困难和问题，以此来判断和衡量学生的信息意识和情感。这里一部分评价工作可以通过校园网的使用记录来进行，而更多的判断则需要教师的日常观察与调查。

4）信息伦理道德

与信息意识一样，信息伦理道德的评价也主要依靠教师的观察与调查。当然，一部分理论上的认识可以依据笔试结果进行分析。

5）信息创新

这是信息素养的高层次内容，通过在平时的学习过程中做到独立思考、并能独立解决遇到的困难，能对相关专业方向进行深入研究，有创新思维，进行信息创新，这需要一个过程来完成。因为信息化社会也是一个创新型社会，创新型社会需要创新人才。

人类社会步入信息化阶段，信息素养教育评价方法与应用研究是信息时代的要求，也是现代信息化教育的需要，更是高校学生自我发展的需要。

6.2　信息素养教育评价原则

我们在建立评价体系时要依据一些基本原则：

1. 要科学、合理

① 作为一个评价体系必须要符合教育的客观发展规律，不能主观臆断和猜测，或者为了迎合某种短暂的需求。

② 要经得起时间和实践的检验。这也证明评价体系本身必须是一个不断发展的体系。

③ 以标准的方法和步骤构建信息素养评价标准，以保证评价结果的科学性和可靠性。

坚持科学性原则，评价指标体系必然由相互联系而又彼此独立的指标组成。指标间要具有逻辑层次关系，逐层递进，环环相扣。在构建指标体系时，要按照统计学的资料分类要求，使上下级指标具有一致性、同一层次的指标与指标间不能雷同，外延不交叉、确保整个评价标准体系构成一个完整的科学的逻辑系统。

2. 内容要全面、系统

既然评价体系是培养学生质量和规范化的重要保证，并为学生接受培养后的评价和认证提供参考。因此，标准的内容应能够全面、系统地反映对学生信息素养方面的要求，包括需要具备的信息概念、基本知识、技能、态度以及信息化教学所需要的能力等。要求指标涵盖为达到评价目的所需要的基本内容，制定信息素养评价标准及其体系不能遗漏任何重要方面，应全面、系统、本质、辩证地反映信息素养的各个方面。如果遗漏了某些重要方面，就不具备完整性，评价结果就不准确，评价者就不能多层次、多方位地评价与分析所面对的对象。构建信息素养评价体系应该全面、系统地考察学生的各个方面，应该覆盖学生信息素养的内涵与外延、培养目标以及未来的发展要求等内容。

3. 具有可行性和开放性

实施起来要有可行性，要求评价体系的各项内容一定得是可以观察记录下来的现象或测评的结果，同时各项评价指标应该比较详细而又完整的体现现象素养的价值描述，而且结果最好还是易于统计和处理的。实施起来还要有可行性，它既要体现信息技术教育的一般特征，又要为不同地区和不同条件的学生留有可变通的余地，应具有因时、因地、因人的开放性和可行性。

构建信息素养的评价体系要能被学生所接受，要广泛征求学生的意见，制定切实可行的评价体系，使其成为学生通过努力达到的一个评价标准。

4. 要进行综合评价

信息素养培养是一个技术、人文、伦理的综合体系，因此对它的评价应该是定量与定性相结合，传统评价与表现评价相结合。

5. 要遵循可测性原则

信息素养教育评价标准要采取多层次法，一级指标相对抽象，然后逐级具体，末级指标最具体，要做到各个评价指标内容明确，具体、直观、全面，构建大学生信息素养标准时应对大学生信息素养认真分析、发现最能反映其特点与内涵的主要因素，准确具体地表达评价标准，从而构建大学生信息素养评价体系。

在明确大学生信息素养内涵的基础上，结合大学生信息素养评价标准，依据以上五项原则，认真制定信息素养教育评价体系。在制定信息素养教育评价体系时要注意三个方面的内容：

① 评价所需考查的因素集合，即评价标准体系；

② 各因素的重要程度，即评价指标权重；

③ 确定系统分类，即评价等级。

"冰冻三尺，非一日之寒"。评价体系的建立不是一朝一夕的事，它任重而道远，需要我们进一步的努力和探索。

6.3 信息素养教育评价体系

评价（Evaluation）是一个使用范围十分广泛的词汇，是对事物优劣进行评判的分析过程，由于评判带有一定的标准，因此在评价的过程中不同人有着不同的情感、意识、知识和情趣，对同一事物也会有不同的价值与判断。信息素养的评价，可以是对一个国家或地区的群体评价，也可以是对于一个具体人的评价。我们这里谈的是对具体大学生的信息素养的评价，它与教育中培育学生的信息素养相互关联。具体而言，是判断学生信息素养的水平，衡量信息意识对于学生在信息社会中工作与生活的价值与意义。

1. 信息素养教育评价体系包含的内容

根据信息素养教育的目标和内容，信息素养评价体系应该包括信息知识、信息意识、信息能力、信息伦理等指标。

1）信息知识

这是信息素养指标体系的重要组成部分，它还可以进一步分解为信息技术、信息原理和信息系统。

2）信息意识

信息意识与情感是现代信息社会中人们必须具备的一种素质，在信息素养指标体系中占有重要的一席之地。

3）信息能力

由于信息素养可操作特点，信息能力是信息素养评价体系中最重要的部分。它可以进一步分为信息系统的操作能力，信息查找能力，信息加工处理能力，信息编程与表达能力，也包括一定的程序设计能力。

4）信息伦理

在信息素养指标体系中也是必须要考虑的因素之一。

与其他素质的评价判断一样，信息素养教育的评价包含的内容也十分丰富，而且一部分是要靠教师的观察和调查得出结论的。因此，它的评价结果不宜用过分细致的分段标准，主要采用合格与不合格来表示。为了表彰特别优秀和努力的学生，也可以用优秀、良好、合格、不合格的等级或者优、良、中、差、极差五个等级度量方式来表示。

信息素养教育评价作为信息素养研究的重要组成部分，一直是国内外专家学者研究的热点问题和关注的焦点问题。信息素养教育评价研究可以分为理论层面和实践层面，理论层面表现为信息素养教育评价标准的研究，实践层面表现为信息素养教育评价实践的开展。

2. 信息素养教育标准

信息素养教育评价标准的研究分为国内和国外两部分：

国外信息素养教育评价标准的引进与评介，国内的信息素养教育评价标准的研制，其中以国外研究为主。国外标准主要有美国、英国、澳大利亚、新西兰和新加坡等国。其中以美国影响较大，成果较多。具体有：1997 年，新加坡教育部出版的《信息素养指南》一书中最早提到了信息素养评估标准的研究。[①] 此后，美国对信息素养评价标准进行了多次细化和扩展。1998 年美国学校图书馆协会（AASL）与教育交流技术协会（AECT）在《信息能力：创建学习的伙伴》中制定了《学生学习之九个信息素养标准》，这一标准首次从信息素养、独立学习和社会责任等 3 个方面进行了表述，首次

① 吴正荆，孙成江. 国外信息素养研究的发展轨迹及主要成果［J］. 图书情报工作，2005（4）.

提出了信息素养能力的具体要求。① 1999 年美国国家研究委员会（NRC）提出了“信息技术通晓”（FITness — Fluent with Information Technology），2000 年，美国大学与研究图书馆协会（ACRL）制定出全美《高等教育信息素养评价标准》，它首次全面地反映了高等信息素养的内涵要求。该标准由 5 大标准 22 条共计 86 项具体的评价指标组成，是目前世界范围内使用最多的信息素养标准范例。② 2001 年，在参照美国 ACRL 的信息素养标准基础上，英国国家和大学图书馆学会（SCONUL）提出了英国的信息素养标准，62 所澳大利亚大学和新西兰大学相继制定出适合各自国情的信息素养评价指标体系，进一步扩充了美国的信息素养评价标准。

我国信息素养研究的滞后以及相关部门的重视程度不够，导致我国的信息素养教育评价标准的研究还处于初级阶段。2000 年后才开始逐渐被国内学者关注，目前也仅限于部分学者在剖析信息素养概念的基础上，参考和借鉴国外的信息素养评价标准，尝试制定我国信息素养的标准。回顾国内已有的相关研究，多是照搬或者借鉴国外体系，鲜有根据我国高校学生实际情况量身定制的评价标准，指标构建方法简单、单一。

在评价标准的理论研究方面，陈文勇、杨晓光首次提出“高等院校学生信息素养能力标准，应作为大学生毕业时评价其信息素养的指南”。③ 桑新民从培养学生信息素养的角度出发，从信息获取、信息评价、信息整合、信息利用、能力提升以及信息道德等六方面提出了学生信息素养的标准。④ 刘美桃结合我国国情，从 8 个方面制定了信息素养评价标准，并增加了终身学习能力的评价。⑤ 杨林、李秉严通过分析不同人群对信息素养的不同需求，将具有高等教育水平人群的信息素养要求划分为 4 个层次：基本层次、研究型信息素养、专业型信息素养、教育型信息素养，这种分层次来制定高等院校学生的信息素养标准为我们思考高校学生信息素养的评价提供了新的思路。⑥ 2006 年北京市文献检索研究会制定的《北京地区高校信息素质能力指标体系》是国内首个应用于实践评价的中国高校信息素养评价指标体系，

---

① 张静波. 美国信息素养能力标准比较研究 [J]. 情报杂志，2007（10）.

② 张静波. 美国信息素养能力标准比较研究 [J]. 情报杂志，2007（10）.

③ 陈文勇，杨晓光. 高等院校学生信息素养能力标准研究 [J]. 情报科学，2000（7）.

④ 桑新民. 多媒体和网络环境下大学生学习能力培养的理论与实验研究 [J]. 中国远程教育，2000（11）.

⑤ 刘美桃. 信息素质定义的发展与评价标准 [J]. 高校图书馆工作，2003（1）.

⑥ 杨林，李秉严. 分层次制定高等教育信息素质评价标准的研究 [J]. 四川图书馆学报，2004（3）.

它共分 7 个维度，19 项标准，61 条具体指标项目，指标设置以借鉴美国的高等教育信息素养标准内容为主。[①] 在指标构建方法研究方面，量化研究，即对信息素养评价的各项指标赋予权重，是近年来国内学者尝试研究的热点。其中权重的确定主要有三种方式：经验确定法、层次分析法及回归分析法。具体来看，龚道敏、吴景松、刘志军等根据自身或专家经验的方式来确定各指标的权重；[②]刘孝文、吴波等运用层次分析法，通过向专家发放量化表的方式来确定权重。[③] 彭瑞霞等人提出使用回归分析法来构建信息素养评价指标体系，根据回归分析偏差最小化来获取评价指标的最优权重分布，也即最接近被评群体实际的信息素养量化评价指标的权重分布。[④] 孙建军、郑建明、成颖认为我国信息素养教育的评价标准应体现国内学者对信息素养教育的统一认识，体现网络、数据库、多媒体等信息技术为用户收集与利用信息带来的便利，体现对用户的信息能力、信息意识已经信息道德三方面内容的评价。

信息素养评价实践是指利用信息素养标准研究的同时，进行信息素养调查活动。我国学者在进行信息素养评价标准的研究时一直比较注重信息素养评价实践活动，主要表现为研究者针对具体的人群开展的信息素养调查活动。通过这些调查活动，深化了对信息素养的理解，为我们以后开展更大范围的信息素养调查提供了有益的借鉴，例如韩梅对佳木斯大学学生信息素养状况进行了随机问卷调查，杨建红对新疆地区部分中小学教师的信息素养状况进行了调查，结果差强人意。说明我国的信息素养教育要走的路还很漫长，需要付出更多的努力，需要全社会的关注，创建良好的社会信息环境，净化信息文化环境，加快教育信息化进程，发挥高校在大学生信息素养培养过程中的主导作用。

3. 构建大学生信息素养教育评价体系

笔者认为，应该构建适合中国国情的大学生信息素养标准，在参考借鉴国内外现有成果的基础上，尝试构建适合中国国情的大学生信息素养标准，

---

① http://edu. lib. tsinghua. edu. cn/ InformationLiter acy/ info rmatio n%20liter acy%20competency%20standards.doc 北京地区高校信息素质能力指标体系［2009–01–03］.

② 龚道敏. 关于中小学生信息素养评价方案的探索［J］. 中小学电教：教师版，2003（1）.

吴景松. 中小学校长信息素养评价指标体系构建概说［J］. 教书育人：校长参考，2007（8）.

刘志军，等. 高校教师信息素养评价体系研究［J］. 沧州师范专科学校学报，2008（3）.

③ 刘孝文. 信息素养评价中的 AH P 方法应用［J］. 现代情报，2006（10）.

吴波. 基于 AH P 分析法的中小学教师信息素养评价标准的量化［J］. 中国科技信息，2006（4）.

④ 彭瑞霞，赵庆刚. 以回归分析法构建教师信息素养评价体系［J］. 清华大学教育研究，2006（3）.

针对不同层次的大学生，把大学生信息素养分为 5 个维度，5 个等级，18 个培养目标，18 项标准。如表 6–1 所示。

表 6–1　我国大学生信息素养评估指标模型

<table>
<tr><td rowspan="18">信息素养评价指标</td><td rowspan="4">信息知识</td><td>信息基础知识</td><td>计算机实操　网络知识</td><td rowspan="11">初级
中级
高级</td><td rowspan="3">有效存取信息
加工所需信息
创建新的信息</td></tr>
<tr><td>信息检索知识</td><td>图书　互联网检索　英语</td></tr>
<tr><td>信息整合</td><td>搜集　整理　加工　分析</td></tr>
<tr><td>信息创建</td><td>创建新信息</td><td rowspan="3">探求所需信息
鉴别所获信息
合理表达信息</td></tr>
<tr><td rowspan="4">信息意识</td><td>信息敏感</td><td>对重要　前沿信息敏感</td></tr>
<tr><td>信息探求</td><td>对学习　研究　兴趣探究</td></tr>
<tr><td>信息识别</td><td>对有价值信息　辨识</td><td rowspan="3">有效组织信息
有效管理信息
有效交流信息</td></tr>
<tr><td>信息利用</td><td>对获取信息　有效运用</td></tr>
<tr><td rowspan="4">信息能力</td><td>信息评价</td><td>对获取信息　分析评价</td></tr>
<tr><td>信息应用</td><td>发觉　捕获　利用信息　完成目标</td><td rowspan="3">分析总结信息
完成特定目标
创造新的信息</td></tr>
<tr><td>信息创造</td><td>有效利用信息　创造新信息</td></tr>
<tr><td>信息免疫</td><td>自觉避免　杜绝有害信息侵袭干扰</td><td rowspan="7">熟练级
专家级</td></tr>
<tr><td rowspan="3">信息创造</td><td>创新素质</td><td>创新能力　内在品质</td><td rowspan="3">创新意识品质
独立思考品性
敢于挑战权威</td></tr>
<tr><td>批判性思维</td><td>挑战　思维活跃　批判</td></tr>
<tr><td>创新性思维</td><td>独创　挑战权威</td></tr>
<tr><td rowspan="3">信息伦理</td><td>信息安全</td><td>运用法律法规　保障信息安全</td><td rowspan="3">合法利用信息
合理检索信息
遵循法律法规</td></tr>
<tr><td>信息使用</td><td>运用技术手段　解除信息危害</td></tr>
<tr><td>信息道德</td><td>规范信息行为　健康使用信息</td></tr>
</table>

构建适合中国国情的大学生信息素养标准不是一蹴而就的，需要国家、

社会、学校、个人的共同努力来完成的一项伟大而艰巨的任务。大学生信息素养是指在现代信息社会中应该具备的综合素质，在掌握基本的信息技术的基础上，形成良好的信息意识，具有一定的获取信息、加工处理信息、运用和交流信息的能力，并能够正确鉴别信息和遵守信息伦理道德，能够做到终身学习，有社会担当、同时具有一定的创新发展能力。

构建大学生信息素养教育评价体系，对提高高等院校的教学质量，促进大学生个体发展，构建和谐校园有重要的意义和价值。

① 能够帮助学生明确大学生信息素养的基本要求，避免了评价的主观随意性，对可能出现的较为主观的评价内容做出了定量分析，有效帮助学校和学生矫正教育和学习过程中出现的偏差。

② 可实现大学生信息素养自评、互评，得出量化指标。制定科学合理的大学生信息素养评价体系，有助于教师在培养大学生信息素养过程中，在培养目标、培养方式及培养内容、评价标准方面有据可依。

③ 可激励、关注大学生个体差异，在信息知识、信息意识、信息能力、信息创新、信息伦理等方面，参照本研究体系，教师和学生能够明确信息素养方面的目标和要求，针对实际情况，总结得失，加以改进，提高内在需求和动力，从而促使教师改进教学模式，促进大学生信息素养的提升。

④ 可利用评价的调控功能，及时将评价信息反馈给被评价者，达到规范正确的教育行为，调整和矫正不当的教育行为的目的，从而不断优化教育行为。大学生信息素养教育过程，就是教育的不断调控过程，从而使大学生的信息素养得到质的提升。

第7章 信息素养教学设计

信息素养不是自发形成的，是需要后天培养的，而且是在一定的社会环境的影响和教育下养成的，其中学校教育在整个教育过程中占据重要地位，起着举足轻重的作用。为了使信息素养教学活动取得良好的效果，必须进行精心的设计和规划。尤其是在当今信息爆炸时代，教学目标的多元化、教学对象的个性化以及教学手段的现代化，对教学设计提出了很高的要求，要学会运用现代化的教学手段，针对教学目标及教学对象，创设多样化的教学情境，组织丰富多彩的教学活动，教学设计的目的就是优化教学程序，激发学生的学习兴趣，提高教学效果。

教学设计是在运用现代学习、教学、传播等方面的理论与技术，针对特定的教学目标和教学对象，来分析教学问题，寻找解决方法，评价教学效果以及修改执行方案的系统过程。它是为了达到一定的教学目标，对教什么、怎么教所进行的设计。

就信息素养的教学设计而言，主要包括教学目标的设置、教学对象的分析、教学内容的确定、教学途径和教学模式的选择、教学媒体的选用、教学的评价等等。在教学设计时要考虑到对教学活动诸要素进行优化组合，创设一种吸引力强，效率高的教学活动，使信息素养教学起到事半功倍的效果。

7.1 信息素养教学目标

信息素养的教学目标从根本上说是使受教育者提高信息素养能力，运用检索工具获取信息的能力、进行批判性思考的能力以及解决问题的能力、获得终身学习的能力等。它是在信息社会生存的基本技能。

国外进行信息素养教学比较早，美国、英国、澳大利亚、日本等国很早就制定了适合中小学、大学生及科研人员各个层次的信息素养标准。近几年我国也纷纷制定了一些相关的信息素养标准，但还没有形成体系，这些标准也为我们开展各级各类的信息素养教学指明了方向和目标，也为各个机构教学目标设计提供了基本的框架和指南。

综合国内外的信息素养标准，将信息素养教学目标总结为五个方面：

1. 提高信息素养能力

信息素养教学中教会学生选择信息、辨别信息、检索和判断信息的能力，培养学生把握和决策信息的能力。例如，检索前要求学生准确定位信息资源，为检索目标找准切入点；检索中能够有效构造检索策略，并能根据检索结果调整检索策略，检索后能有效地获取原文资料。学生需要学会认识信息源，从具体问题选择适合的信息源。

2. 增强信息意识

开展信息素养教学首先要通过信息知识的传授来激发和培养学生的信息意识，提高学生对信息的敏感度和关注度，增强他们获取、捕捉、分析、判断、利用信息的自觉程度，形成“信息就是资源”“信息就是时间”“信息就是财富”“信息就是生存”的价值观念。

3. 提高解决问题的能力

培养学生的批判思维能力，这是提高实际解决问题能力的前提。培养学生能够独立思考，大胆提出问题，不畏惧权威，不怕失败，不断创新。使学生能够对获取的信息内容进行准确的分析、判断、评价和利用，并能够准确、有效地利用信息资源创造性地完成具体任务。

4. 合理利用信息的能力

利用信息的过程中会涉及诸多社会、经济、法律的问题，在教学中要教育学生合理合法地利用信息资源，遵循世界通行的相关条例和我国的法律法规、道德伦理等，使学生具有良好的信息道德，比如，知晓并遵守学术引证的相关道德及法规，了解电子文献资源下载的限制，了解学术规范及署名、致谢和公正评价等问题。

5. 推进专业信息素养能力

在信息素养教学中，将专业信息素养融合到教学过程中，培养学生的专业信息素养能力。特别是在高等院校和专科院校中，要使学生了解本专业的主要信息源，能够根据需要选择合适的信息源，掌握专业信息源的检索方法与技巧，善于评价和筛选专业信息，分析利用专业信息以解决学科专业问题，提高未来的学术研究与创新能力。

下面介绍一下美国科罗拉多州立大学信息素养教学目标案例：

美国科罗拉多州立大学信息素养教学由该校图书馆负责，针对不同类型的用户对象和课程分别制定了不同的信息素养教学目标。[①]

1）一年级新生信息素养教学目标

① 了解图书馆的主要服务，包括：流通、参考咨询、预约、网络、软件、硬件的可获得性；

② 了解作为主要信息源的图书馆目录、数据库、网上免费资源之间的区别，并能找到这些信息源；

③ 了解不同类型的信息源内容的区别，如：图书、报纸文章、广告、科学研究报告；

④ 了解不同信息的内容质量会有所区别，并能用一些指标（如：作者、出版目的、出版日期、主要观点）进行评价；

⑤ 了解布尔逻辑算符及其在数据库检索中的应用；

⑥ 能在图书馆的 Stage 目录系统中通过作者、题名、关键词途径查找图书；

⑦ 能用图书馆的 Stage 目录系统查找图书和期刊；

⑧ 了解图书馆提供的数据库是查找期刊论文的最好的信息源；

⑨ 了解基于主题分类的主要信息源和索引。

2）写作课程的信息素养教学目标

美国科罗拉多州立大学的每一个学生都必须参加 CO150 基本写作课程，而且要求在一、二年级时完成。针对这门具体课程，制定的具体的信息素养教学目标如下：

① 能使用数据库（也可使用目录系统）查找期刊论文；

② 能针对特定的研究课题选择合适的数据库；

---

① Information Literacy Goals (Colorado State University). http://lib.colostate.edu/irs/infolit/.2006–05–20.

③ 了解购买所有权的数据库和免费网站的内容、质量和访问限制；

④ 构造布尔逻辑检索，能区分 and 和短语检索的区别；

⑤ 能在 Stage 和 Prospector 目录系统中通过作者、题名、期刊名和关键词进行检索；

⑥ 根据需要利用数据库或 Stage 目录系统查找图书和期刊论文；

⑦ 能选择与课程相关的合适的通俗论文或学术论文；

⑧ 了解引用参考文献必备的要素。

3）高年级大学生信息素养教学目标

① 使用恰当的关键词、数据库中的描述语言、主题词来修订检索策略；

② 根据检索结果缩小、扩大或修订检索范围；

③ 针对特定专题的课题选择特定的相关数据库；

④ 使用 and、or、短语、优先算符和截词技术构造恰当的检索策略；

⑤ 会使用联机在线帮助；

⑥ 区分不同学科的主要信息源、次要信息源，能根据需要选择合适的主要信息源；

⑦ 就权威性、出版目的、相关性、观点等方面对信息进行选择和评价；

⑧ 明确信息的可获得性，能在本地资源之外扩大信息查询的范围（如：馆际互借、使用异地资源）；

⑨ 制定一个符合实际的、获取所需信息的总体的计划和时间表；

⑩ 使用检索策略检索学术和非学术问题（如：工作中的项目、学校的研究论文、个人生活问题）；

⑪ 了解信息素养是终身学习的需要。

7.2　信息素养教学模式

1. 信息素养教学模式

随着教育改革的深入，引进一些新的教育理念对信息素养教学模式的改进有一定的现实意义，采用示范作用的教学模式能起到良好的教学效果。比如，建构主义（Constructivism）教学理念和方法现在已经得到世界范围的广泛认同，对于当今的教学改革有重要的指导作用。按照建构主义教学理念，信息素养教学可以采取以下模式：

1）任务驱动式教学模式

任务驱动式教学又称为“情境教学”，就是在真实的情境下完成规定的任务。这种模式易于激发学生的学习兴趣、充满责任感和成就感，使学生学习的热情和动力获得极大的满足。它比较适合学校教育，或者机关团体、企业的培训。

任务驱动式教学主要特点是：建立的任务情境与真实场景类似，让学生实际解决生活中遇到的困难和问题，任务课题不能太深，超出学生的知识水平，也不能太浅而失去驱动式任务教学的目的；驱动式教学的过程与现实中解决问题的过程相似，提供的工具、资料与现实情境中的也相同，教师在课堂上设定的情境与实际生活中解决问题的探索过程类似，指导学生进行自我探索；把学生学习置于真实、复杂的问题情境中，引导学生分组合作，共同解决实际面临的复杂问题，在问题情境解决的过程中，同时学习到隐含的相关知识，提高了学生自主学习和终身学习的能力。

在情境教学中，学生可以自主选择自己感兴趣的课题去完成，想方设法去收集相关资料，进行分析、总结、归纳，写出研究报告。在情境教学过程中，注重培养学生的思维能力，学生将收集到的信息进行分类、整理、综合、提炼、总结出课题研究所需要的资料，把问题进行具体化、抽象化、系统化思维操作。在教学过程中，有机地融入了信息素养能力的培养，学生针对自己课题的需要确定潜在的信息源，收集信息、加工信息、组织信息、处理信息，甚至可以创造信息，把已有知识信息与获取来的信息结合起来，用以解决情境问题。同时也提升了学生阅读、写作及协作交流的能力，更主要的是提高了实际解决问题的能力。学生的学习不再是一种机械填鸭式的学习，而是一种引人入胜、学无止境的发现学习的过程，充满了乐趣的过程，达到了“让学生学会学习、学会创造、学会合作、学会生存”的目的。

2）与专业课程融合的模式

把专业课程与信息素养教学融合的模式，是指把图书馆及其资源的利用教学作为专业课程目标的有机组成部分。它的基本要求是既要教授专业课内容，又要培养成功完成与图书馆有关的任务的能力，并且对两方面的学习结果都要进行测试。

教育心理学巨匠让·皮亚杰（Jean Piaget）曾说过：“兴趣是最好的教师”。学生在学习的过程中，实用的东西对他们最有吸引力，最能激起他们的兴趣，因此，实用性是学生最关注的焦点。信息素养教育结合专业课程安排来进行，既可以利用信息技能帮助学生更好地掌握专业知识，提高他们的自学能力，同时又可以让学生在不知不觉中掌握了信息检索、加工、利用和交流技能。这是一项“双赢”的策略。

20 世纪 90 年代以后，美国、加拿大等发达国家已经实施了这种信息素养教学模式与专业课程融合的模式。有力地推动了学校在教育思想与教学目标、内容、方式、评价等各个环节的全面变革。

美国艾奥瓦大学图书馆员与学科教师进行合作将信息素养整合到专业课程中的 TWIST（Teaching with Innovative Style and Technology）项目为信息素养与专业课程整合的教育模式树立了一个典范。经历了在专业课程中渗透信息素养教育的学科教师充分体验到了这种模式对学科教育及对学生能力培养的作用。[①]

美国马里兰大学建筑图书馆员与该校建筑学院教师密切合作，建构了一门独具特色的建筑学课程——世博会课程，在学科教学的同时进行信息素养教育，获得了良好的教学效果和社会效益。[②]

澳大利亚昆士兰中央大学（CQU）图书馆 2003 年的 14 个科研项目中有 7 个是关于信息素养教学与专业课程的整合。

我国香港 3 家高校医学图书馆在教学实践中，由图书馆专业馆员与专业课教师密切合作，实现了信息素养教学与医学专业教学的完美结合。[③]

3）基于资源的学习模式

基于资源的学习是一种学习者利用和开发各种不同的学习资源来完成课程目标的学习过程。也是一种自我学习，更新和拓展知识的学习过程。学生在收集、整理、利用这些学习资源的时候，提升了学生自身的信息素养能力。

基于资源的学习是学习者主动参与学习，在学习过程中使用大量的学习资源，学习时间机动灵活，学习地点多种多样；教师在整个学习过程中，起着穿针引线的作用，充当类似主持人的角色，制定单元教学目标，收集学习资源，给学生以适当的启发和引导，监视整个学习进程，并对学习结果进行评价总结。

基于资源的学习主要帮助学习者养成一种特定的学习技能，通过从大量

---

① Information Literacy (The University of Iowa). http://www.lib.uiowa.edu/instruction/infoliteracy.html. 2006-06-20.

② 王朴. 一个独具创意的信息素质教学案例——美国马里兰大学世博会荣誉课程探析［J］. 图书情报知识，2005：107.

③ 宋丽，韩夏. 香港高校医学图书馆的信息素养教育［J］. 四川图书馆学报. 2005（2）.

纷繁、零散的信息资源到形成相关主题的系统的知识体系的过程，成为自我发现的学习者。通过基于资源的学习，使学生学会制定自己的学习计划、学习目标，学会如何查找相关学习资料，知道如何对查找到的资料做笔记，学会如何评价收集到的学习资源，如何与他人分享、交流信息，如何评价信息，如何反思学习过程等。

与传统的学习方式相比，基于资源的学习模式更能增进学生学习的主动性，激发他们的学习热情，有助于培养学习者的自学能力和创造性思维，有助于培养学生的创新个性。在基于资源的学习过程中，教师的角色发生了转变，由原来的主导地位转变为指导者，作为指导者帮助学习者提高学习责任感，学校提供给学习者各种学习资源，鼓励学生不断提高学习主动性，不断创新，对信息资源进行开发和二次利用。

在基于资源的学习过程中，资源始终是一个核心内容，是学习者学习的基础，是学生构建知识的原材料。学生所获得的资源数量和质量将直接影响到学习者学习的效果。因此，作为提供学习资源的学校要尽可能满足学生，提供给他们适合使用的资源，并且要对这些资源进行有效的组织和展示，制作清楚明了的资源使用指南，用以帮助学生有效地利用资源，鼓励学生在学会使用资源的基础上对信息资源进行开发与创新。

基于资源的学习模式与信息素养能力的培养目标是一致的，它适合于任何学习者，并可贯穿于终身学习的整个过程中。

4）合作学习模式

合作学习是指小组成员在完成某项任务的过程中，相互学习、相互沟通、相互交流、相互合作、共同负责来完成共同的任务和目标。合作学习有许多优势条件：

① 小组成员交流、争论有助于学生对任务有更深层次的理解；

② 小组成员在争论的过程中，有助于学生拓展思路；

③ 在争论中容易碰撞出对立的观点，易于重新建构知识经验；

④ 在交流中，学生可以对问题达成共识，建立更为完整的表达；

⑤ 合作学习有利于减轻学生学习的压力，共同完成个人难以完成的艰巨任务，培养了学生的合作精神，提高学习的兴趣。①

团队合作的方式在信息素养培养中非常奏效，它能够激发学生的学习热情，小组成员积极参与的态度会相互影响，个体在团队中的作用也得到了发

---

① 邢秀茶.学与教的心理［M］.北京：高等教育出版社，2004.

挥，个人的价值在团队中也得到了体现，团队合作方式让学生锻炼了自我学习和自我研究的能力，今后敢于面对各种困难和挑战。

在团队中各个成员有各自不同的经验积累，对同一问题会有不同的见解和推论，通过团队组合，可以发表各自的建议与想法，经过相互沟通与交流，争论与辩解，求同存异，达成对问题的求解，从而形成对问题更丰富、更全面的理解。此外，学生还可以与教师、专家等开展充分的交流、沟通，为知识的建构操作一个更为广泛的学习共同体，为知识的建构提供更丰富的资源。

5）自主学习模式

传统的教学模式是以教师为主体，学生为客体，这种模式严重压抑了学生学习的积极性和主动性。著名数学家、教育家 H・Freudenthal（弗赖登塔尔）认为："通过自身活动所获得的知识与能力比旁人硬塞的理解得更透彻，掌握得更快，同时也善于应用，一般来说还可以保持较长久的记忆。"

信息素养教学的目标不仅仅是把知识装入学生的头脑中，更主要的是让学生学会掌握和运用信息的能力，学会分析、学会思考，以提高学生解决问题的能力；信息素养教学的过程不单单是知识的乾坤大挪移，而是要让学生在掌握原有知识的基础上实现知识经验的重新建构，通过思考和建构，把知识变成学生自己的思想。学习的建构过程需要学生自己主动去选择信息、加工信息，是主动的过程，不是他人能替代的。因此，信息素养教学中要强调建立"学生为主体、教师为主导"的自主学习模式。

Boyer 研究型大学本科生教育委员会在"重整本科生教育：美国研究型大学的蓝图"中指出：学生应该积极参与"重大问题或一系列问题的提出，开展研究与创造性探索以发现这些问题的答案，培养交流技能"……① 按照这种教学战略组织的课程，可以创造一个以学生为中心的学习环境，在这种学习环境中，询问是准则，解决问题是关键，批判性思维是学习过程的一部分。

以学生发展为中心的自主学习模式强调课程实践，让学生在实践中学习，通过实践让学生与课堂学习的知识建立更加紧密的联系，在课程实践中

① Boyer 研究型大学本科生教育委员会. 重整本科生教育：美国研究型大学的蓝图. http://naples.cc.sunysh.edu/Pres/boyer.nsf/. 2006-05-20.

丰富信息的来源，使学生逐步学会对信息的选择、甄别、处理和表达，将各种信息手段融为一体，在增强自我指导性学习的同时，逐步获得信息素养所要求的技能。

6）信息素养教学综合模式

综上几种信息素养教学模式分别从不同侧面阐述了信息素养教学采取的主要模式，这些模式不是各自独立存在的，而是相互联系的，所要追求的目标也是一致的。理想的信息素养教学模式应该是上述几种模式的综合体，即将信息素养教学融入各个专业课程教学中，根据课程需要组织相应的信息资源，根据专业课程设置一定的情境任务，开展小组协作讨论，建立以学生为主体，教师为主导，充分发挥学生在学习过程中的主动性、积极性和创造性的综合模式来实施信息素养教学。

2. 信息素养教学模式案例

在教学实践中，我国的教育工作者也在尝试综合运用上述几种信息素养教学模式，以期达到良好的教学效果。唐生岳的化学信息素养案例阐述了信息素养与专业课程的整合。[①] 此案例在教学实践中注重发挥学生的主动性，注重创设情境，利用资源，开展合作学习。如在“新型无机非金属材料”的教学过程中，采用了以下的教学方式：

1）创设情境

教师利用多媒体和网络技术，收集一些与新型无机非金属材料有关的资料，以此来设计学习情境，并利用问题情境来激发学生了解和学习新型无机非金属材料的热情，并能在教师的指导下通过网络达到自主学习的目的。

2）任务驱动

通过情境创设激发了学生的学习热情后，向学生提出学习的课题任务。师生合作（以学生为主），提出课题中心问题，如：什么是新型无机非金属材料？谈谈它与传统无机非金属材料有什么区别？它与你原本的想象有什么区别？你还能找出哪些无机非金属材料？你还能举出新型无机非金属材料在生活或其他领域中的应用吗？

3）自主探索与网上协作

学生明确了学习目标后，带着问题独立通过网络进行搜索。学生在通过人机协作进行自主探索的同时，可以通过网络进行各种形式达到协作学习

① 唐生岳. 基于网络环境的化学信息素养培养模式的研究与实践［J］. 化学教学. 2004：（7–8）.

(学生之间的协作、师生之间的协作等)，发挥自己的聪明才智和想象力，采取各自的解决办法，通过电子邮件、邮件列表、实时聊天或在线发帖子交流，并讨论其可行性。

在这一阶段，让学生掌握一些信息搜索的策略，如利用 Web 网络浏览器和搜索引擎（如 Google，百度等）、在线图书馆目录、杂志、报刊索引，从多种信息源检索和获取信息。由于网络环境下，信息量巨大，良莠不齐，所以这一阶段，师生之间要经过充分的评价、交流与合作，才能获取有用的信息，不至于得到一些信息“垃圾”。这一阶段特别强调获取信息的有效性和高效性。

4）利用信息，总结知识

要求学生利用收集到的与新型无机非金属材料有关的信息，完成本课题小结。这一步有赖于学生资源创造性地使用所获取的信息，并利用自己的语言和化学语言概括知识要点，对课程进行小结必要时教师可以给予适当的帮助。

5）实践过程评价

评价学生的信息素养，不能仅以学生的课题小结作为参考，而更应该关注整个过程中学生的主动参与程度及其信息素养能力。教师可用“档案袋手段”（Portfolio Approach）从不同角度收集用于评价学生有效学习的资料，如获取信息的速度，获取的信息量、筛选信息的能力等都是可以掌握评价的主要依据。学生则使用自我问卷或课题小结来展示他们的信息技能和评价他们学习成果的有效性和学习过程的效率。

6）课题延伸

学生得到综合评价后，由学生再根据自己的需要访问网络，查找和阅读与新型无机非金属材料相关的其他知识等，扩大知识面，对已经小结的课题进行必要的延伸与补充，实际上是课题的进一步深入研究。

7.3 信息素养教学设计

信息素养教学内容涉及信息知识的传授、信息意识的培养、信息能力的提高及信息伦理和道德的教育。信息知识侧重于与信息有关的各种理论知识的传授与讲解，主要包括信息基础知识和信息伦理、道德、规范的教育；信息意识的培养需要在教学过程中经常创设各种利用信息解决实际问题的情境，列举各种实际案例，让学生在潜移默化中接受信息意识的熏陶；信息能力侧重于锻炼学生具体获取信息和处理信息的动手能力，感受真实信息环节能力及利用信息解决问题的能力，应考虑多为学生提供亲自实践的机会。

1. 教学模块

根据信息素养教学的目标，教学内容可以设计若干个模块，各个模块之间既相互独立，又互相联系。例如：

模块一：增强信息意识；

模块二：明确表达信息需求；

模块三：识别各种信息源；

模块四：检索和获取信息；

模块五：评价和筛选信息；

模块六：利用信息解决问题；

模块七：信息交流；

模块八：学习效果的评价。

模块设计思路：学习每个模块后要达到的目标；每个模块涉及的知识点介绍及技能训练；每个模块学习效果的评价；可以通过目标提问，知识点和应用技能详解，实际案例说明，创设具体解决问题的情境等步骤，让学生综合运用所学到的知识。

介绍几类著名的教学设计模型：

在信息素养教学实践中，美国等一些国家发展了一系列典型的信息素养教学内容设计模型，这些设计模型涉及的不只是信息的查找，而是面向受教育者解决信息问题的全过程，深度关注其信息行为的各个阶段。下面分别介绍最典型的几个模型：

1）Jamie McKenzie 的研究周期设计模型

Jamie McKenzie 将研究的周期划分为 7 个过程，建立了研究周期模型，① 该模型致力于帮助学生成为信息生产者，它面向 7 个过程，即提问（Questioning）、计划（Planning）、收集（Gathering）、分类与筛选（Sorting & Sifting）、综合（Synthesized）、评价（Evaluating）、发布（Reporting）。研究周期模型要求学生在整个过程中必须根据信息搜索的结果不断地调整和重新思考所研究的问题，进行独立的创新性思考，并独立作出判断

① The Research Cycle，http://questioning.org.

和决定。研究周期模型中的 7 个过程视获取结果是否能满足需要而定，如果不能满足需要则应多次重复，直至达到满足需求的目的。[①] 如图 7–1 所示。

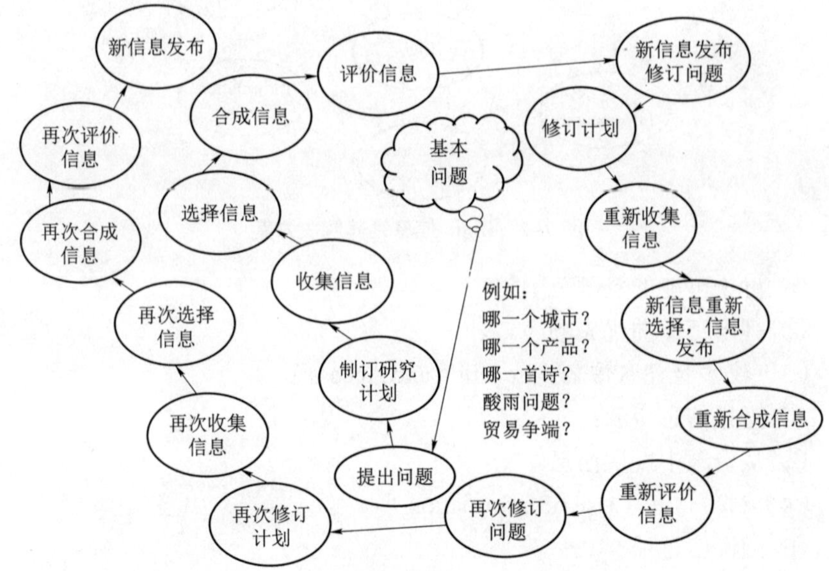

图 7–1　研究周期模型（Research Cycle）

2）Big6 模型

Big6 信息素养解决方案。[②] 最早是 1988 年由美国华盛顿大学信息学院的 Mike Eisenberg 和美国锡拉丘兹大学信息学院 Bob Berkowits 博士共同创设的，旨在培养学生的信息素养及基于批判性思维的信息素养问题解决能力。

Big6 信息素养解决方案为成功解决信息素养问题提出了 6 种必备技能，每种技能下又分 2 种具体的技能，如图 7–2 所示。

（1）任务定义（Task Definition）

① 定义信息问题的任务；

② 确认完成这项任务所需的信息。

---

① The Research Cycle.http://questioning.org.2006–05–30.

② The Big6 Skills Information Problem－Solving Approach to Information. http://www.big6.com/. 2006–05–30.

（2）信息搜索策略（Information Seeking Strategies）

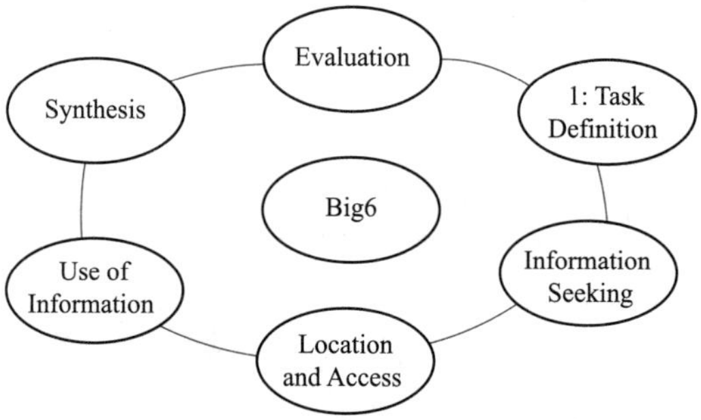

图 7–2 Big6 信息素养解决方案

① 讨论可能的资源范围；

② 列出资源的优先顺序。

（3）搜索和存取信息（Location and Access）

① 查找信息资源；

② 从资源中发现信息。

（4）利用信息（Use of Information）

① 阅读信息；

② 摘录信息。

（5）综合信息（Synthesis）

① 从多个资源中组织信息；

② 表达信息。

（6）学习评价（Evaluation）

① 评价问题解决的过程；

② 评价问题解决的结果。

3）8W 模型

Anmette Lamb 提出的 8W 模型将信息问题的解决过程分解为 8 个步骤：①

（1）观察（Watching）

要求学生探索问题，成为周围环境的观察者，从各个方面，包括从家庭需求到全球问题，能够与周围世界相协调。

（2）提问（Wondering）

注意通过头脑风暴、集体讨论、确定问题所在，并形成需要解决的

① The 8Ws Model for Information Literacy: AnOverview. http://eduscapes.com/tap/topic71.htm. 2006–05–30.

问题。

（3）搜索（Webbing）

指导学生查找、检索和访问信息。某些问题可能会导致新问题的产生或形成新的兴趣。学生选择和查找这些相关的资源，将它们组织成为有价值的内容。

（4）评价（Wiggling）

这对学生来说通常是最困难的部分。他们经常会不确定自己所找到的信息是否符合要求，难以把握所进行项目的进程。评价不仅包含对内容的评价，还包括对信息查找过程中的线索、思想和视角的评估。

（5）综合（Weaving）

包括对思想进行组织、建立模型、明确计划、主要是注重信息的分析、综合和应用。

（6）创造（Wrapping）

包括重新组织和包装、创造思想、提出解决问题的措施。如可考虑这样的问题：为什么这是重要的？谁需要知道这些信息？怎样才能有效地将我的思想传达给别人？许多信息在发布前都进行过这样的包装或重新包装。

（7）交流（Waving）

在信息发布前，通过演示、出版等方式将自己的思想与他人交流、共享。学生通过与别人分享自己的思想，尝试新的方法，得到他人的反馈。

（8）评估（Wishing）

评估是对解决问题的过程和结果进行评估、评价和反思。重新考虑项目是如何进展的，考虑未来的各种可能。

2. 设计案例

美国威斯康星大学柏克塞得分校的研究过程设计案例。

美国威斯康星大学柏克塞得分校在其信息素养在线课程中用如图 7–3 所示图表清楚地表达了基于信息素养的课题研究过程（Research Process）。[①]

---

① The University of Wisconsin-Parkside Information Literacy Tutorial. http://www.uwp.edu/departments/library/infolit/intro/. 2006–06–12.

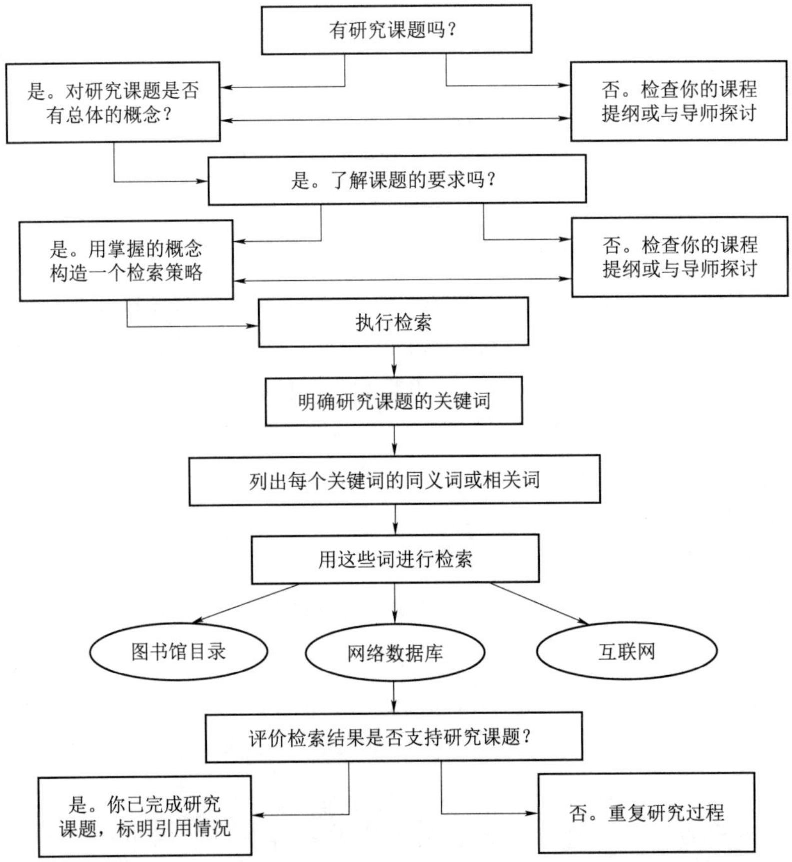

图 7–3 美国威斯康星大学柏克塞得分校基于信息的研究过程

7.4 信息素养教学评估

信息素养教学是系统化的教育过程，评估是其中必不可少的重要环节。通过评估可以了解学生的收获是否达到预期目标，所采用的教学方式是否恰当、有效，以及确保信息素养教学的有效开展，达到不断完善，最终提高学生信息素养能力的目的。

1. 评估标准

信息素养标准即为信息素养教学提供了指导，也为信息素养教学提供了评估的框架。进行信息素养教学评估时，可以直接利用这些标准中的指标，也可以根据教学对象的实际情况有选择地采取或补充合适的评价指标。美国

ACRL 标准侧重于对学生信息能力、信息道德的评估，用来评估我国当前的信息素养教学存在不足之处，需要补充有关信息意识等方面的评价指标。北京地区高校信息素养能力指标体系根据我国高等教育信息素养教学实际，补充了这方面的评价指标。以澳大利亚大学图书馆委员会（CAUL）批准的指标体系为蓝本，结合墨尔本大学教学目标的 9 条原则和教学管理计划，分析了艺术专业特有的信息素养技能，建立了墨尔本大学艺术类信息素养能力指标体系。

由于信息素养标准中的指标比较宽泛，而且多是描述性的，不易直接操作，在实际评估时，还应该将评估指标转化为易于操作的测试问题，设计量化的评分体系。可根据不同的课程目标建立具体的评价标准。

2. 评估内容

信息素养教学评估内容从教和学两个方面可以分为教学方式评估(Program Performance)和学生成果评估(Student Outcomes)。教学方式评价包括对信息素养教学采用的途径、方法、模式等的评价，以确定是否实现了信息素养教学的预期目标以及各种方式所取得的效果；学生成果评价是评价通过信息素养教学，学生在信息意识、信息伦理与道德方面的加强，在信息知识、信息能力方面的提高程度。

1）教学方式的评估

根据评估的不同阶段，可以将教学方式的评估分为以下三种类型：

（1）诊断评估

在信息素养教学设计前，通过标准化的测试，了解学生对准备学习的新课程内容的兴趣、要求、期望、学生已有的知识水平及技能程度等。根据测试评估教学目标、教学内容、教学方法的可行性，并做出必要的调整策略，如增减某些章节内容、调整课时、制作必要的辅助教具、收集资料等。

（2）反馈评估

反馈评估是指在课程进行和实施到一定阶段之后通过收集学生的反馈意见来评价教学效果。它包括对目标的需求评价、方案设计评价、教学内容评价、计划实施评价和价值推广评价等项目。这类评估是按照预定的发展目标为评判依据的。课程教授和学习过程中的各种作业、问卷、讨论、测验等就是进行反馈评价所必需的手段和方式方法。它可以起到督促学生学习、帮助教师改进授课进程和方法的作用。

（3）总结评估

总结评估是以教学整体为评价的对象，以确定学习素养教学的价值、效果、需要为宗旨，以选择、采用及判定绩效为依据的评价。总结性评估可以采取横向比较方式或非比较方式进行。总结评估往往在教学后续阶段的诊断评价中发生，如期末考试、毕业设计、教学活动过程有效性评价，都是总结性评估的必要评价手段和内容。

2）学生成果评估

国际图联（IFLA）《信息素养评估指南》指出：最重要的问题是明确评估什么？要评估学生学到了什么，或者参与者对学习的感受，应选择主要的评价指标并将其分解成小的指标来评价。例如，评价"学生学到了什么"，可以采用下列提问方式来进行某一方面的能力评价：

学生是否能够找到合适的期刊索引？

学生是否能够利用计算机进行网络检索？

学生是否能够建立有效的检索策略？

他们能够了解足够的词汇用于关键词检索吗？

他们是否了解并使用控制词汇表？

学生是否能够有效地使用布尔逻辑检索？

学生是否能够选择同行评审的期刊用于他们的研究论文吗？

对学生学习成果的评估可以采取以下三个层次的评估：

（1）通用信息素养能力的评估

通用信息素养能力的评估是指适用于任何学科与日常生活中，可在不同学科之间进行转移的有关识别、检索、评价、利用信息的知识与能力。

（2）学科信息素养能力的评估

基于学科的信息素养能力包括某学科信息的类别、常用的信息源与检索策略、能够对学科文献的内容进行有效的评价、对学科文献中的证据、观点有效地做出判断等。

（3）工作实践能力的反馈评估

对学生工作实践一段时间后进行反馈评估，了解学生在学校培养的信息素养能力是否足够应对就业市场上的竞争与日常工作，是否有助于研究或取得事业上的成功。

3. 评估方法

1）建立评估指标体系

信息素养评估指标体系采取两种方式：无指标评价与指标评价，分别适用于信息素养评价的不同层次。

（1）无指标评价

无指标评价即调查问卷评价，它是根据一定的目标，设计出一份比较详细的调查问卷，用这份问卷来收集有关信息，对信息素养教学方式、学生学习成果做出判断。调查问卷评价主要应用于反馈评价上。

（2）指标评价

指标评价是根据预先制定的教学目标，将这种目标逐级分解为指标、构成指标体系。指标体系是一个指标集合，指标集合由若干个子集构成，每一个子集又由若干个更小的子集组成，直到最后一级不能再分解的指标，称为末级指标，末级指标可以直接测试，然后按照指标体系逐级收集有关的原始数据、资料和信息，经过整理和分析，得出评价结果。

指标评价适用于通用信息素养能力评价和基于学科的信息素养能力评价，主要评价学生的信息素养知识与技能是否达到了预期的程度，评价采用的信息素养教学方式是否有效，从中发现问题，改进与完善教学方式。

2）采用不同测试方法

信息素养能力评估的具体方法主要有：标准化试题、实际操作和行为观察、学习成果汇报、教师或第三方评估、学习日志及研究笔记、实例研究等。下面主要介绍三种：

（1）试题测试

试题测试是最常用的评价数据收集方法，通过多选题或判断题等客观性试题来测量指标。“试题资源共享”与“自适应测验”是信息素养教学试题测试的新趋势。

由于编制质量高的客观性试题需要花费大量的时间和精力，同一类型的机构可以相互合作，共同完成并共享信息素养评价题库。

计算机自适应测验可以将试题按难易程度分为几个等级，测验本身自动地适应学生的具体情况，学生答对一题，计算机会随机选择难度高一级的题目作为测验的下一题；如果学生答错了，则随机选择难度低一级的题目作为下一题。就是在试题难度上适应学生水平而灵活变通，使得试题成绩能真实客观地反映学生的水平。自适应测验已经开始应用在信息素养评价题库的设计上，美国肯特大学图书馆承担的“信息素养能力标准化评价”就是这样的项目。

标准化测验非常有效且便于操作与管理，它的局限性在于无法测量某些信息素养能力，如利用获得的信息解决实际问题的能力，信息意识问题、信息道德问题。因此，还需要采用其他一些测试方法。

（2）情境测试

由于信息素养能力包含某些抽象的能力和综合性的能力，所以还应该注重情境评价，比如通过模拟真实生活场景中的问题或研究项目，观察学生解决问题过程中的行为表现，来了解学生的信息素养能力。

情境测试可以包括提出任务情境，如：要求学生针对所学专业中的某一问题写一篇小学术论文，以测验学生综合利用信息素养的能力；要求学生针对某一课题，建设一个信息素养题库，收集与整理对该课题有用的各种信息源与信息，以了解学生收集、整理、评价、鉴别信息的能力。情境教学的评估可以在教学过程中直接进行，通过考查学生对具体问题的解决能力和实际操作能力来评估学习效果。

（3）观察测试

布置给学生具体的信息任务，要求在规定时间内完成。学生可以使用任何可以获得的信息资源，包括在图书馆收集资料，向图书馆员咨询，要求学生将其解决信息问题的全过程记录下来，形成“信息研究各种日志”，教师通过观察学生的具体实践和记录来考察学生的信息意识和信息素养能力。

美国华盛顿地区 Oak Harbor 学校采用观察法对学生解决问题的信息能力进行测评。该方法是由教育学博士 Jamieson Mckenzie 和图书馆员共同设计的，由授课教师和图书馆员组成小组，对即将毕业的学生进行测评。具体方法是：在平时的研究和学习中，每个学生都被要求记录“信息研究工作日志”，记录该学生在信息研究工作过程中曾用到的检索策略和行动步骤。同时，教师也按时间先后记录对学生的观察，再通过与学生的直接交流、观察来评估学生的能力。该校还制定了一套信息素养评分表，针对观察每个步骤中学生的表现将信息能力按强弱分别赋予 5 分、3 分、1 分的分值。

观察法比较适用于信息意识、信息问题解决能力、信息道德水平等测评，但它的缺陷在于耗费时间和精力，如果记录不全面，观察不仔细，就难以得到恰当的评价结果。

4. 典型评估案例

美国加州大学开展了基于情境的信息素养教学评价，针对 7 种核心能力，研究人员设计了 6 种情境，用来考查学生在获得一般知识而不是学科知识时应用信息的能力。其核心能力及相应的情境① 如表 7–1 所示。

表 7–1 美国加州大学信息素养核心能力及相应的情境

核心能力		相应情境	
核心能力 1	学生不仅能够在某一学科的概念结构框架内形成和陈述自己的研究问题或研究主题，而且他的研究问题还能够较容易地被他人理解和参与合作	情境 1	你在一个小组中从事“无家可归者的研究”，你的任务是要向市议会反映无家可归者的目前状况。你需要了解的信息是什么类型的？你怎样使用这些信息描述他们的状态
核心能力 2	学生具有根据自己的研究问题或主题决定信息需求的能力	情境 2	你的医生告诉你，你患有严重的身体疾病，需要进行外科手术，要求你 3 周以后去医院接受手术治疗。同时，你想尽量多了解这一病症和有关的治疗方法。你该了解什么类型的信息？你如何评价所获得的信息
核心能力 3	学生具有使用合适的信息工具，在各种形式的信息中定位或提取相关信息的能力	情境 3	如果你将带一群学生去另外一个国家做为期 4 周的旅行，出发前你需要了解这个国家的历史、现状、语言、当地风俗与艺术的信息。你如何检索信息？你希望找到什么类型的信息
核心能力 4	学生能够组织信息，并且组织的信息能够被人分析、评价、综合和理解	情境 4	你需要帮助他人决定将附近的建筑物保存下来作为历史遗迹，还是推翻它再开发经济。别人给了你有关的图片、视频、书籍和几箱子书画材料。你怎样组织这些信息？你怎样决定该使用哪些信息
核心能力 5	学生具有使用各种媒介创造和交流信息的能力	情境 5	你主管你所在城市的旅游业，你的任务之一是吸引游客去你的城市。你怎样呈现各种信息吸引游客参观该地？你希望人们通过什么途径获得你所提供的信息

① Dunk.K. Assessing Information Literacy Skills the California State University: A Progress report. The Journal of Academic Librarianship, 2002. 28 (1): 26–35.

续表

核心能力		相应情境	
核心能力 6	学生能够理解信息中的伦理、法律、社会政治问题	情境 6	你是当地一家很有威望的报社编辑，一个撰稿人提交了一篇有关一个争议性政治事件的深入性新闻报道，虽然报道涵盖了争议双方的观点，但是大部分的观点似乎偏向一方，在决定发表这篇文章之前，你想选择回答其中的哪些问题？为什么你想回答这些问题

第 8 章

大学生信息素养教育与创新意识培养

国外对大学生信息素养教育的研究一直与大学生的创新思维的培养紧密联系在一起。澳大利亚昆士兰科技大学的信息技术系主任 Bruce 博士认为，创造性一直是信息素养教育理论中核心的部分，是批判性思维和创新思维的基础。Jeremy J. Shapiro 也认为，如果没有批判性思维，信息素养教育就成了单纯的技能训练。所以，对大学生进行信息素养教育实质上就是培养大学生的批判性思维和创新性思维。国外培养大学生信息素养批判性思维的教学途径主要通过设置单独的课程进行批判性思维训练。Jeremy J. Shapiro 和 Bruce 博士都认为渗透性的培养是信息素养教育中提高学生批判性思维和创新思维的重要方法。

8.1 大学生创新素质

胡锦涛总书记在中共第十七次全国代表大会上的报告中强调：要提高自主创新能力，建设创新型国家，做到注重培养一线的创新人才。高校是国家培养创新人才的重要基地，是国家高素质人才的摇篮，大学生的创新能力的培养对我们建设创新型国家至关重要。而大学生的创新素质、创新能力是以具备信息素养为前提的，没有良好的信息素养不可能实现创新。因此，对大学生信息素养的培养是在建设国家的创新人才储备库，具备创新能力的大学生在走上工作岗位后将创新能力和创新精神应用到实际工作中去，从而为我国建设创新型国家提供重要的人力支持。

大学生创新素质的培养是一项系统工程。一般来说，创新素质是指人在先天禀赋的基础上，通过后天的学习和实践而形成和发展起来的具有创新能力的内在而相对稳定的品质。创新素质是一种综合素质，主要由创新意识、创新思维、创新精神、创新能力和创新个性等要素构成。创新意识解决人有创新的意愿和动机的问题；创新思维解决思维定式的问题；创新精神是解决人的批判与革新能力，敢于创新；创新能力是解决人的突破能力的问题；创新个性是解决人的创新人格倾向性和创新心理特征的问题。五个要素相互依托，相互促进，缺一不可，构成完整的开放系统。大学生创新素质的培养是把大学生培养和造就成创新型人才的需要，是大学生参与知识创新的需要，也是构建创新型国家的人才保障，

1. 大学生创新素质的培养

大学生创新素质的培养没有固定的培养模式，它因人而异，呈现出个体差异，具有多层次，多维度的开放特点，也会受到个体生理、心理以及社会环境等因素的影响，具有多元发展的模式。知识是创新的基础，兴趣是创新的动力来源，实践是创新的重要环节，价值是创新的最终目的。

目前，我国还没有制定出相应的大学生创新素质培养标准，美国学者里恩提出了针对美国青少年特点的创新素质的 17 条标准，可供我们培养大学生创新素质借鉴参考。

① 能够运用已掌握的知识与技能创造性地解决问题；

② 在较长的时间内做到不分心，能集中精力解决问题；

③ 在日常生活中，对探讨的问题、作业能做到不懈地学习钻研；

④ 面对需要解决的目标和任务，不迷信权威，坚持自己的判断和认识，并能坚持完成任务；

⑤ 对他人的意见和建议，能有良好的反映；

⑥ 能不断对问题有理智的好奇心；

⑦ 遇到比较困难的问题时，具有挑战性的反应；

⑧ 具有超越自己年龄的机灵、敏锐的观察力；

⑨ 词汇丰富，口头表达熟练；

⑩ 善于掌握许多新的概念，并且思维活跃；

⑪ 能及时纠正自己的偏见，接受他人的正确观点；

⑫ 具有用异常的方法解决问题的独创性；

⑬ 富有独立思考的想象力；

⑭ 具有能对自己掌握的理论、概念广泛应用的能力；

⑮ 具有对学习阅读哲学、自然、文艺、音乐、体育等广泛的兴趣；

⑯ 关心集体、乐于参与集体活动，与他人关系融洽，对别人的缺点不吹毛求疵；

⑰ 自信心强，能适应各种突变而情绪稳定，具有幽默感。

里恩的这 17 项标准，对于我们培养大学生的创新素质，具有很好的参考价值。

大学生创新素质的发展要求学生克服心理障碍，比如固定的思维模式、从众心理，谨小慎微，不敢向权威挑战等行为习惯。相反，要鼓励学生开拓思路，大胆创新，塑造创新个性，掌握创新技能，坚持独立思考，培养创新思维。不断学会综合、突破跨越想象。要求大学生创造性地将学到的理论知识融化到实践活动中去，创造性地开展各种创意文化活动、科技创新活动，善于参与社会活动，勇于投身社会实践，创造社会价值，提高自身竞争力。

2. 发展创新思维

开展创新思维训练是培养大学生创新素质的核心。创新思维包括批判性思维、辩证思维、创造性思维、非逻辑性思维（含联想、想象、直觉、灵感、审美和形象思维等）。这些思维模式能保证学生在学习、理解、掌握和熟练运用理论知识的同时，将这些理论知识活学活用，用于解决实际生活中遇到的困难，使知识创新得以顺利进行。在我国，由于推行应试教育体制，它强化了教育的筛选功能，弱化了教育的培养功能，扼杀了一批应试教育的“失败者”，导致我国这些应试教育培养起来的大学生形成了固定的思维模式，即思维定式，是一种习惯性思维方式，是大学生在感知、认知、评价客观事物时，因为长期接受固有知识、经验的影响，习惯用比较固定的思维思考判断问题。一般情况下，这种思维方式能够比较快速做出反应，依据已有经验不会犯错误，比较谨慎、保险。但是，当遇到新事物，出现新问题时，往往会有先入为主的看法，对解决问题的思路产生负面影响。某种意义上说，思维定式是创新思维的“克星”，它禁锢大学生的创新意识与创新思维，在创新活动中，如果不克服思维定式，就不可能有知识创新。因此，要把发展创新思维，克服思维定式摆在重中之重的位置。应当着力培养并发展大学生的创新思维，必须把大学生创新思维的培养和教育当作第一重要的任务。我们的教师尤其要激励大学生进行发散思考、独立思考、敢于标新立异；经常注意引导学生进行创造性思维，批判性思维、辩证思维；鼓励学生解决一个问题能提出多种方案，力求使大学生的创新思维水平经过教育与培养得到较大提升。

创新思维是大学生创新能力的核心，要大力发展创新思维。大学生创新思维的发展，还应该包括以下几个方面的内容：

1）熟练的信息能力。信息能力是大学生创新思维的基础。培养大学生的创新思维首先要培养学生的信息能力。“巧妇难为无米之炊”。在信息化社会，只有熟练地掌握信息能力，才能依据所研究的课题，获取、加工、利用所需要的知识和信息，进行知识创新。

2）问题的解决能力。大学生在创新活动中，必将会遇到各种困难和挑战，因此要善于从各种角度分析问题、剖析困难、透过现象看本质、抓住关键环节，在错综复杂的困难和问题中找出主要矛盾，各个击破。

3）创新的突破能力。大学生在创新的过程中，难免要面临大量的问题和难点，这就要求培养创新的突破能力。首先要有克服困难的坚定意志；其次，要具备持之以恒的探索精神；再次，要掌握扎实的理论知识和宽广的知识储备，有鞭辟入里的分析能力；最后，掌握运用所学知识进行创新的技巧，从而排除困难，直达目标的突破能力。

4）组织管理的实施能力。大学生作为祖国未来发展的中坚力量，国家创造发明的生力军，肩负着重大历史使命。因此，必须提高大学生的组织管理能力，善于协调各方面的关系，组织各方面的资源，发挥各方面的优势，集中各方面的力量，攻克创新难关，发挥集体的聪明才智夺取胜利。

8.2 大学生信息素养教育与创新意识培养

大学生信息素养教育的核心是培养大学生的创新意识，信息素养是一种高级认知技能与能力，它同批判性思维、创造性思维一起，构成大学生进行独立思考和知识创新的基础。培养大学生的创新意识，培育创新精神，塑造创新个性是信息素养教育的关键内容。

1. 培养创新意识

培养大学生的创新意识要在大学生中形成推崇创新的群体氛围，激发学生的学习热情，使学生的钻研精神空前高涨，促使其学习潜能、开拓精神、创新意识、思辨能力和实践能力都有很大的提高。只有在强烈的创新意识激励和引导下，大学生才有可能产生创新的动力，确立创新的目标，明确创新的方向，发掘创新的潜力，释放创新的能量。因此，必须重视大学生创新意识的培养，把它作为培养大学生创造力的先决条件和首要目标。培养创新意识，就是要鼓励学生的好奇心，敢于向权威挑战，激发学生强烈的求知欲和创造欲。

2. 培育创新精神

培育创新精神就是要培养学生与众不同的“问题意识”。对于有强烈求知欲的学生，鼓励他们敢于提出问题，允许他们标新立异，寻根问底。对于他们的奇思妙想要予以积极引导，充分发挥学生的想象力。培养大学生敢于冒险、勇于开拓、不断创新的精神品质。“问题意识”是创新思维的来源和动力，强化学生的问题意识是培养大学生创新精神的起点。我国大学生的问题意识比较淡薄，不敢或不善于提出问题，普遍存在从众心理，不利于创新精神的培养。因此，要求教师在教学过程中，创设良好的问题情境，采用启发式和驱动式教学模式，激发和培养学生的问题意识，促进学生创新精神和创新能力的发展。培养大学生的问题意识就是要教他们学会提出问题、分析问题和解决问题。

3. 塑造创新个性

创新个性是指大学生稳定的心理品质，包括创新人格倾向性和创新个性心理特征。其中创新人格倾向包括大学生的创新需求、动机、兴趣及信念；创新个性心理特征包括大学生的创新能力、气质和性格。这两方面有机地结合在一起，使创新个性构成一个完整的结构。塑造大学生的创新个性就是培养大学生对社会的责任感，让大学生在知识创新中得到创新情感的支持。通过创新情感的培养，优化大学生的创新素质结构，更好地提升学生的创新能力。同时要让学生懂得，没有为社会创造价值，没有责任感的人是不值得尊敬和信赖的。

20 世纪 80 年代初，人们已经开始认识到创造性学习的重要性，努力探索创造性学习的科学方法，目的就是促进创造性人才的成长，培养学生的创新个性和创新思维。

参 考 文 献

［1］王吉庆. 信息素养论［M］. 上海：上海教育出版社，2001.
［2］祝智庭. 信息教育展望［M］. 上海：华东师范大学出版社，2002.
［3］柯平. 信息素养与信息检索概论［M］. 天津：南开大学出版社，2005.
［4］涂途. 信息论、控制论、系统论与美学［M］. 北京：世界知识出版社，1990.
［5］李爱国. 工程信息检索［M］. 南京：东南大学出版社，2005.
［6］马文峰. 人文社会科学信息检索［M］. 北京：北京图书馆出版社，2004.
［7］秦殿启. 信息素养论［M］. 南京：南京大学出版社，2012.
［8］汪雪莲. 社科信息检索实用教程［M］. 北京：清华大学出版社，2013.
［9］刘新海. 教师信息化素养提升技巧［M］. 长春：东北师范大学出版社，2010.
［10］张静波，等. 信息素养能力与教育［M］. 北京：科学出版社，2007.
［11］姚建东. 信息素养教育［M］. 北京：清华大学出版社，2009.
［12］施国良. 网络信息分类：原理与应用［M］. 北京：科学出版社，2008.
［13］杨玉圣，张保生. 学术规范导论［M］. 北京：高等教育出版社，2004.
［14］Ralph M Stair，George W Reynolds. 信息系统原理［M］. 张靖，等，译. 北京：机械工业出版社，2000.
［15］徐飞，高隆昌. 二象对偶空间与管理学二象论：管理科学基础探索［M］. 北京：科学出版社，2005.
［16］［美］维恩·斯瓦图. 信息战争［M］. 吕德宏，等，译. 长春：国际文化出版公司，北方妇女儿童出版社，2001.
［17］［美］约翰·希利·布朗 保罗·杜奎德. 信息的社会层面［M］. 王铁生，葛立成，译. 北京：商务印书馆，2003.
［18］［美］彼得·圣吉. 第五项修炼［M］. 郭进隆，译. 上海：三联书店，1998.
［19］刘久昌. 读者工作［M］. 北京：北京图书馆出版社，2001.
［20］李常庆，孟昭晋，王余光. 开卷有益——阅读史与阅读文化座谈会纪

要［J］. 图书情报工作，2001（01）：21–22，37.

［21］陈清文. 国外教师与图书馆员合作开展信息素养教育模式综述及启示［J］. 情报理论与实践，2010（9）：125–128.

［22］全国文献工作标准化技术委员会，科学技术系统标准与使用指南 第四卷：术语标准［M］. 北京：中国标准出版社，1996.

［23］国家计算机病毒应急处理中心，计算机病毒防治产品检验中心. 2004年全国计算机病毒疫情调查分析报告［J］. 信息网络安全，2004（10）：10–11.

［24］毛泽东. 毛泽东选集（第一卷）［M］. 北京：人民出版社，1991.

［25］李卫星，何飞. 现代信息素养与文献检索［M］. 武汉：湖北人民出版社，2010.

［26］唐曙南. 大学生信息素养研究［M］. 合肥：安徽大学出版社，2011.

［27］董焱. 信息文化论——数字化生存状态冷思考［M］. 北京：北京图书馆出版社，2003.

［28］杨守文. 信息素养与知识服务［M］. 北京：北京邮电大学出版社，2011.

［29］邬锦雯，白雪天. 信息本质的变化［J］. 情报科学，2000，18（11）：982.

［30］祝智庭. 英特尔未来教育：面向信息化教育的教师培训模式［J］. 全球教育展望，2001（11）：17–21.

［31］王旭卿. 美国的信息素养教育［J］. 中国电化教育，2000（3）：15–17.

［32］钟志贤. 信息素养：培养你八大能力. 中国教育报［N］，2001–03–01（2）.

［33］高靖生. 判断力与科学知识的增长［J］. 邵阳学院学报（社会科学版），2007：7–10.

［34］杜西红. 图书馆危机管理中信息预警问题研究［J］. 河南图书馆学刊，2010：24–26.

［35］范柏乃，徐巍，张维维，等. 哲学社会科学研究方法创新的影响因素及影响机理［J］. 浙江大学学报（人文社会科学版），2012（11）：166–175.

［36］董焱. 开展信息文化学研究［J］. 未来与发展，1998（3）：41–42.

［37］党跃武. 信息文化简论［J］. 情报资料工作，1995（5）：1–4.

［38］李常庆，孟昭晋，王余光. 开卷有益——阅读史与阅读文化座谈会纪要［J］. 图书情报工作，2001（01）：21–22，37.

[39] 陈清文. 国外教师与图书馆员合作开展信息素养教育模式综述及启示 [J]. 情报理论与实践，2010（9）：125–128.
[40] 原锦黎. 提高馆读双方信息素养——全民阅读时代图书馆多元化服务的着眼点 [J]. 科技信息，2010（24）：359.
[41] 赵玉光，文玉萍，曹继春，等. 对大学生信息素养与阅读行为内在联系的研究 [J]. 图书与情报，2009（5）：139–141.
[42] 刘植惠. 知识经济中知识的界定和分类及其对情报科学的影响 [J]. 情报学报，2000（2）：105.
[43] 吕耀怀. 构建数字化生存的伦理空间 [N]. 光明日报. 2000–08–01.
[44] 沙勇忠. 信息伦理论纲 [J]. 情报科学. 1998（11）：492–497.
[45] 桑迪•坎贝尔. 21 世纪信息素质概念的界定 [J]. 肖永英，译. 大学图书馆学报，2005，23（6）：82–86.
[46] 张义兵. 信息技术教师素养：结构与形成 [M]. 北京：高等教育出版社，2003.
[47] 张华. 研究性教学论 [M]. 上海：华东师范大学出版社，2010.
[48] 衣新发，俞国良. 青少年网络成瘾研究述评 [J]. 中国青年研究，2003（12）：60–63.
[49] 吕庆阳，刘孝文. 国内外信息素质概念的界定 [J]. 河北科技图苑，2008，21（2）：40–42.
[50]《辞海》上海. 上海辞书出版社，1997 年版缩印本.
[51] 陶行知. 陶行知文集（上）[M]. 南京：江苏教育出版社，2008.
[52] 张静波. 美国信息素养能力标准比较研究 [J]. 情报杂志，2007（10）：126–128.
[53] 王朴. 一个独具创意的信息素质教学案例——美国马里兰大学世博会荣誉课程探析 [J]. 图书情报知识，2005（5）：65–67.
[54] 宋丽，韩夏. 香港高校医学图书馆的信息素养教育 [J]. 四川图书馆学报. 2005（2）：69–71.
[55] 陈文勇，杨晓光. 高等院校学生信息素养能力标准研究 [J]. 情报科学，2000（8）：612.
[56] 桑新民. 多媒体和网络环境下大学生学习能力培养的理论与实验研究 [J]. 中国远程教育，2000（11）：22–26.
[57] 刘美桃. 信息素质定义的发展与评价标准 [J]. 高校图书馆工作，2003（1）：18–19.

［58］杨林，李秉严. 分层次制定高等教育信息素质评价标准的研究［J］. 四川图书馆学报，2004（3）：51–53.
［59］龚道敏. 关于中小学生信息素养评价方案的探索［J］. 中小学电教：教师版，2003（1）：24–26.
［60］吴景松. 中小学校长信息素养评价指标体系构建概说［J］. 教书育人：校长参考，2007（8）：8–10.
［61］刘志军等. 高校教师信息素养评价体系研究［J］. 沧州师范专科学校学报，2008（3）：49–50.
［62］刘孝文. 信息素养评价中的 AH P 方法应用［J］. 现代情报，2006（10）：47–50.
［63］吴波. 基于 AHP 分析法的中小学教师信息素养评价标准的量化［J］. 中国科技信息，2006（4）：231–232.
［64］王雯. 国外信息素养研究最新动态［J］. 高校图书馆工作，2009（4）：15–17.
［65］彭瑞霞，赵庆刚. 以回归分析法构建教师信息素养评价体系［J］. 清华大学教育研究，2006（3）：114–118.
［66］邢秀茶. 学与教的心理［M］. 北京：高等教育出版社，2004.
［67］百度百科. 信息链［EB/OL］.［2012–05–28］. http://baike. baidu. com/view/1485174. htm.
［68］https://www.douban.com/note/515093272.
［69］Donald L.Koch, Delores W.Steinhauser.Changing the Corporate Culture.Datamation, 1983：V29 (10): 247–256. http://global.umi.com/pqdweb.
［70］Judy Labovitz, Edward Tamm.Building an Information Culture:A Case Study.The Journal of Information Management, 1987, 4(4): 39–41. http://global.umi.com/pqdweb.
［71］David Lyon. The Roots of the Information Society Idea.in:Nick Heap et al.ed. Information Technology and Society.London:Sage Publications Ltd., 1995:65–67.
［72］中国出版网. "第九次全国国民阅读调查" 初步成果发布［EB/OL］.［2012–04–20］.
http://www.chuban.cn/tpxw/201204/t20120420_105469.html.
［73］教育部科学技术委员会学风建设委员会. 高等学校科学技术学术规范指

南［EB/OL］. [2012–07–31]. http://www.sinoss.net/2010/0730/24284.html.

［74］Sinoss. 高等学校哲学社会科学研究学术规范（试行）［EB/OL］.（2007–11–13）[2012–07–31]. http://www.sinoss.net/2007/1113/7125.html.

［75］全国《中小学信息技术课程指导纲要（试行）》. http://www.edu.cn/20020327130236557. shtml.

［76］北京地区高校信息素质能力指标体系.［2009–05–24］. http://edu.lib.tsinghua.edu.cn/Information Literacy / information%20 literacy% 20 com petency% 20standards.doc.

［77］Jojosea，伦理［EB/OL］，（2012–03–14）[2012–07–15]. http://baike.baidu.com/view/ 266635.

［78］Claire R. Mclnerney.Working in the Virtual Office: Providing Information And Knowledge to Remove Workers. Library & Information Science Research, 1999, 21 (1): 73.

［79］Information Power: Building Partnerships for Learning, AASL; AECT.1998.

［80］Michael B E, Carrie A L, Kathleen L. S. Information Literacy: Essential Skill for the Information Age (2 nd ed.). London: Libraries Unlimited, 2004. 3.

［81］Presidential Committee on Information Literacy: Final Report. [EB/OL]. [2008–11–08]. http://www.ala. Org/ala/acrl/acrlpubs/whitepapers/presidential. htm.

［82］Progress Report on Information Literacy: An update on the American Library Association Presidential Committee on Information Literacy: final report. http://www.Ala.org/ala/acrl/acrlpubs/whitepapers/progress report htm. 2006–10–02.

［83］ACRL (2004, Febru ary). Information literacy competency standards for higher education. [2009–05–24]. http://www.ala.org/ala/m grps/divs/acrl/standards/information literacy com petency.cfm.

［84］ACRL's Institute for Instruction Literacy. “Characteristics of Program of Information literacy that Illustrate Best Practice: A Guideline”. http://www.ala.org/ala.acrl/acrlstandards/characteristics.htm) (Guidelines for Instruction Program in Academic Libraries, http://www.ala.org/ala.acrl/

acrlstandards/gguidelinesinstruction.htm. 2003.

[85] Australian and New Zealand Information Literacy Framework: principles, standards and practice. [2008–11–08]. http://www. caul. edu. Au/ infoliteracy/InfoLiteracyFramework. Pdf.

[86] IFLANET Information Literacy Section. http://www.ifla.org/VII/s42/ index.htm.2006.

[87] Alexandria Proclamation. [2008–11–08]. http://www.bibalex.Org/infolit2005/ AlexProclamation. htm.

[88] The prague declaration "towards an information literate society". http://www.portal.uneson.org/ci/cn/file_download.php/Ofee090d5195 b370999e02f7b2f5d52b Prague Declaration.pdf. 2006–5–30.

[89] Alexanddria Manifesto on Libraries, the Information Society in Action. http://www.ifla.org/ III/wsis/AlexandriaManifesto.htm.2006–5–30.

[90] Information Literacy International Logo. [2008–11–08]. http://www. infolitglobal.info/logo/.

[91] Boyer 研究型大学本科生教育委员会. 重整本科生教育：美国研究型大学的蓝图. http:// naples.cc.sunysh.edu/Pres/boyer.nsf/.2006–05–20.

[92] Dunk.K. Assessing Information Literacy Skills the California State University: A Progress report. The Journal of Academic Librarianship, 2002.28(1): 26–35.

[93] The University of Wisconsin-Parkside Information Literacy Tutorial. http://www.uwp.edu/departments/library/infolit/intro/.2006–06–12.

[94] The 8Ws Model for Information Literacy: An Overview. http://eduscapes. com/tap/topic71.htm.2006–05–30.

[95] Information Literacy Goals (Colorado State University). http://lib. colostate.edu/irs/infolit/. 2006–05–20.

[96] Information Literacy (The University of iowa). http://www.lib.uiowa. edu/instruction/infoliteracy.html.2006–06–20.

[97] The Big6 Skills Information Problem — Solving Approach to Information. http://www.big6.com/.2006–05–30.

[98] The Research Cycle. http://questioning.org.2006–05–30.

参 考 网 站

http://www.baidu.com/

http://www.google.cn/

http://zh.wikipedia.org/

http://www.baike. baidu.com/

http://www.media.edu.cn

http://book.chaoxing.com

http://www.docin.com/

http://shuyu.cnki.net/

http://www. cnki.net/

http://www.cnindex.fudan.edu.cn/

http://www.dialog.com/

http://www.chinayearbook.com/

http://www.duxiu.com/

http://www.moe.edu.cn

http://www.oer.edu.cn

http://www.cnreading.org

http://www.futurekids—cn.com/

http://www.calis.edu.cn/

http://www.cqvip.com/

http://www. Wanfangdate.com/

http://www. Springerlink.com/

http://www. Proquest.com/

http://www. Sciencedirect.com/

http://www.nstl.gov.cn